UNIVERSITÉ DE COPENHAGUE

CAHIERS DE L'INSTITUT DU MOYEN-ÂGE GREC ET LATIN

-77-

István Hajdú,
    Vita sancti Ladislai confessoris regis Hungariae 3-83
Magdalena Bieniak,
    A Critical Edition of Stephen Langton's Question *De persona* ... 85-109
Ernesto Santos,
    Is 'Deus scit quicquid scivit' an epistemic sophisma? 111-125
David Bloch,
    Averroes Latinus on Memory. An Aristotelian Approach 127-146
David Bloch,
    The Aldine Edition of Aristotle's *De sensu* 147-155

Museum Tusculanum Press
Copenhague 2006

© Københavns Universitet
Saxo-instituttet
Afdeling for Græsk og Latin

Rédaction:
Sten Ebbesen
Saxo-instituttet
Afdeling for Græsk og Latin
Njalsgade 80
DK - 2300 Copenhague S
Danemark

ISSN 0591 - 0358
ISBN 10: 87 635 06211
ISBN 13: 9788763506212

Vita sancti Ladislai confessoris regis Hungariae (†1095)
(accedit appendix sermonem Leonardi Praxatoris de sancto Ladislao continens)[1]

István Hajdú

Dis Manibus aviae Mariae Hajdú, natae Sereghy
(*1907 Szatmár-Németi †1980 Kaplony)

I. Codices manu scripti

Vitam diui Ladislai, quod sciam, uiginti tres libri continent (quartus enim et uicesimus, Bodecensem dico, a. D. 1945 in bello combustus est)[2]; qui infra recensentur:

V Ordinis Theutonicorum (ex bibliotheca archiducis Antonii Victorii magistri generalis eius ordinis), nunc Vindobonensis Bibliothecae Nationalis Austriacae 14600 (Suppl. 1918)

liber[3] membranaceus, saeculi, ut e ductu scripturae potest colligi, $X^i IV^i$, qui constat ex quindecim fasciculis (ff. 1-152), primo tertioque senionibus, duodecimo quaternione, ceteris quinionibus, quibus accedit bifolium (f. 153 et alterum folium operculo inferiori glutine aptatum). qui fasciculi numeris Romanis inde a 'II' (f. 1^r) usque ad 'XVII' (f. 153^r) notati, unde apparet librum in initio mutilum esse. folia numeris Arabicis recentioribus in margine superiore dextro notata sunt.

---

[1]Coriario (alias V. Dubielzig), Latinissimo amico, qui huius opusculi exemplar manu scriptum benigne perlegit mihique corrigenda nonnulla indicauit, gratias ago maximas. item maximas ago gratias Nicolao Rodler sodali, qui apud Academiae Scientiarum Bauaricae commissionem ad textus medii aeui nondum editos in lucem proferendos constitutam opus facit mihique iterum atque iterum de uariis rebus ad medium aeuum pertinentibus quaerenti patienter et docte opem tulit. nec minores meruerunt gratias custodes scriptoresque bibliothecarum, qui mihi auxilio fuerunt, quos omnes nominatim afferre nequeo. Cornelius van Leijenhorst, redactor Thesauri linguae Latinae, mihi arcana instrumenti computatorii plus semel enuntiauit.

[2]ex his Emma Bartoniek, nouissima editrix uitae diui Ladislai, quinque nouit, cf. Scriptores rerum Hungaricarum, uol. II, Budapestini a. 1938, p. 509-527. in appendice secundae editionis eiusdem operis a. 1999 phototypice confecta p. 784 iam quindecim codices, qui uitam diui Ladislai continent, enumerantur.

[3]cf. Tabulas codicum manu scriptorum praeter Graecos et Orientales in Bibliotheca Palatina Vindobonensi asseruatorum VII-VIII, Graciae ²1965, p. 71.

codex una eademque ut uidetur manu totus exaratus continet Iacobi de Voragine Legendam Auream[4], quae mutila in narratione Natiuitatis domini inc.: *infancia paruuli ostenditur humilitate cunarum*, expl. item mutila in uita s. Caeciliae: *hodie fateor uere cognatum meum sicut.* uita s. Ladislai inuenitur in ff. 72u-74r (praecedit ei f. 69u legenda Ioannis Baptistae, succedit f. 74r Petri apostoli), s. Stephani regis Hungariae in ff. 115r-116u, s. Emerici ducis, filii diui Stephani (quae falso 'de Henrico rege' inscribitur) in ff. 147r-149u. liber perpaucas habet notas marginales non minus quam tribus manibus saeculi XiIVi et XiVi additas, ut in f. 149u *Sabaria e(st) ciuitas d(i)c(t)a Staimang(er) in Ungaria in dioc(esi) Iaurien(si) i(d est) Rabb.*

in parte interiore operculi posterioris has notas alia manu ac librarii scriptas inueni: *cepi libru(m) t(er)cia? p(ro)p(ri)a? p(ost) cor[...]* «*kalendas Iu[...]*» (« » add. s. l.) *anno 1484 factus terre motus [...] in die anue* (= annuntiationis?) *genet(ri)cis Marie u(ir)g(inis) [...] hora(m) i(n)fra? octaua(m) et nona(m) [...]* || *anno 1484 facta eklipsio sol(is) totalis c(ir)ca horam quinta(m) [...] e(st)? ibi mirac(u)l(u)m st[...] tali[...] sub [...]* || (alia manu) *Stephanus Iordan conanic(us)? Reichersp(er)g? et soci(us) in p[...]rg* || (tertia manu) *feria 2a post palmar(um) obiit Mathias rex Hungaror(um) anno d(omi)ni [...] 1490 Jor.* ibidem: *Stephanus Iordan conacus?* cum notae ex parte in corio operculi inscriptae sint, nullum est dubium, quin liber iam ante a. 1484 eo integumento illigatus sit, quod et nunc habet.

codex archiducis Antonii Victorii (*1779 †1835) magistri generalis Ordinis Theutonicorum fuit et una cum 338 aliis libris manu scriptis eiusdem a. 1861 ab rectoribus Ordinis Theutonicorum Bibliothecae Palatinae Vindobonensi uenum datus est[5].

S   Sicensis monasterii s. Ioannis Baptistae Cartusianorum, nunc Graciensis Vniuersitatis 1239

codex chartaceus, qui complectitur decem fasciculos, quorum primus duodeuiginti continet folia (ff. 1-18), secundus quattuordecim (ff. 19-32), tertius uiginti (ff. 33-53); quibus accedunt quattuor seniones (ff. 53-64; 65-76; 77-88; 89-100), quinio (ff. 101-110), quaternio (ff. 111-118), rursus quinio, cui unum folium glutine aptatum est (ff. 119; 120-129); ad haec 129 folia, quae nostris fere diebus numeris Arabicis ab '1' ad '129' notata sunt, accedit nunc unum folium appositum (nullo tamen modo adaptatum), ex alio quodam libro sumptum.

---

[4]apud Barbaram Fleith, Studien zur Überlieferungsgeschichte der lateinischen Legenda Aurea (= Subsidia hagiographica 72), Bruxellae a. 1991, num. 986.
[5]cf. F. Lackner, Zum Kauf der Handschriften der Bibliothek des Deutschen Ordens in Wien durch die Hofbibliothek im Jahre 1861, in: Codices manuscripti 25, a. 1998, p. 17–33. In catalogo a Theodoro de Karajan, custode Bibliothecae Palatinae Vindobonensis, a. 1861 confecto noster codex sub. n⁰ 52 inuenitur.

signa officinarum chartulariarum, quae distinguere et satis clare delineare potui, sunt (1) circuli duo unum atque idem centrum habentes, quorum minor maiori inscriptus est (ut f. 19 et 32), simillimi Mosin-Traljic 1898 (Cracouiae a. 1350-1360), (2) carrus (ut f. 54 et 63), similis Mosin-Traljic 2403 (Cracouiae 1380-1390), (3) circuli duo iuxta positi (ut f. 78 et 87), similes Mosin-Traljic 1955 (Iaderae a. 1367), (4) cucurbita (ut f. 93 et 96), cf. Mosin-Traljic 1736-1739, (5) corona (ut f. 122 et 127) eius generis, quod inuenitur Piccard[6], Krone I, 146 (Venetiae, Landshuti, Monachii a. 1397-1403), (6) tintinnabulum (ut f. 123 et 126), simillimum ac fere par Mosin-Traljic 2924 (sub finem saeculi X^iIV^i)[7]. quapropter librum secunda parte saeculi X^iIV^i exaratum credideris. integumentum saeculi X^iV^i esse affirmat A. Kern[8]; folia codicis ferro bibliopegi decurtata esse indicant notae marginales ex parte excisae.

liber continet f. 1 epistulam Cartusiani cuiusdam Pragensis ad priorem Sicensem, ff. 1^u-63 legendas sanctorum praesertim Hungariae: in primo fasciculo sanctae Elisabeth (ff. 1^u-18^u), in secundo (alia manu, puto exarato) sanctorum Ladislai (20^r-21^u) Stephanique (ff. 22^r-25^u) regum, s. Emerici ducis (ff. 25^u-27^u) et s. Adalberti, in tertio et quarto (rursus alia manu) uitam s. Mauri et epitaphium s. Paulae. Legendae sanctorum Colomanni, Venceslai, Barbarae, Maximiliani, Iodoci, quae in tabula fol. 1^u indicantur, desunt. insunt ceterum in libri quinto et sexto fasciculis Guilelmi Peraldi excerptum e Summa uirtutum in fine mutilum, et in ceteris fasciculis uaria, quae in recensione A. Kern enumerantur[9].

librum monasterii s. Ioannis Baptistae Cartusianorum Sicensis fuisse indicat nota in f. 2: *iste liber est monasterii s. Iohannis in Seyts ordinis Cartusiani* (sim. 125^u). cum autem monasterium Sicense Cartusianorum a. fere 1164 fundatum a. 1782 ab imperatore Iosepho II suppressum esset[10], una cum aliis 115 libris manu scriptis et noster in Bibliothecam Vniuersitatis Graciensis peruenit.

---

[6]G. Piccard, Die Wasserzeichenkartei Piccard im Hauptstaatsarchiv Stuttgart, Findbücher (Veröff. der Staatl. Archivverwaltung Baden-Württemberg, Sonderreihe), Isqq. Stutgardiae 1961sqq.

[7] coronam (ut f. 104 et 109) et securim (in folio imposito) non inueni in repertoriis, malum (ut f. 15) et bucranium (ut f. 120 et 129) ne lucentis quidem folii, quod Theodisce Leuchtfolie appellatur, ope tam bene distinguere nedum delineare potui, ut mihi repertoria perscrutanti usui esse possent; quaedam denique signa (ut ff. 24 et 27; 36 et 49; 37 et 48; 56 et 61; 66 et 75) distinguere omnino nequiui.

[8]qui librum recensuit in: Die Handschriften der Universitätsbibliothek Graz II, Vindobonae a. 1956, p. 264sq.; III (confecit Maria Mairold), Vindobonae a. 1967, p. 102.

[9]u. supra sub nota 8.

[10]de monasterio Sicensi cf. E. Mayer, Die Geschichte der Kartause Seitz (= Analecta Cartusiana 104), Iuuaui a. 1983.

J Nicolai de Jankovich, nunc Budapestensis Bibliothecae Széchényianae Rei Publicae Clmae 33

Breuiarium membranaceum saec. $X^{i}IV^{i}$ complectitur ff. 361, integumentum habet saeculi XVIII^{mi} uel XIX^{mi}11 continetque Proprium de tempore ab aduentu usque ad dominicam XXIX^{mam} post pentecosten (ff. 1^{r}–235^{u}), Proprium de sanctis inde a uigilia s. Andreae (ff. 235^{u}–344^{u}, ubi desinit mutilum); ibi officium diui Ladislai regis ff. 281^{u}–283^{r} inuenitur, cui officio ff. 282^{r-u} insunt sex lectiones ex legenda eius sumptae. accedit ff. 283^{r-u} oratio de diuo Ladislao (cui falsus *de Sancto Stephano rege* titulus inscribitur)[12]. alia officia sanctorum Hungariae in hoc libro sunt diui Adalberti f. 270, Andreae et Benedicti martyrum f. 293, diui Stephani regis (cum antiphona) f. 309 diuique Emerici ducis f. 344. folia 345–348^{u} continent psalmos 132–147, quorum in fine nota librarii: *Explicit liber psalterii per manus nicolai sacerdotis scriptoris de Ceronabriba. Quiscumque erit legens in isto breuiare, semper sit orans deum pro me.* ff. 348^{u}–353^{r} insunt psalmi 148–150, quos uaria cantica (Isaeae, Ezechiae al.) sequuntur. f. 353^{r} legitur nota: *Hec Nicolaus Sacerdos. Quilibet hic legens oret pro eo et pro omnibus aliis.* idem Nicolaus eum quoque quaternionem, qui ff. 280-287 complectitur cuique inest officium de diuo Ladislao, exarauit. ff. 353–357 continent officium defunctorum, ff. 358–361 horas[13] a uariis librariis saec. $X^{i}IV^{i}$ et $X^{i}V^{i}$ inscriptas.

librum Nicolaus Jankovich de Vadas (1772-1846) ab Ioanne Ivanich bibliopola Pestensi emptum una cum ingenti bibliotheca sua, quae inter alia ducentos fere codices medii aeui continebat, a. 1832 Museo Hungarico uendidit[14].

N Batthyanyanus Albaiuliensis R I 19 (Nicolaus de Buda exarauit; olim Cassouiensis?)

Codex membranaceus continet 24 fasciculos, quorum primus erat quinio cui postea additum est bifolium ita, ut alterum folium eius ante uetus folium 1 poneretur, alterum post uetus folium 10; continuerat ergo fasciculus primus antea decem folia, postea duodecim, quorum tamen duodecimum excisum est ita, ut hic fasciculus nunc undecim folia contineat. haec est causa, cur totus

---

[11] cf. recensionem codicis ab Emma Bartoniek confectam in: A Magyar Nemzeti Múzeum Országos Széchényi könyvtárának címjegyzéke, tom. XII: Codices manu scripti Latini, uol. I: Codices Latini medii aeui, Budapestini a. 1940, p. 33sq.
[12] in marg. folii 300^{u} legitur oratio de diuo Ladislao alia manu scripta.
[13] cf. recensionem Emmae Bartoniek l. l. (u. supra sub nota 11).
[14] cf. J. Berlász, Jankovich Miklós pályaképe és könyvtári gyüjteményei, in: Jankovich Miklós a gyüjtö és mecénás (= Müvészettörténeti füzetek 17), Budapestini a. 1985, p. 23-78 (praesertim p. 49 cum nota 141).

codex in margine duas computationes foliorum exhibeat. primum enim folia libri numeris Romanis ab I ad CCXVII notata sunt. postea autem additum est ante f. 'I' nouum folium, quod item nota 'primum' inscriptum est. postremo nostris fere diebus omnia folia codicis numeris Arabicis ab 1 ad 218 notata sunt. nos folia libri (quae ut diximus nunc 218[15] sunt), infra semper secundum recentiorem computationem indicabimus. e reliquis 23 fasciculis 13 sunt quiniones, scilicet 2sq. 6-15. 24 (huius ultimi unum folium post f. 210 excisum ita, ut nunc nouem contineat folia); duo, sc. 4sq., seniones; quattuor, sc. 18-21, quaterniones; tres, sc. 17. 22sq., terniones; unus denique fasciculus, sextus decimus, est bifolium. post f. 55 et 200 alligatae singulae plagulae 170 x 120 mm et 220 x 140 mm, quae nullis notis numeralibus computantur.

in parte interiore operculi superioris duabus columnis manu saec. $X^i II^{vi}$ uel XV^{mi} uita s. Antonii Eremitae inscripta est. liber ipse continet lectiones de sanctis incipitque f. 1 mutilus in medio lectionis quartae in s. Thomam Aquinatem a uerbis: *itaq(ue) ordini cepit no(n) segnit(er) inte(n)de(re) uelut apis argum(en)tosa sp(irit)ualia mella collige(n)s.* magna ex parte exaratus est a Nicolao de Buda saeculo, ut ductus litterarum indicat, $X^o IV^o$ uel $X^o V^o$; qui librarius f. 151^r hoc modo nomen suum subscripsit: *Hec scripsit scripta scriptor Nicolaus de Buda; merces eterna sibi detur in arce superna*[16]. ipse Nicolaus post subscriptionem addidit lectionem in festum s. Petri Martyris. ab f. 153^u lectiones aliis manibus scriptae. librum integumentum Cassouiae confectum habere benigne me docuit Ileana Dârja, quae nunc Bibliothecae Batthyanyanae praeest. in catalogo eius bibliothecae ab Andrea Cseresnyés a. 1824-1826 conscripto liber sub nota N5 I 14 (quae et f. 1^r inscripta est) inuenitur. quando et ubi Ignatius comes de Batthyány, episcopus Transiluaniae (1780-1798), librum acquisiuerit, pro certo dicere nequeo.

lectio de s. Ladislao ff. 54ra-55^{ua} inest (antecedit lectio in festum beatorum martyrum Ioannis et Pauli, sequitur lectio in uigiliam apostolorum Petri et Pauli). de aliis quoque sanctis Hungariae lectiones continet liber, sc. de s. Emerico duce (f. 123^u) et s. Gerardo martyre (f. 160^u).

---

[15] non 217, sicut in recensione codicis R. Szentiványi, Catalogus concinnus librorum manu scriptorum Bibliothecae Batthyanyanae, Segedini 1958, p. 23 statuit. totus liber nunc inspici potest in rete uniuersali (domicilium eius est www.apograf.cimec.ro) una cum aliis 193 libris Bibliothecae Batthyanianae habetque ibi numerum 28. hunc thesaurum imaginum institutum esse eumque a grammaticis libere perscrutari posse res est ualde laudabilis. uituperandum tamen est libros numeris affectos esse nouis neque quaeri posse sub signis suis e catalogis notis neque ullam inesse concordantiam, qua noui numeri ueteraque signa inter se conferri possint (insunt quidem tituli [!] librorum manu scriptorum, quod tamen quaerenti non magni usui esse grammatici harum rerum periti satis sciunt).

[16] photographema huius notae exprimendum curauit E. Varjú, A gyulafehérvári Batthyány-könyvtár, Budapestini a. 1899, p. 207 num. 168, qui codicem ibid. recensuit.

E   Ecclesiae s. Iacobi Leuconiensis 135, nunc Batthyanyanus Albaiuliensis R I 76

codex chartaceus continet 35 fasciculos, seniones omnes praeter tricesimum tertium, qui est septenio. per totum librum unum tantum atque idem inuenitur signum officinarum chartulariarum, bucranium, ex quo linea egreditur flosculum sex foliorum sustinens, cui simillimum, nisi par, Piccard, Ochsenkopf XII 281 (chartae hoc signum exhibentes inueniuntur multis in locis praesertim Bauariae, Suebiae, Franciae, sed etiam Coloniae Agrippinae et in Silesia annis 1418-1444 inscriptae). codex continet calendarium cum tabulis signorum ad annos 1431-1457 spectantium, Iacobi de Voragine Legendam Auream[17], cui adduntur aliae legendae sanctorum[18]. folia calendarii computantur in margine superiore recto numeris Romanis 'I' et 'II', textus legendarum numeris Arabicis. nec deest computatio foliorum Arabica Calendarium quoque complectens. et fasciculi libri computantur inde a primo usque ad uicesimum tertium; non computantur fasciculi 24. 26. 34. 35; fasciculus uicesimus quintus notatur '24', a uicesimo septimo usque ad tricesimum tertium fasciculi notas habent 'XXV^{us}' - 'XXXI^{us}'. primae litterae primi uocabuli insequentis fasciculi in margine inferiore nouissimae paginae fasciculi praecedentis ad cautelam adscriptae non leguntur nisi inde a fasciculo uicesimo quarto usque ad tricesimum tertium.

f. 394^r, in fine Legendae Aureae, accedit hic colophon: *Et sic est finis huius Passionalis. Et est finitum hoc Passionale hora uespertina in uilla que dicitur Pinting prope Bystriciam*[19] *in die Sancti Iacobi apostoli maioris per Petrum Morauum dictum de Thyczin*[20] *sub anno domini M^{o}CCCC^{o}XXIX°. Hylff got Maria berot.* tota Legenda Aurea praeter ff. 286ra-309vb a Petro Morauo exarata est. eam sequuntur legendae sanctorum regum Ladislai (ff. 399u-400r) Stephanique, Emerici ducis, Demetrii, Adae et Euae atque Patricii inscriptae duabus manibus saeculi X^{i}V^i, quarum prima folia 396ra-401ra,

---

[17]apud Barbaram Fleith l. l. (u. supra sub nota 4) num. 8.
[18]cf. recensiones apud E. Varjú l. l. (u. supra sub nota 16) p. 192sq. (sub n° 136); Szentiványi l. l. (u. sub nota 15), p. 45sq. et I. Sopko, Codices Latini medii aeui bibliothecarum Slouaciae, uol. II, 1982, p. 173-175 (sub n° 322). librum inesse in thesauro imaginum supra sub nota 15 indicato mihi narrauernt custodes Bibliothecae Rei Publicae Romenorum, ubi eum equidem inuenire e causis supra dictis nequiui, nec mihi per litteras quaerenti eidem custodes ullum responsum dederunt.
[19]uicus (Hung.: Péntek; Theod.: Pintak; Rom.: Pintic), qui ab urbe Bistricia, capite comitatus Bistriciensis in Transiluania siti, uersus Septentriones eunti fere decem chiliometra distat, in fontibus inde ab a. 1332 (tum *Pintuk* scriptus) apparet, cf. G. Györffy, Geographia historica Hungariae tempore stirpis Arpadianae, I, Budapestini a. 1963, p. 562 (u. etiam imaginem comitatus Bistriciensis in fine eius uoluminis depictam).
[20]quod est oppidum Morauiae ab Olmutio uersus Orientem eunti fere 50 chiliometra distans (Theod.: Titschein; Bohem.: Jicín).

quibus etiam uita s. Ladislai inest, altera reliqua folia exarauit[21]. ultima libri folia inde a f. 414 uacua relicta.

in parte interiore integumenti superioris inuenitur haec nota saeculi X^iV^i alia atque quattuor illorum librariorum, quos supra dixi, manu inscripta: *Presens liber passionalis sanctorum legatus est domui patrum sacerdotum in eadem commorancium per quendam dominum Valentinum B...s*[22] *inibi altaristam, uidelicet in hospitali Sancti Spiritus in LLewtscha. Et notatur, ut mutuetur predicare pauperibus uolentibus. Et nullo modo a domo illa alienetur sub omnipotentis dei et beatorum omnium, in quorum honorem illa ecclesia consecrata est, sub malediccione perpetua. Et pro prefato domino Valentino ipsi fratres orent. Amen.*

hospitale s. Spiritus in Leutscha siue Leuconii, urbe in comitatu Scepusiensi tum Hungariae Superioris sita, ad ecclesiam s. Iacobi pertinebat, quo initio saeculi X^iVI^i libri ecclesiarum Leuconiensium in unum collati sunt[23]; nota 'N 135' in dorso nostri libri inscripta bibliothecae est s. Iacobi Leuconiensis[24], quam a. 1790 uel paulo post Ignatius comes de Batthyány episcopus Transiluaniae (1780-1798) acquisiuit[25].

in catalogo Bibliothecae Batthyanianae ab Andrea Cseresnyés a. 1824-1826 confecto liber sub nota F5 III 12 (quae et parti interiori superioris operculi inscripta est) inuenitur.

F Vindobonensis Bibliothecae olim Palatinae nunc Nationalis Austriacae 326

librum membranaceum, cuius litterae initiales pulcherrimis imaginibus ab artis libros illuminandi peritissimis officinae Vindobonensis aulicae pictoribus decoratae sunt, a. 1446-1447 Friderici III Romanorum regis fuisse et sine dubio eius iussu scriptum esse demonstratur compendiis nominis armisque eius libro inscriptis nec non litteris *AEIOV* (saepius, ut f. 156^r, 162^r) et notis hisce: f. 1^r

---

[21] manus librariorum distinxit Sopko l. l. (u. sub nota 18).
[22] *Beis* legunt Varjú et Szentiványi l. l. (u. sub notis 14sq.), *Bleis* dubitanter proponit Sopko l. l. (u. sub nota 18); equidem solum primam et ultimam litteram distinguere possum.
[23] cf. Eva Selecká Mârza, A középkori Löcsei könyvtár, Segedini 1997, p. 9 et 35.
[24] cf. Eva Selecká Mârza l. l. (u. sub nota 23), p. 51 (sub n° 24).
[25] episcopum iam a. 1790 cum consilio Leuconii urbis de libris emendis tractauisse et bibliothecam S. Iacobi a. 1797 haud dubie iam Albam Iuliam, sedem Transiluaniae episcopalem, esse translatam docet Eva Selecká Mârza l. l. (u. sub nota 23), p. 12-14. librorum Leuconiensium duo elenchi saeculo XVIII^{mo} conscripti exstant inter se paululum discrepantes: alter in Tabulario Leuconiensi primum edito a B. Bálent, in: Kniznica 2, 1956, p. 73-82, iterum a Selecká Mârza l. l. (u. sub nota 23), p. 121-132, alter editus ab Ileana Dârja in: Apulum 37, a. 2000, p. 61-73, in Bibliotheca Batthyaniana Albaeiuliensi sub signo R X 69 seruatur. Editrices elenchorum, Eva Selecká Mârza (p. 127 num. 125) et Ileana Dârja (p. 72 num. 44), arbitrantur illae quidem codicem nostrum in his duobus elenchis inuenisse, sed non sub eodem titulo.

Fridericus rex 1447 et f. 13^u *1446 Fridricus rex*. codex aliquamdiu in castro Ambras prope Veldidenam seruabatur[26]. complectitur folia 287 in 36 fasciculos, omnes quaterniones, diuisa (ultimum folium ultimi fasciculi excisum est). fasciculi numeris Romanis ab 'I' ad 'XXXVI' computantur[27]. folia codicis in parte superiore recta numeris Arabicis recentissimis ab '1' ad '286' notantur (duo folia habent numerum '27'). saepius fit, ut in margine inferiore dextro etiam quatuor bifolia uniuscuiusque fasciculi signis '1' ad '4' notentur.

liber continet Iacobi de Voragine Legendam Auream[28] (f. '285' habet tabulam, f. '286' uacuum est). in ff. 273^{ub}-274^{ua} inest legenda s. Ladislai, quam in ff. 272^{ub}-273^{ub} s. Stephani regis antecedit et in ff. 274^{ua}-276ra s. Emerici ducis sequitur (quae in tabula f. 285 falso titulo '*de s. Henrico imperatore*' indicatur)[29]. in f. 273^{ub} miniator regem Ladislaum mortuum diademate ornatum in curru equis priuo ante moenia urbis, quae esse uidetur Alba Regia, iacentem pinxit (uno tantum praesente comite eoque dormiente, cui etiam equus, et ille dormiens, adiacet), significans id episodion legendae, quo currus corpus sancti regis exanime portans sua sponte sine equis ulloue alio adminiculo de uia Albam Regiam ducente declinauisse aliamque uiam Varadinum in urbem a s. Ladislao conditam ferentem elegisse narratur, ut rex, ubi uoluisset ipse, sepeliretur[30].

Q   Mellicensis 1824 (olim H 64, deinde A 31, deinde 27)

liber chartaceus 35 fasciculos complectitur, omnes seniones praeter quintum et uicesimum, qui est quinio, et quintum et tricesimum, quod est bifolium, i. e. 408 folia, quae in margine superiore medio numeris Arabicis saeculi X^{i}V^i ab '1' ad '406'[31] notata sunt.

signa officinarum chartulariarum haec sunt: 1) bucranium, ex quo duae lineae parallelae exeunt flosculum septem foliorum sustinentes (ut ff. 19, 242), simillimum Piccard, Ochsenkopf XIII 231 (Monachii a. 1467 et 1468). 2) bucranium, ex quo linea exit crucem sustinens (ut f. 42), simillimum Piccard, Ochsenkopf VII 318 (Cadolzburg a. 1445). 3) bucranium, ex quo linea exit crucem sustinens (ut ff. 53, 74), idem ac Piccard, Ochsenkopf VII 318

---

[26]cf. F. Unterkircher, Die datierten Handschriften der Österreichischen Nationalbibliothek von 1401 bis 1450, I, Vindobonae a. 1971 (= Katalog der datierten Handschriften in Lateinischer Schrift in Österreich II), p. 17sq.

[27]fasc. tertius decimus et quartus decimus errore bibliopegi loco inuicem mutato illigati sunt. computatio fasciculorum et alios continet errores: fasciculus, quo 'XXII' excipitur, notatur 'XXIIII'; duo fasciculi notantur 'XXVII'; fasciculus post 'XXXIIII' insertus notatur 'XXXVI', ultimus fasciculus nullam habet notam.

[28]apud Barbaram Fleith l. l. (u. supra sub nota 4) num. 970 (quae tamen uitam S. Ladislai libro contineri ignorauit).

[29]uitas sanctorum regum Hungariae antecedit S. Clementis, sequitur S. Praeiecti.

[30]cf. infra legendae rec. I § 9, 1-4.

[31]sc. computatio foliorum menda continet haec: 100·102; 109·109; 145·145; 155·155.

(Cadolzburg a. 1445). 4) bucranium, ex quo duae lineae parallelae exeunt flosculum septem foliorum sustinentes (ut ff. 85, 120), fere idem ac Piccard, Ochsenkopf XIII 253 (Veldidenae/ Ponte Aeni, Vipiteni, al. a. 1444-1446). 5) bucranium, ex quo duae lineae parallelae exeunt flosculum septem foliorum sustinentes (ut ff. 104, 116), idem ac Piccard, Ochsenkopf XIII 239 (in uico Jagstfeld a. 1444). 6) bucranium, ex quo duae lineae parallelae exeunt flosculum octo foliorum sustinentes (ut f. 137), simillimum Piccard, Ochsenkopf XIII 244 (ut Monachii, Castris Reginis, Iuuaui a. 1464-1470). 7) bucranium, ex quo duae lineae parallelae exeunt flosculum septem foliorum sustinentes (ut ff. 227, 234), fere idem ac Piccard, Ochsenkopf XIII 17 (ut Veldidenae/ Ponte Aeni, in urbe Nürtingen a. 1445-1448). 8) bucranium, ex quo duae lineae parallelae exeunt flosculum septem foliorum sustinentes (ut f. 87), simillimum Piccard, Ochsenkopf XIII 239 (in uico Jagstfeld a. 1444). 9) uua (ut ff. 287, 294), fere idem ac Piccard, Traube I 644 (a. 1444). 10) tres montes, quos in repertoriis non inueni.

liber complectitur Chromatii et Heliodori epistulam ad Hieronymum presbyterum de nataliciis sanctorum cum rescriptione s. Hieronymi (f. 1^r), Iacobi de Voragine Legendam Auream (ff. 1^u-392^r)[32], narrationem de ortu s. Bartholomaei (ff. 392^u-396^r), expositionem canonis missae (ff. 396^u-406^u)[33]. uita s. Ladislai foliis 352ra-353rb continetur; quam sequitur uita s. Stephani regis (ff. 353rb-357^{ub}). uitam s. Emerici ducis, quae in tabula codicis indicatur, nusquam inueni.

liber teste Christina Glaßner, cuius concordantiam signorum libris Mellicensibus inscriptorum in rete uniuersali inspexi, iam in catalogo Stephani Burkhardi a. 1517 conscripto sub signo H 64 (non tamen in catalogo a. 1483[34]) inuenitur; deinde signa accepit 'A 31' (saeculo XVIII^{mo}) et '27' (saeculo XIX^{mo}).

Y Ratborensis Ecclesiae Collegiatae, nunc Cracoviensis Ordinis Praedicatorum R XV 35

liber chartaceus uiginti fasciculos complectitur, quiniones et septeniones alternantes, ut sit primus quinio (ff. 1-10), secundus septenio (ff. 11-24), rursus quinio (ff. 25-34), eqs., nisi quod fasciculus septimus decimus est senio pro quinione (ff. 193-204) et uicesimus senio pro septenione (ff. 229-240a). ad hos uiginti fasciculos accedunt bifolium (ff. 240b-<241>) et duo folia ex alio libro manu scripto sumpta. folia libri notantur numeris Arabicis recentissimis (1-240·240a·240b; ultimis tribus foliis nullus inscriptus est numerus). in parte

---

[32] apud Barbaram Fleith l. l. (u. supra sub nota 4) num. 416.
[33] librum recensuit Vincentius Staufer in Catalogo codicum manu scriptorum, qui in bibliotheca monasterii Mellicensis OSB seruantur, Vindobonae a. 1889, p. 66 sub uetustiore signo 27.
[34] cf. Mittelalterliche Bibliothekskataloge Österreichs, I Niederösterreich, ed. Th. Gottlieb, Vindobonae a. 1915 (iterum ed. 1974), p. 161-261.

inferiore dextra foliorum 35ᵘ, 95ᵘ, 143ᵘ, 155ᵘ, 179ᵘ, 205ᵘ repetuntur prima uerba foliorum insequentium, sc. 36, 96 eqs.; quae tamen folia non sunt prima sui cuiusque fasciculi. liber recentiore aetate religatus nouoque, ut mihi quidem uisum est, integumento praeditus est.

in folio 1ʳ inscriptus est titulus: *Incipiunt legende sanctorum per anni circulum, qui quidem liber alio uocabulo dicitur passionale sanctorum.* ff. 1-239 continent uitas sanctorum, inter alias s. Ladislai regis (ff. 93ra-94ᵘᵇ; cui praecedit s. Leonis papae, succedit s. Petri apostolis), s. Stephani regis (ff. 131ʳ-134ʳ), s. Emerici ducis (ff. 183ʳ-184ʳ), s. Elisabeth de Hungaria (ff. 187ᵘ-192ᵘ) cum notis marginalibus, in quibus p. 188ᵘ *Chronica Vngarorum* laudantur[35]. folium 240a uacuum relictum, in folio 240bᵘ tabula contentus inscripta est. librum usque ad folium 221ʳ unus idemque librarius (saeculi Xⁱvⁱ medii?) mihi quidem exarasse uidetur, inde recentiores plures.

signa officinarum chartulariarum per totum librum nulla dignoscere potui nisi in fol. 240b, crucem, quae dicitur Graeca, cui simillima (immo eadem?) est Briquet 5547; similis et Piccard, Kreuz II 500 et 502; chartae haec signa exhibentes inueniuntur Vicentiae, Veldidenae/ Ponte Aeni, Donauerdae, omnes a. 1452 inscriptae. charta folii 240b non eundem habet aspectum ac reliquus liber.

notis marginalibus libri hic illic interpretamenta Theodisca inscripta sunt, ut in folio 140ᵘ, ubi *linea lignea* uerbis *holezen lehne* uertitur. in folio 229ʳ legitur: *Iorr( )is Ratiborensis.* codicem olim Ecclesiae Collegiatae Ratborensis fuisse seruarique inde ab a. 1946 Cracouiae in Tabulario Prouinciae Poloniae Ordinis Praedicatorum docet Sophia Wlodek[36].

O   Leopolitanus nunc Vratislauiensis Ossolinianus 5439-II

liber chartaceus foliorum 349 fasciculos complectitur triginta, omnes seniones praeter uicesimum sextum et uicesimum septimum, qui sunt quiniones, et ultimum, qui est quaternio, cuius tamen quintum, sextum et septimum folium excisa sunt. numeris Arabicis recentioribus indicantur in margine superiore dextro non folia libri, sed paginae rectae (1, 3, 5, eqs. usque ad 697). in prima pagina legitur nota 'a I', in secunda 'a', in tertia 'II', scilicet initium computationis foliorum uetustioris. librum a bibliopego ferro decurtatum esse indicant uestigia primarum uocum uniuscuiusque fasciculi margini inferiori

---

[35] ad eadem Chronica refert in folio 173ᵘ nota de Attila rege Hunnorum.
[36] in Mediaeualibus philosophicis Polonorum XIV, Vratislauiae a. 1970, p. 155 et 185. in ciuitate Ratborensi Collegium Canonicorum Regularium sub fine saeculi Xⁱiiiⁱ institutum, a. 1416 ex arce in Ecclesiam S. Mariae Virginis translatum, a. 1810 suppressum est, cf. A.Weltzel, Geschichte der Stadt und Herrschaft Ratibor, Ratibori a. 1861, p. 335-411 et 417-427; G. Hyckel, Geschichte der Stadt Ratibor, Augustae Vindelicum a. 1956, p. 55; P. Newerla, Ratibor einst und jetzt, Ratibori a. 1998, p. 131-136; de bibliotheca Collegii nihil inueni.

dextro ultimae paginae fasciculi praecedentis inscriptarum ut p. <48>, <72>, <96>, eqs. integumentum tamen libri mihi quidem uetus, fortasse saeculi X^{i}VI^i esse uidetur.

signa officinarum chartulariarum haec sunt: 1) bucranium, ex quo linea egreditur flosculum sex foliorum sustinens, simillimum Piccard, Ochsenkopf XII 253; chartae hoc signum exhibentes inueniuntur cum alibi tum Augustae Vindelicum, Brixinae Noricae, Veldidenae/ Ponte Aeni, omnes annis 1454-1458 inscriptae (fasc. 1-20); 2) crux, quae dicitur Graeca, similis Briquet 5547, Piccard, Kreuz II 500 et 502; chartae haec signa exhibentes inueniuntur Vicentiae, Veldidenae/ Ponte Aeni, Donauerdae, omnes a. 1452 inscriptae (fasc. 23)[37]; 3) bucranium, ex quo linea egreditur flosculum septem foliorum sustinens, quod tamen non tam bene distinguere potui, ut conferri posset cum imaginibus repertoriorum (fasc. 25); 4) cruces duae inter se colligatae, i. e. crux dicta Lotharingica siue patriarchalis, similis Piccard, Kreuz V, 1280 (Cracouiae a. 1517) et Briquet 5755 (Gnesnae a. 1516, Cracouiae a. 1519) (fasc. 30). signa fasciculorum 21sq., 24, 26-29 distinguere nequiui.

codicis priores undetriginta fasciculi mihi a pluribus scribis medii saeculi X^{i}V^i (cf. signa officinarum chartulariarum) exarati esse uidentur. raras continent notas marginales. textus incipit sine titulo (p. 1): *Vniuersum tempus presentis uite in quatuor partes distinguitur*, ibid. in margine superiore medio inscriptum: *Reconciliationis*. liber continet legendas sanctorum secundum calendarium digestas (Iacobi de Voragine Legendam Auream[38]). in p. 363-<366> legitur uita s. Ladislai, quam antecedit legenda *Septem dormientium in ciuitate Ephesi* (p. <360>); succedit ei legenda s. Symphorosae (p. <366>). uitae ceterorum sanctorum Hungariae desunt quidem praeter diuae Elisabeth (p. <638>), indicantur tamen litteris rubris eiusdem aetatis loca, ubi inserendae sunt, sc. in p. <498> ante legendam s. Agapiti inscriptus est titulus: *Stephani, regis Hungariae*, in p. <528> ante Hadriani: *Emerici*, in p. 549 ante Iustinae: *Gerardi*. ultimus fasciculus libri continet in p. 689 uitam sancti pueri Venceslai manu recentiore fere annis 1515-1520 inscriptam (cf. signum officinae chartulariae).

codex seruabatur in illustrissima bibliotheca a comite Iosepho Maximiliano Ossolinski a. 1817 Leopoli fundata[39] translatusque est post finem posterioris belli uniuersalis (a. 1945) cum omnibus fere libris eius bibliothecae, qui medio aeuo scripti sunt, Vratislauiam, ubi adhuc asseruatur[40].

---

[37]similis, sed non eadem est crux in folio 240b codicis Ratborensis.
[38]Barbara Fleith (u. supra sub nota 4) codicem non nouit.
[39]cf. Inwentarz rekopisów bibljoteki Zakladu Narodowego imienia Ossolinskich we Lwowie [Nr. 1505 do 5500], Leopoli 1926, p. 509.
[40]de qua re me benigne certiorem fecerunt Bibliothecae Ossolinianae nunc Vratislauiensis custodes. unde et quando liber in bibliothecam Ossolinianam peruenerit, ignoro, cum adnotationes eius bibliothecae ad libros manu scriptos spectantes Leopoli in bibliotheca nunc Academiae Scientiarum Vcrainae manserint neque inde litterae, per quas de nostro codice quaesiui, ullum responsum tulerint.

C Coloniensis O 70 coenobii s. Barbarae Cartusianorum, nunc Berolinensis theol. Lat. fol. 706

liber chartaceus folia 278 complectens, quorum ff. 1^r-272^r una eademque manu exarata sunt, diligentissime recensitus est a B. Gaiffier[41] et a P. J. Becker atque T. Brandis[42]. librarium fuisse patrem Hermannum Grefgen, Cartusianum Coloniensem, indicat f. I^r Georgius Garneveldt, circa a. 1628 Coloniae Agrippinae bibliothecarius coenobii Cartusiani s. Barbarae, ubi liber usque ad aduentum exercituum Francogallicorum pridie Non. Oct. a. 1794, qui religiosos ex coenobio expulerunt, sub signo O 70 seruabatur[43] (cf. notam quoque mutilam manu saeculi $X^{iv\,i}$ exeuntis in parte interiore operculi superioris inscriptam: *Iste liber est [...] Colonie. In quo continentur diuerse legende sanctorum multorum a quodam monacho prefati ordinis in unum collecte, huius domus professo* eqs.). librarium re uera Hermannum Grefgen esse demonstrat nota manu saeculi $X^{iv\,i}$ in f. 173 codicis Darmstadiensis 1021 ab eodem exarati: *Martyrologium D(omini) Hermanni Greefgen, monachi huius domus Coloniensis, qui et indicem ... compilauit*[44]. quae de nostro librario in Annalibus Cartusiis Coloniensibus leguntur (*Anno 1477, 5 nouembris, obiit d(ominus) Hermannus Greue, scriptor martyrologii, uir doctus ac deuotus, uixit in ordine 19 annis*), ea uera esse comprobauit Gaiffier[45]. signa officinarum chartulariarum, quae in codice inueniuntur, litterae P easdem formas habent atque Piccard P IX 888, 919 et 950 (Friburgi Brisgouiae a. 1458-1460)[46].

liber continet f. 31^{r-u} uitam s. Ladislai, ceterorum autem sanctorum Hungariae nullius nisi s. Emerici (f. 32^{r-u}).

---

[41]in Analectis Bollandianis, 54, 1936, p. 316-358.
[42]in: Die Theologischen Lateinischen Handschriften in Folio der Staatsbibliothek Preußischer Kulturbesitz Berlin, II, Aquis Mattiacis a. 1985, p. 247-252.
[43]cf. Gaiffier l. l. (u. sub nota 41), p. 319 n. 4, qui librum sub hoc signo in catalogo bibliothecae coenobii Cartusiani Coloniensis a. 1748 conscripto inuenit. recentiores fuerunt possessores Leander van Eß (qui ei signum dedit 243) et Thomas Phillipps (qui ei signum inscripsit 627); huius post mortem codex una cum aliis eius libris a. 1910 a Bibliotheca Regia Borussica emptus est. ad coenobium Cartusianum Coloniense u. Christel Schneider, Die Kölner Kartause von ihrer Gründung bis zum Ausgang des Mittelalters (= Veröffentlichungen des Historischen Museums der Stadt Köln 2), Bonnae a. 1932.
[44]cf. Gaiffier l. l. (u. sub nota 41), p. 319sq.
[45]l. l. (u. sub nota 41), p. 318sq.
[46]cum mihi custodes Bibliothecae Berolinensis, ut ipse signa officinarum chartulariarum delinearem, non permiserint, ea repeto, quae in recensione codicis l. l. (u. sub nota 42) scripta sunt.

P   Poetouionensis Ordinis Praedicatorum no. 9, nunc Graciensis Vniuersitatis 977

liber chartaceus, cuius tamen uniuscuiusque fasciculi folium intimum membranaceum est, complectitur post unum folium (f. I) textum liturgicum continens 31 fasciculos, unum ternionem (ff. II-VII[47]), quem sequuntur 29 seniones (ff. 1-348) et unus septenio (ff. 349-362). fasciculi inde a secundo usque ad tricesimum numeris notantur. numerus '1461' ab ipso librario in fine libri (362^u) inscriptus indicat annum, quo codex absolutus est.

quae distinguere potui signa officinarum chartulariarum, haec sunt: (1) libra circulo inscripta (ut f. III et VI), cui simillima Piccard, Waage V, 270 (in Noua Ciuitate prope Vindobonam a. 1453); (2) tres montes (ut f. 5 et 8), quibus simillimi Piccard, Dreiberg VII 2199 (Goslariae a. 1460) et 2214 (Brunsuici a. 1456 et 1457); iterum tres montes (ut f. 17 et 20), quibus simillimi Piccard, Dreiberg VII 1921 (Landshuti a. 1465); (4) bucranium, ex quo linea egreditur flosculum sex foliorum sustinens (ut f. 75 et 82), cui simile Piccard, Ochsenkopf XII, 255 (Augustae Vindelicum, Francoforti, Veldidenae al. a. 1452-1462); (5) alterum bucranium, ex quo linea egreditur flosculum sex foliorum sustinens (ut f. 99 et 106), eiusdem generis et prius; (6) libra circulo inscripta (ut f. 341 et 344), cui simillimae (eaedem?) sunt Piccard, Waage VII, 284 (Graciae a. 1455), 288, 289 (ambae Vindobonae et Lentiae a. 1460)[48].

in ff. II-VII continentur Tabulae, inde a f. 1 Iacobi de Voragine Legenda Aurea[49]. uita s. Ladislai inest ff. 199ra-199^{ub} (quam antecedunt s. Brigidae, Albani, Ioannis Baptistae, Elogii Ioannis et Pauli, sequuntur autem s. Stanislai, Venceslai, Eustorgii, Sophiae, Materni), s. Stephani regis ff. 281^u-282^u, s. Emerici ducis ff. 335^r-336^r, s. Elizabeth ff. 342^u-343^u.

codex ferro bibliopegi decurtatus, id quod e notis marginalibus ex parte excisis apparet, signum habet integumento impressum monasterii fratrum Praedicatorum Poetouionensis[50] notamque '9' in dorso integumenti; titulus *Legenda sanctorum* operculo superiori inscriptus est. signum Graciense uetus fuit ei 38/49. f. 168^u leguntur uerba *Que admodum ego frater Conradus Balistani lector OP minus aspexi.* liber Poetouione fortasse non solum

---

[47]prima septem folia libri numeris Romanis notantur ab 'I' ad 'VII', reliqua Arabicis aequalibus ab '1' ad '362'.
[48]libram circulo inscriptam, quae impressa est ut f. 313 et 324, non inueni in repertoriis. sagittas duas in speciem X litterae decussatas (ut ff. 171 et 178; 194 et 203), incudem (ut f. 301 et 312), uuam (ut f. 354 et 357), insignia in ff. 170 et 179 ne lucentis quidem folii ope satis clare delineare potui, ut mihi repertoria perscrutanti usui esse possent.
[49]apud Barbaram Fleith l. l. (u. supra sub nota 4) num. 247.
[50]codicem recensuerunt A. Kern l. l. (u. supra sub nota 8) p. 170sq. et Maria Mairold, in: Die datierten Handschriften der Universitätsbibliothek Graz bis zum Jahre 1600, Vindobonae a. 1979, I p. 107 et II p. 193 imag. 273. Kern librum Cisterciensium Neomontanorum fuisse credidit, quod falsum esse, cum codex signum integumento impressum Poetouionense haberet, uidit Gertraut Laurin, in: Die gotischen Blindstempeleinbände des ehem. Dominikanerklosters Pettau (Untersteiermark), Gutenberg Jahrbuch 40, a. 1965, p. 353-361, praesertim p. 354sq.

integumento praeditus, sed etiam scriptus est. cum uero monasterium Dominicanorum Poetouionense a. 1231 fundatum a. 1786 ab imperatore Iosepho II suppressum esset, liber una cum triginta fere reliquis codicibus Poetouionensibus Graciam in Bibliothecam Vniuersitatis translatus est.

G   Crasnicensis Canonicorum Regularium Lateranensium, nunc Varsaviensis Bibliothecae Nationalis BN III 8041[51]

liber chartaceus, cuius paginae rectae numeris Arabicis recentioris aetatis notantur (1, 3, 5, eqs. usque ad 640), in tres diuiditur partes. quarum prima unum complectitur folium (p. 1-<2>), secunda unum quaternionem, cuius primi folii minima particula superest, ultimum folium omnino deest (p. 3-<14>); tertia pars codicis (p. 15-<641>) fasciculos continet uiginti sex, omnes seniones (primi senionis [p. 15-<36>] primum tamen folium deest), excepto decimo (p. 229-<256>), septenione. haec tertia pars codicis ueterem quoque exhibet foliorum computationem, quae e litteris maiusculis et numeris Romanis constat, sc. A II[52]-XXI · B I-XXIV · C I-XXXI eqs. usque ad T I-II (numerus ergo foliorum, qui unicuique litterae assignatur, maxime uariat). in margine inferiore dextro ultimae paginae uniuscuiusque fasciculi inscripta sunt prima uerba fasciculi insequentis, quae tamen multis in locis ferro bibliopegi excisa sunt. liber, qui mutilus desinit (in fine de Machometo narratur), integumentum saeculi X^{i}V^i habere uidetur.

signa officinarum chartulariarum haec sunt: 1) bucranium, ex quo in superum tendunt lineae duae parallelae flosculum sex foliorum sustinentes cuiusque e mento crux pendet; cui simile est Piccard, Ochsenkopf III, 717 (e. g. Nordlingae, Papenhemii a. 1478-1481) (fasc. 3-9); 2) bucranium eiusdem formae ac prius, tamen non idem (fasc. 3-9); 3) bucranium linguam porrectam habens, ex quo in superum linea egreditur flosculum septem foliorum sustinens, cui similia sunt Piccard, Ochsenkopf XII 711 (Eldenae, Wetflariae a. 1460-1462) et 712 (Francoforti a. 1471) (fasc. 10-17); 4) bucranium, ex quo in superum tendunt lineae duae in crucem desinentes, cui simillimum est Piccard, Ochsenkopf XI, 217 (Onoldii et Norimbergae a. 1459 et 1460) (fasc. 19-22); 5) turris, cui simillima (an eadem?) est Piccard, Turm II 452, quae inuenitur e. g. Nordlingae in chartis a. 1458 et 1459 exaratis (fasc. 23, 25-27).

omnes tres partes libri uitas continent sanctorum, tertia, quae tota una manu exarata est, Iacobi de Voragine Legendam Auream[53]; uita s. Ladislai legitur in p. 333-335 (id est in foliis G II^r-III^r secundum ueterem computationem foliorum) eamque praecedit legenda *Septem dormientium in ciuitate Ephesi* et sequitur eum s. Symphorosae. atque inest quidem uita s.

---

[51] S. Szyller, scriptori Bibliothecae Rei Publicae Polonicae Varsauiensis, qui mihi recensionem codicis a se factam benigne misit, gratias ago maximas. signa officinarum chartulariarum ipse depinxi; si qua ergo erraui, ipse sum culpandus.
[52] f. A I, ut supra dixi, deest.
[53] apud Barbaram Fleith l. l. (u. supra sub nota 4) num. 963.

Stephani regis Hungariae (inc. p. 437), Emerici autem et Gerardi (aliter atque in codice Leopolitano supra recensito[54]) desunt.

in folio I^r legitur nota possessoris: *Conuentus Crasnicensis Canonicorum regularium Lateranensium*[55], in dorso codicis legitur nota '...]*15*'.

L Lunaelacensis 186 monasterii s. Michaelis Ordinis sancti Benedicti, nunc Vindobonensis Bibliothecae Nationalis Austriacae 3662

libri chartacei integumentum superius sequitur unum folium membranaceum et unum chartaceum, quae primo nullas habebant notas numerales. aetate tamen recentissima uetere computatione foliorum libri deleta noui inscripti sunt numeri, qui iam a primo folio codicis eoque membranaceo incipiunt; quare computatio foliorum hodierna discrepat ab ea, quae in Tabulis codicum[56] indicatur. nos infra nouam sequimur computationem foliorum. liber complectitur duas partes, quarum prior (ff. 3-188) sedecim fasciculos continet, omnes, praeter quartum decimum (quinionem), seniores. tertii decimi fasciculi nonum folium excisum, sexti decimi tria folia desunt. fasciculi in margine inferiore dextro numeris Arabicis ab '1' (f. 3^r) usque ad '16' (f. 180^r) numerantur. posterior pars codicis (ff. 189-249) quinque seniones complectitur, quibus unum additur folium glutine aptatum. in ff. 189^r, 225^r et 237 infra uestigia computationis fasciculorum cernuntur.

signa officinarum chartulariarum sunt, quae sequuntur: 1) librae circulo inscriptae, in singulis fasciculis inter se mixtae (ff. 3-26; 39-50; 75-188): a) ut ff. 3, 4, 9, 12, 18, 110, similis Piccard, Waage V, 255 (Utini a. 1481); b) ut ff. 10, 26, 19, 21, simillima Piccard, Waage V, 291 (Veldidenae/ Ponte Aeni,

---

[54]inter codicem Crasnicensem et Leopolitanum, Cracouiensesque Bibliothecae Iagellonicae 271, 1767, 4246 et Gnesnensem Bibliothecae Capituli Ecclesiae Cathedralis 226 affinitatem putat esse S. Szyller supra (sub nota 51) laudatus. ex quorum numero ego praeter Crasnicensem solum Leopolitanum inspexi negantibus codices Cracouienses Iagellonicos Gnesnensemque uitam S. Ladislai continere earum bibliothecarum custodibus.

[55]librum iam sub finem saeculi XIV^i in conuentu Crasnicensi (uersus meridiem eunti fere 60 chiliometra a Lublino sito) fuisse statuit Ewa Zielinska, Kultura intelektualna kanoników regularnych z klasztoru w Krasniku w latach 1469-1563, Lublini a. 2002, p. 87 (cf. de bibliotheca monasterii ibid. pp. 73-115; u. etiam pp. 169-171 elenchum librorum manu scriptorum monasterii Crasnicensis in uariis bibliothecis Poloniae et Bohemiae exstantium) eodemque modo decoratum esse atque codices olim ipsos quoque Crasnicenses, nunc Varsavienses 8040, 8043, 8044 (ibid. p. 92; Irenae Frings, Thesauri linguae Latinae Monacensis quondam sodali, quod mihi Polonici sermonis ignaro in hoc libro legendo auxilio fuit, gratias ago maximas). librum saeculo XIX^{mo} in possessionem Ludouici Zalewski (cf. in parte interiore integumenti superioris notam *ex libris KSdra Ludwika Zalewskiego*), inde a. 1955 in Bibliothecam Rei Publicae Polonorum peruenisse docet S. Szyller supra (sub nota 51) laudatus.

[56]cf. Tabulas codicum manu scriptorum praeter Graecos et orientales in Bibliotheca Palatina Vindobonensi asseruatorum III-IV, Graciae ^{2}1965, p. 48sq.

Norimbergae a. 1458); c) ut ff. 80, 82, 86, simillima Piccard, Waage V, 217[57] (in Noua Ciuitate prope Vindobonam a. 1464); 2) incus circulo inscripta (ff. 27-38), eadem ac Piccard, Werkzeug (Amboß) IV, 1161 (Veldidenae/ Ponte Aeni a. 1463); 3) alia incus circulo inscripta (ff. 51-74), eadem ac Piccard, Werkzeug (Amboß) IV, 1162 (Graciae 1461, 1462); 4) circulus (ff. 189-224) eandem fere habens formam ac Briquet 2945 (a. 1401); 5) tintinnabulum (ff. 225-248) eandem fere habens formam ac Briquet 3975 (a. 1403).

prima pars codicis continet in f. 1 (membranaceo) fragmentum missalis officiumque s. Barbarae, f. 2 indicem contentus, ff. 3-72 Pronuntiamentum, sc. themata sermonum de festis Domini, Beatae Mariae Virginis et sanctorum per circulum anni[58]. in fine Pronuntiamenti f. 72^r inest nota librarii *Et sic est finis hui(us) p(ro)nunciame(n)ti. Anno d(omi)ni MCCCC58*[59]. qui sequuntur tres fasciculi, sc. septimus, octauus, nonus (ff. 75-110), alia manu scripti continent post Stephani Aniciensis Passionem s. Placidi martyris (ff. 75^r-84^u) et s. Scholasticae uirginis (ff. 84^r-86^u) uitas sanctorum Hungariae, sc. Stephani regis (ff. 87^r-93^u), Emerici ducis (ff. 93^u-95^u), Gerardi martyris (ff. 95^u-102^u), Ladislai regis (ff. 102^u-104^u). sequitur eadem manu scripta uita s. Abrahae eremitae (ff. 10u^u-110^u). reliquus codex ab aliis librariis exaratus uarias continet uitas sanctorum sermonesque[60].

liber, cuius in dorso numerus '186' inscriptus est, has continet notas possessorum: f. 1^r *Lieber (!) iste est monasterii Mennse*, f. 2^r *Monasterii in Mannse*, f. 249^u *Liber iste est Monasterii Sancti Michaelis In Mannse*. integumentum eius ad Lunae Lacum s. XV^{mo} confectum esse me benigne certiorem fecit Fridericus Simader Vindobonensis[61]. noster in numero est codicum monasterii Lunaelacensis a. 1791 suppressi, qui in Bibliothecam Palatinam Vindobonensem translati sunt[62], 663.

codicis Lunaelacensis duo exempla saeculo XVIII^{mo} exscripta exstare indicat E. Madzsar[63], sc. Vindobonense 11677 et Bruxellense 8932; quae ego non uidi.

---

[57]cf. idem signum in codice Monacensi 18624 (olim Tegernseensi).
[58]cf. Tabulas codicum l. l. (u. sub nota 56).
[59]cf. F. Unterkircher, Die datierten Handschriften der Österreichischen Nationalbibliothek von 1451 bis 1500, I, Vindobonae a. 1974 (= Katalog der datierten Handschriften in Lateinischer Schrift in Österreich III), p. 89 et u. imaginem huius notae ope lucis factam ibid. II, imag. 149.
[60]cf. Tabulas codicum l. l. (u. sub nota 56).
[61]libri scilicet Lunaelacenses ueteres nouique eo saeculo similia inter se integumenta acceperunt, cf. H. Paulhart in: Mittelalterliche Bibliothekskataloge Österreichs V, Vindobonae a. 1971, p. 69, 30 - 70, 2.
[62]cf. cod. Vind. Ser. n. 2162 (= Katalog über samentliche Manuscripten des aufgelassenen Klosters Mondsee in Österreich ob der Enns), f. 22^{r-u}, ubi noster sub ipso signo '186' inuenitur.
[63]cf. Scriptores rerum Hungaricarum II, p. 468.

T Tegernseensis 624 monasterii Ordinis s. Benedicti, nunc Monacensis Bibliothecae Rei Publicae 18624[64]

liber chartaceus 163 foliorum, quae numeris supputantur Arabicis recentioribus[65], tres partes complectitur, quarum prima post bifolium, cui inest tabula contentus, sex seniones continet (ff. 1-74). hac in parte codicis leguntur uitae s. Stephani regis Hungariae (f. 3r-26r), Emerici ducis (ff. 26r-31r), Gerhardi[66] (ff. 31r-48r), Ladislai regis (ff. 48r-54r), Abrahae eremitae (ff. 54r-66r), Symonis innocentis (ff. 67r-70r) atque Raphaelis Zouengonii metra ad laudem Martyris nouelli (ff. 70u-71u). haec omnia ab eodem librario exarata sunt. in margine inferiore primi et tertii senionis (f. 14u et 39u) adhuc leguntur primae litterae primi vocabuli insequentis fasciculi ab ipso librario ad cautelam notatae. ultimis foliis sexti senionis uacuis relictis alia manu inscripta est uita s. Remedii confessoris (ff. 72r-74r).

libri secundae parti (ff. 75-149) inest a tertio quodam librario inscripta Historia Hierosolymitana deuota, quae sex complectitur seniones, quorum priores quinque in margine inferiore dextro primi folii uniuscuiusque fasciculi notis a 'pr(imus)' ad '5(us)' subputantur. cui accedit f. 144u quarta manu exarata Historia B. Hemmae. ad quam tamen inscribendam cum ultima folia ultimi senionis a praecedente librario uacua relicta non sufficerent, alia tria folia (ff. 147-149) libro adligata sunt. libri tertia pars senionem (ff. 150-161) complectens, cui duo folia (ff. 162sq.) glutine aptata addita sunt (prima uerba f. 162r inscripta ad cautelam et in fine f. 161u iterantur), continet Excerpta de historia Marci Pauli cum notis marginalibus bibliopegi ferro partim mutilatis. hanc partem codicis Osualdus Nott se exarasse indicat notula in f. 163r inscripta: *explicit per me fratrem Oswaldum Nott de Tittmaning monachum et professum Tegernsee(nsem).* uide et notas f. 1r *monasterii Tegernse(e)n(sis)*; in operculo interiore et priore et posteriore *attinet Tegernsee iste liber*; in dorso libri *Teg 624*; in parte exteriore operculi superioris *X 50.3⁰*.

signa officinarum chartulariarum in prima parte libri (ff. 1-74) sunt librae circulo inscriptae lancesque habentes rotundas duae: a) ut f. 18 et 23 simillima Piccard, Waage V, 225 (Noui Fori Palatinatus Superioris a. 1465); b) ut f. 63 et 74 simillima Piccard, Waage V, 217[67] (in Noua Ciuitate prope Vindobonam a. 1464). libri secunda pars (ff. 75-149) eadem habet signa ac prima. huius partis ultimorum trium foliorum (ff. 146-149) signum non clare

---

[64] u. recensionem codicis in: C. Halm, F. Keinz, G. Meyer, G. Thomas, Catalogus codicum Latinorum Bibliothecae Regiae Monacensis, Monachii a. 1878, p. 190sq.

[65] qui tamen eos numeros libro inscripsit bis errauit: folio, quod post folium 24 est, notam inscripsit '26', folium autem, quod post folium 40 est, primo transiluit eique postea notam '40a' praebuit (itaque ordo foliorum haec est: 1-24·26-40·40a·41-163). numeri foliorum hodierni saepius ab iis, quae in catalogo Caroli Halm (u. supra notam 64) indicantur, discrepant.

[66] in fine huius legendae indicatur a. 1381.

[67] cf. idem signum in prima parte codicis Lunaelacensis (u. supra).

perspexi. codicis tertiae partis (ff. 150-163) ab Osualdo Nott exaratae senio (ff. 150-161) signum habet libram circulo inscriptam, quae lances exhibet rectas, simillimam Piccard, Waage V, 110 (Ponte Aeni/ Veldidenae a. 1497) et Briquet 2445 (Vicentiae a. 1441; Briquet affert alia quoque signa simillima, quae inueniuntur Venetiae, Ponte Aeni/ Veldidenae, Norimbergae a. 1442-1448). signum bifolii (ff. 162sq.) non clare distinxi. itaque ueri simillimum est priores duas partes libri scriptas esse fere annis 1460-1470.

liber post suppressionem monasterii Tegernseensis a. 1803 Monachium in Electoralem tum Bibliothecam peruenit.

H   Legendarium a Iacobo Ianuensi OP exaratum, nunc Vindobonensis Bibliothecae Nationalis Austriacae Ser. n. 35755

liber chartaceus est pars tertia legendarii quatuor uolumina complectentis, hodie sub signis Ser. n. 35753-6 in Bibliotheca Nationali Austriaca Vindobonensi seruati. legendarium diligentissime recensuerunt W. Jaroschka et A. Wendelhorst[68]. in parte interiore integumenti superioris secundi uoluminis sub plagula glutine aptata, cui nomen ueteris cuiusdam possessoris inscripta erat ('ex libris'), nuper haec nota inuenta est: *1466. Frater Iacobus Ianuensis de ordine predicatorum conscripsit nouum passionale*[69]. cum enim totum fere secundum (ff. 12a^r-283^u) tertiumque uolumen (ff. 13^r-239^u) una eademque manu exaratum sit[70], fratrem Iacobum Ianuensem OP librarium esse nostri quoque codicis constat. hic continet unum et uiginti seniones (ff. 1-252), quibus ubique eadem duo signa officinarum chartulariarum, librae circulo inscriptae (similia Piccard, Waage V 117 [Vrbini a. 1499] et V 342 [Vindobonae a. 1477]), insunt (praecedunt ff. I et II uacua)[71]. folia codicis computantur inde a f. 13 (folia praecedentia continent calendarium alia manu scriptum) in margine superiore medio numeris Arabicis saeculi X^{i}V^i (1-240). in margine superiore dextro insunt numeri Arabici recentissimi inde a f. 1 usque ad 252.

possessorum legendarii, quorum nomina olim libris inscripta erant, primus fuit Ioannes Ernestus de Iamagne († 1719), plebanus oppidi Theodisce Waidhofen an der Thaya appellati; qui legendarium cum magna parte librorum suorum bibliothecae Vindobonensi Scholarum Piarum legauit. in fine saeculi XIX^{mi} legendarium possedit Ioannes Nepomuc comes Wilczek († 1922) in castro Kreutzenstein Austriae Inferioris. a. 1992 Bibliotheca Nationalis Austriaca legendarium emit.

uita s. Ladislai continetur foliis 65^r-69^r; quam antecedit uita s. Gerardi martyris (ff. 63^r-65^r).

---

[68]in: Mitteilungen des Instituts für Österreichische Geschichtsforschung 65, 1957, p. 369-418. u. et F. Lackner, in Codicibus manuscriptis, 1999, p. 21-23.
[69]cf. Lackner l. l. (u. supra sub nota 68), p. 21sq.
[70]cf. Jaroschka et Wendelhorst l. l. (u. supra sub nota 68) p. 371.
[71]parem chartam continet uol. II legendarii (= Ser. n. 35754).

D   Leuconiensis ecclesiae s. Iacobi in libro incunabulo nunc Bibliothecae Batthyanyanae Albaeiuliensis Inc. VIII 38

liber continens Iacobi de Voragine Legendam Auream typis expressus est Norimbergae apud Antonium Koberger a. 1478 (Hain-Copinger[72] 6414). folium chartaceum parti interiori operculi superioris glutine aptatum continet uitas b. Gertrudis (sine titulo) atque sanctorum regum Ladislai Stephanique. accedit bifolium chartaceum olim ad librum adligatum, nunc tamen solutum aliorum uitas sanctorum continens (sanctorum Emerici, Heduigae, Stanislai, Venceslai, Priscae uirginis, Timothei, Sophiae) legendamque *De Spinea Corona domini circa inuentionem Sancte Crucis.* in secundo folio bifolii inest signum officinae chartulariae: duae claues fortasse corona ornatae (quod tamen sine folio lucente, quod dicitur, satis bene delineare nequiui). in ultima pagina libri typo expressi uacua relicta incipit uita s. Apolloniae, quae in folio membranaceo ad librum adligato continuatur; eodem accedunt uitae s. Reginae et s. Thomae Aquinatis. in folio chartaceo parti interiori operculi inferioris glutine aptato inest uita s. Seruatii episcopi. omnes hae uitae una eademque manu inscriptae sunt.

supra uitam b. Gertrudis in parte interiore operculi superioris inest nota possessoris libri: *Liber p(ro)p(r)ius bacc(alaure)i B(e)n(e)dicti d(e) Leubicz*[73]*. cui(us) fiet oret deu(m) pro eo, olim pleban(us) (!) in Rosnobania*[74]*. aue.* hunc Benedictum librarium uitarum manu scriptarum esse (recte credo) arbitratur Varjú[75]. f. I autem inest haec nota manu Ioannis Henckel (1481-1539) inscripta[76]: *Liber eccl(es)ie B(ea)ti Iacobi in Leutzscha legatus eid(em) p(er) honorabile(m) d(o)m(in)u(m) Benedictu(m) de Leubitza artiu(m) baccalaureu(m) quondam plebanu(m) de Rosenauia, qui lep(ro)sus obiit anno d(omi)ni 15[0]14*[77]. in fine libri f. 274ʳ nota eadem manu inscripta: *Liber ecclesie Sancti Iacobi in Leutzscha.* Eva Selecká Mârza et Ileana Dârja codicem

---

[72]W. A. Copinger, Supplement to Hain's Repertorium Bibliographicum, I-II, Londini a. 1895 et 1902.

[73]sc. de ciuitate comitatus Scepusiensis olim Hungariae Superioris (Hung. Leibic, Slou. Lubica).

[74]sc. in Rosnauia, ciuitate olim Hungariae Superioris (Hung. Rozsnyóbánya, Theod. Rosenau).

[75]l. l. (u. supra sub nota 16) p. 80.

[76]notam Ioanni Henckel tribuit lucisque ope photographice exprimendam curauit E. Varjú l. l. (u. supra sub nota 16) p. 79sq. (cf. etiam recensionem libri a Petro Kulcsár in Catalogo incunabulorum Bibliothecae Batthyanyanae, Segedini a. 1965, p. 60 num. 296 factam). de Ioanne Henckel, plebano Leuconiensi, deinde canonico Varadiensi et Mariae, Hungariae reginae, praedicatore aulico, qui Leuconii bibliothecam S. Iacobi ordinauisse dicitur, cf. Varjú l. l. (u. supra sub nota 16) p. 52-54, Selecká Mârza l. l. (u. sub nota 23), p. 38sq., G. Bauch, Johann Henckel, der Hofprediger der Königin Maria von Ungarn, in: Ungarische Revue, 11, 1884, p. 599-627.

[77]annus ex '1504' in '1514' correctus.

in duobus elenchis librorum Bibliothecae s. Iacobi Leuconiensis supra indicatis (u. supra recensionem codicis Batthyanyani Albaeiuliensis R I 76) se inuenisse arbitrantur[78]. in catalogo Bibliothecae Batthyanianae ab Andrea Cseresnyés a. 1824-1826 confecto liber sub nota E5 I 3 (quae et f. 1 inscripta est) inuenitur.

B Batthyanianus nunc Budapestensis Bibliothecae Széchényianae Rei Publicae Clmae 402

liber chartaceus continet in ff. 30-284 (secundum nouam computationem foliorum[79]) Iacobi de Voragine Legendam Auream[80], quibus accedunt tractatus theologici usque ad f. 342, tractatulus *De creatione mundi* (ff. 342^u-353^u) et chronicon mundi usque ad a. 1328 (ff. 354^r-417^u), quae folia in margine superiore medio numeris ab 'I' ad 'XXX66' notata omnia una eademque manus exarauit. folium tricesimum antecedunt folia 29 eiusdem chartae, sed fortasse postea libro adligata, nam folia libri in margine superiore dextro noua computatione numerantur, ut uetus f. 'I' etiam numerum gerat '30'[81]. prima 30 folia continent ff. 1sq. Thomae Cantimpratensis Boni uniuersalis de apibus initium (alia manu, ut mihi uidetur, exaratum) et ff. 3^u-25^u tabulam contentus. ff. 419^u-432^r continent uarios textus alia manu saeculi XIV^i inscriptos. liber hic illic notas manu saeculi XIV^i additas continet, quae, cum codex, qui nunc integumentum habet saeculi XIX^{mi} armis comitum de Batthyany[82] ornatum, iterum legaretur, ex parte ferro bibliopegi excisae sunt.

signa officinarum chartulariarum, quae exscripsi, haec sunt: 1) f. 9 libra circulo inscripta, simillima Briquet 2478 (Catanae a. 1486); 2) f. 28 et 142 (!) ancora circulo inscripta, simillima Briquet 462 (Graciae 1483) atque Piccard, Anker IV 249 (Lentiae a. 1491, 1492); 3) f. 29 libra circulo inscripta, cuius in parte superiore est sidus sex cuspides habens, simillima Piccard, Waage VI, 382 (Graciae a. 1478); 4) f. 60 alia libra circulo inscripta, cuius in parte superiore sidus sex cuspides habens est, simillima Piccard, Waage VI 373 (Graciae a. 1478); 5) f. 97 ancora circulo inscripta, similis Briquet 454 (Castris Batauis a. 1474) et Piccard, Anker IV 179 (Graciae a. 1483 et 1484); 6) f. 212 alia ancora circulo inscripta, simillima Piccard, Anker IV 200 (Graciae a. 1483 et 1484),

---

[78]cf. Selecká Mârza l. l. (u. sub nota 23), p. 127 num. 124 et Dârja l. l. (u. sub nota 25), p. 67 num. 123.

[79]cf. recensionem codicis ab Emma Bartoniek confectam in: A Magyar Nemzeti Múzeum Országos Széchényi könyvtárának címjegyzéke, tom. XII: Codices manu scripti Latini, uol. I: Codices Latini medii aeui, Budapestini a. 1940, p. 363-365.

[80]apud Barbaram Fleith l. l. (u. supra sub nota 4) num. 106.

[81]ueteri folio 'XXX66' non nota '395', sed '417' inscripta est. de discrepantia ueteris et nouae computationis foliorum (cuius causa est praecipua, quod secundum ueterem computationem folia uacua non sunt numerata) cf. Bartoniek l. l. (u. sub nota 79).

[82]librum a Bibliotheca Széchényiana a. 1932 apud bibliopolam Ranschburg emptum esse me docuit Ursula Karsay, quae eius bibliothecae libris manu scriptis praeest (cf. catalogum accessionum Bibliothecae Széchényianae 1932/47).

similis Briquet 465 (Iuuaui a. 1490); f. 353 libra inscripta figurae quadratae angulos rotundatos atque in parte inferiore duobusque partibus lateralibus singulas cuspides habenti, simillima Piccard, Waage VII 290 (Landshuti a. 1461). itaque haud magnopere errat, qui codicem fere intra annos 1460-1495 scriptum esse arbitratur.

liber uitam s. Ladislai ff. 175ra-176^{ua} continet, nec tamen (praeter s. Elisabeth ff. 266^{ua}-271^{ub}) uitas aliorum sanctorum Hungariae.

R   Romanus librariae Apostolorum Petri et Pauli, nunc Patauinus Vniuersitatis 1622

librum chartaceum saeculi X^{i}V^{i} folia 323 complectentem, quibus legendae 161 sanctorum ab uno eodemque librario inscriptae sunt, diligenter recensuerunt F. Banfi et Antonella Mazon[83]. integumento libri inscribitur *Passion(ale) Sancto(rum)*, f. I^r haec nota: *Aliqua pars Sanctuarii Domini Ioannis Beleth ex liberaria Sanctorum Apostolorum Petri et Pauli Rome*[84]. non omnes tamen legendas huius libri ab Ioanne Beleth professore Parisino, qui circa a. 1165 floruit, collectas esse inde apparet, quod ibi et recentiores quaedam, quarum recentissima est septima et sexagesima, quae est de Simone Stock Anglico (ff. 142rb-u^b)[85], continentur. quattuor continet legendas sanctorum Hungariae, sc. Gerardi episcopi Chanadiensis (ff. 121^{ua}-126^{ua}), Ladislai regis (126^{ub}-128rb), Stephani regis (128rb-132^{ub}), Emerici ducis (132^{ub}-134ra). has uitas postea passionali Ioannis Beleth additas esse recte monet Banfi[86]. idem librarium huius codicis Tuscum fuisse propter litteram h quibusdam uocabulis (ut inuochans, inchohauerunt, unha, hedificans, chohoperto) Tusco modo insertis arbitratur.

signa officinarum chartulariarum, quae ope folii lucentis satis plane delineare potui, haec sunt: 1) cornu (ff. 1-182), fere par Piccard, Horn VII 255 (Romae a. 1461); 2) libra circulo inscripta, ex qua duae lineae parallelae exeunt in culmine lunam crescentem habentes (et alibi et ff. 188, 203, 206, 209), cui fere par Piccard, Waage VII 209 (Vormatiae a. 1495); 3) alia libra eiusdem generis (et alibi et ff. 210, 215, 216), cui simillima Briquet VII 203 (Antuerpii, Vindobonae a. 1493sq.); 4) tertia libra eiusdem generis (et alibi et ff. 219, 225, 232, 240), cui fere par Piccard, Waage VII 208 (Ouilauae, Vindobonae a.

---

[83] in Benedictinis 2, a. 1948, p. 319-330 et in: Manoscritti agiografici latini conservati a Padova, Florentiae a. 2003, p. 97-107. catalogum Antonellae Mazon Lauinia Prosdocimi, custos Bibliothecae Vniuersitatis Patauinae, benigne mihi indicauit, cui et alioquin pro auxilio mihi Patauii dato gratias debeo maximas.
[84] librum Romae scriptum esse negatur a quibusdam, qui eum potius Venetum esse putant, cf. Mazon l. l. (u. supra sub nota 83) p. 98.
[85] sc. uix ante a. 1420 scripta, cf. Banfi l. l. (u. supra sub nota 83) p. 329.
[86] l. l. (u. supra sub nota 83) p. 329.

1494); 5) quarta libra eiusdem generis, cui fere par libra prior; 6) petasus (et alibi et ff. 269, 276, 292), quem in repertoriis non inueni.

I   liber incunabulus olim Bibliothecae Electoralis Palatinae Interamnii sitae, nunc Monacensis Rei Publicae 2° Inc. s. a. 782

liber inscribitur *Legendae sanctorum regni Hungariae in Lombardica Historia non contentae*, ed. Ioannes Prüss Argentorati a. 1484-1487 (Hain-Copinger 9996), continet uitas sanctorum Adalberti, Sigismundi, Stanislai, Antonii, Ladislai, cui sequitur *De uisitatione beate uirginis*, Zoerardi et Benedicti, cui sequitur *De inuencione Sancti Stephani*, Antonii, cui sequitur *De transfiguratione domini*, Stephani regis, Gerardi, Venceslai, Demetrii, Emerici, Elisabeth.

M   Corsendoncensis Canonicorum Regularium s. Augustini, nunc Mazarinianus Parisinus 1733

liber chartaceus, cui titulus *Secunda pars diversarum legendarum* inscribitur, 423 folia numeris Arabicis recentissimis in margine superiore dextro notata complectitur. insunt in ff. 1-277 uitae sanctorum duodesexaginta[87], quibus accedunt tractatus theologici quinque, aliquot bullae pontificales (inter quas recentissima est *Annunciatio sancti iubilei instantis anni centesimi* Alexandri VI papae a. d. XVII kal. Oct. a. 1500 [f. 395]), legendae nouem sanctorum, praecipue Hungariae (ff. 399^r-422^r, inter eas in ff. 404^u-406^r uita s. Ladislai regis), et in f. 423^r glutine aptato tabula contentus manu, ut mihi uidetur, saeculi XVIII^{mi} conscripta. liber a. 1993 ab artifice bibliopego refectus est.

codicem duo librarii inter se fere aequales exararunt, quorum posterior nomen suum in f. 379^u sic subscripsit: *exest liber De oculo morali* (ff. 335^r-379^u) *... excopiatus ... per fr(atr)em Anthoniu(m) de Bergis sup(ra) Zonia(m), cantore(m) in Korssendonck a(n)no D(omi)ni M°CCCC°XCVIII° in p(ro)festo b(ea)ti Egidii abbatis.* liber una cum aliis tribus uoluminibus partem primam, tertiam, quartam legendarii continentibus in coenobio canonicorum regularium s. Augustini Corsendoncensi prope Turnholtum seruabatur[88]. monasterio iam ab

---

[87]cf. recensionem codicis apud A. Molinier, Catalogue des manuscrits de la Bibliothèque Mazarine, II, Lutetiae Parisiorum a. 1886, p. 203-208, indicem contentus diligentissime conscriptum praebentem.
[88]cf. A. Sanderi Bibliothecam Belgicam mauscriptam, II, Insulis a. 1644, p. 58-63 (u. ibi in primis p. 61sq. de secunda parte, sc. de nostro codice, et notam in p. 58 de parte tertia, quae '*per iniuriam temporum*' iam tum perierat). pars prima legendarii quartaque nunc Bruxellae in Bibliotheca Regali sub signis 858-61 (3139) et 1638-49 (3139) seruantur, cf. Petri Trudonensis Catalogum scriptorum Windeshemensium, ed. W. Lourdaux et E. Persoons, Louaniae a. 1968, p. 9 sub nota 2.

imperatore Iosepho II a. d. III non. Mai. a. 1784 suppresso paucisque post annis, cum res in Gallia funditus essent nouatae, Brabanto occupato hic codex una cum coenobii Corsendoncensis decem fere aliis Lutetiam Parisiorum in Bibliothecam Mazarinianam translatus est[89].

duo seniones legendas sanctorum praesertim Hungariae continentes (ff. 399-422) ab eodem Antonio de Bergis (†1504[90]) exarati sunt. prioris senionis (ff. 399-410) folia in margine inferiore dextro notis (ex parte ferro bibliopegi decurtatis) <a1>, <a2>, <a3>, a4, a5 et a6, posterioris uero (ff. 411-422) notis b<1>. b2 eqs. praedita sunt. charta horum duorum senionum, etsi obscurior est quam antecedentium, tamen idem signum officinae chartulariorum exhibet atque binio praecedens (ff. 395-398), scilicet uas florem quattuor foliorum continens, simillimum (nisi par) Briquet 12567 (in Guestfalia a. 1504).

A   Albensis canonici Stephani de Naglak, nunc Budapestensis 343

breuiarium membranaceum saeculi X^iV^i pulcherrimum totum ab uno eodemque librario, puto, exaratum continet Calendarium (ff. 2-10), Psalterium (ff. 11-84), Proprium de tempore (ff. 89-283), Commune de sanctis (ff. 321-324; 450-483), Proprium de sanctis (284-321; 324-450), ibi de diuo Ladislao (f. 342^r), cuius legendae sex lectiones crassioribusexaratae sunt litteris (ff. 342^u-343^u). continentur et officia ceterorum sanctorum Hungariae, uidelicet diui Stephani regis, Emerici ducis, Gerardi episcopi, Andreae et Benedicti, Elisabeth.

f. 496^u legitur *1489 t(e) d(eum) b(enedicimu)s*, f. 502^u *Hunc librum uel breuiarium fecit scribere Magister Stephanus de Naglak Canonicus ecclesie Albensis et Bachiensis necnon altarista sancti Regis ladislai in ecclesia supradicta uidelicet Albensi.* librum, qui integumentum saec. X^iVII^i-XVIII^i habet, a. 1884 emit Bibliotheca Musei Hungarici a Ludouico Rosenthal, bibliopola Monacensi[91].

K   Albensis praepositi Dominici Kálmáncsehi, nunc Budapestensis 446

breuiarium membranaceum continet Calendarium (ff. 1-6), Proprium de tempore (ff. 7-272), Proprium sanctorum (272^u-495^u), ibi de diuo Ladislao (f. 356^r-358^r), cuius legendae sex lectiones crassioribusexaratae sunt litteris (ff. 356^u-357^u). continentur aliorum quoque sanctorum Hungariae officia, uidelicet

---

[89]cf. Monasticon Belge, VIII Province d'Anvers, 2, Leodii a. 1993, p. 462.
[90]de hoc sedulo librario (Antoine Vlamincx De Bergen-op-Zoom) u. Monasticon Belge l. l. (u. supra sub nota 89) et Petri Trudonensis Catalogum l. l. (u. supra sub nota 88), p. 9 num. 9.
[91]cf. recensionem Emmae Bartoniek l. l. (u. supra sub nota 11) p. 306sq.

diui Stephani regis, Emerici ducis, Gerardi episcopi, Andreae et Benedicti martyrum, Elisabeth. ff. 495u-522r Commune sanctorum.

nota possessoris legitur f. 308r *Dominici prepositi Albensis*, cuius arma u. ff. 7r, 69r, 88u. al., i. e. Dominici de Kálmáncsehi a. 1495 episcopi Varadiensis facti. liber, quem Franciscus de Castello Mediolanensis miniauit (cf. notas f. 205r *Opus Francisci de Kstello Ithalico de Mediolano* et f. 428r *Francisce de castello italico*), habet f. 1r notam *M. membr. No 89*, in integumenti superioris parte interiore c. 16989. quem monasterium Lambacense Ordinis s. Benedicti, a quo possidebatur, a. 1931 Eisemann bibliopolae Francofortano, is Graupe bibliopolae Parisino uendidit; a quo a. 1939 Bibliotheca Széchenyiana tribus milibus nummorum Anglicorum emit[92]. custodes eius bibliothecae quia hoc breuiarium nimis pretiosum esse arbitrabantur, mihi, ut inspicerem, non permiserunt.

X Budapestensis 132

liber chartaceus[93] continet breuiarium: Calendarium, Psalterium, Hymnarium (ff. 1-95; prima manu exarata), Officium immaculatae conceptionis uirginis Mariae (ff. 96-102; secunda manu inscriptum), Proprium de tempore et de sanctis, Commune sanctorum (ff. 103-500; tertia manu inscripta). ff. 356r-357u officium de diuo Ladislao, ibi ff. 356u-357r litteris inscriptae grandioribus sex lectiones e legenda eius.

signum officinarum chartulariarum unum inueni, libram circulo inscriptam (ut ff. 233, 375, 500), parem uel saltem simillimam Piccard, Waage V 110 (Veldidenae/ Ponte Aeni a. 1497) et V 111 (Frisaci Carinthiae a. 1501). liber integumentum habet aequale.

Vnde in Bibliothecam Széchényianam uenerit, ignoro.

Monasterii Bodecensis Canonicorum Regularium s. Augustini, postea Monasteriensis Vniuersitatis 23, anno 1945 in bello combustus

liber membranaceus pars fuit magni legendarii iussu Arnoldi de Holte (1449-1465) prioris monasterii Bodecensi s. Maynulfi Canonicorum Regularium s. Augustini scripti, quod tomos complectebatur duodecim (sc. secundum numerum mensuum)[94]. legendarii Bodecensis quinque tomi (sc. ad menses Ianuarium, Aprilem, Maium, Septembrem, Octobrem pertinentes) ad

---

[92]cf. Magyar Könyvszemle 1939 p. 183-185 et recensionem Emmae Bartoniek l. l. (u. supra sub nota 11) p. 400sq.
[93]cf. recensionem Emmae Bartoniek l. l. (u. supra sub nota 11) p. 116sq.
[94]cf. praeambulum totius legendarii editi ab H. Moreto in Analectis Bollandianis 27, a. 1908, p. 350sq.

nos peruenisse notum erat H. Moreto[95]; postea inuentus est in bibliotheca Theodoriana Paderbornensi sextus tomus (pertinens ad Decembrem)[96]. tomum ad mensem Octobrem pertinentem in bibliotheca castelli Erpernburg prope Brenken sub signo 7 seruari auctores sunt Moretus et F. Halkin[97]; at reliqui quattuor codices, qui sub signis 20-23 in Regia Bibliotheca Paulina (deinde Vniuersitatis) Monasteriensi seruabantur, die Dominico Palmarum (a. d. VII kal. Maias) a. 1945 pyrobolis ex aeronauibus supra Monasterium deiectis una cum nouem fere partibus codicum medii aeui eius bibliothecae (nam e 480 fere libris seruati sunt 53) perierunt.

deperditorum librorum, qui ad mensem Septembrem pertinebat signumque Monasteriense habebat '23' quisque a Conrado de Hersfeldia sacerdote et Antonio de Lippia diacono Bodecensibus exaratus erat[98], continuit ff. 238u-240r uitam s. Ladislai, quae uerbis desiit hisce: *Pauper uero miles ad sepulcrum humiliter accedens, quod suum erat, deo gratias agens accepit.* cui legendae praecessit uita s. Elzearii confessoris comitis Ariani, excepit eam uita s. Hildegardis uirginis et abbatissae.

II. Stemma codicum

Maior pars librorum, qui uitam diui Ladislai continent, scilicet codices **VFEOGHIMQJAK**, textum eius recensionis tradit, quae uulgo breuior uocatur, quam hoc in libro primam appellamus. hac recensione usi sunt omnes fere, qui medio qui dicitur aeuo de diuo Ladislao sermones conscripserunt[99], sc. sermonum duorum codicis Vindobonensis 1062, sermonum quattuor codicum Sancruciensis 292 et Monacensis Lat. 22363b, sermonis codicis Vindobonensis 1369, sermonis codicis Batthyaniani Albaiuliensis 105, sermonis codicis 118 eiusdem bibliothecae. porro hac uita usi sunt et Osualdus de Lasko in tribus sermonibus componendis[100] et Pelbartus de Temesuar in suis tribus[101].

quattuor codices, scilicet **SCRD**, eam recensionem, quam secundam uocamus, tradunt. hac recensione usi sunt in sermonibus suis Leonardus Praxatoris de Cham et Pelbartus de Temesuar in duobus ex tribus sermonibus

---

[95] l. l. (u. supra sub nota 94) p. 262.
[96] cf. F. Halkin in Analectis Bollandianis 52, a. 1934, p. 321-333.
[97] l. l. (u. supra sub nota 94) p. 262 et l. l. (u. supra sub nota 96) p. 321 sub nota 4.
[98] cf. praeambulum l. l. (u. supra sub nota 94) p. 350sq.
[99] Omnes sermones infra laudatos praeter Leonardi Praxatoris, quem uideas licet in appendice huius editionis, nuper edidit Edit Madas in Sermonibus de Sancto Ladislao rege Hungariae, Debrecini a. 2004.
[100] cf. eius Sermones de sanctis in Biga salutis Hagenoae a. 1497 typis Henrici Gran expressos, quos in exemplari Bibliothecae Rei Publicae Monacensis sub signo 4 Inc. c. a. 1402a seruato inspexi.
[101] cf. eius Sermones pomerios Hagenoae a. 1499 typis expressos, quos in exemplari Bibliothecae Rei Publicae Monacensis sub signo 4 Inc. c. a. 1676 seruato legi.

suis[102]. utrum prima an secunda recensio uitae diui Ladislai prior sit, plane demonstrari mea quidem sententia nequit. putauerim tamen ueri similius esse auctorem secundae recensionis primam auxisse et emendauisse quam auctorem primae secunda usum esse.

quinque codices, scilicet **LTBNP**, eam recensionem, quae uulgo longior uocatur, quam nos tertiam appellamus, tradunt. hac recensione, quod sciam, medio aeuo nemo usus est. nec dubito, quin e prioribus duobus recensionibus conflata sit, cum auctor tertiae recensionis nunc potius primam, nunc secundam recensionem sequatur, quod in hac editione diligenter indicare conatus sum, ut lector rem ipse facile examinare possit.

duo codices, scilicet **XY**, tradunt quartam recensionem, quam tempore litterarum iam renascentium conscriptam esse putauerim.

ex his quattuor recensionibus duae typis iam expressae sunt, prima et tertia[103], reliquae duae, quod sciam, haud ita.

Recensio I

ex duodecim codicibus, qui primam recensionem uitae s. Ladislai continent, duo mihi excludendi uidentur, scilicet codices **M** et **A**. codicem enim olim Corsendoncensem (**M**) ex libro incunabulo a Ioanne Prüss Argentorati a. 1484-1487 edito (**I**) descriptum esse iam E. Madzsar uidit[104]. in uita s. Ladislai codex **M** continet omnia menda libri incunabuli (quae permulta sunt) his tribus exceptis:

1, 2 et^2 om. *I* add. *s. l. M*
3, 2 preminens *I*
4, 3 et *post* sed *add. I*,

quae Antonius de Bergis, librarius eius codicis, facile suo Marte emendare pouit. praeterea codex **M** habet aliquot menda propria, quae omnia in apparatu critico notaui.

breuiarium Stephani de Naglak canonici Albensis (**A**) continet omnia menda lectionesque uarias breuiarii Dominici Kálmáncsehi praepositi Albensis (**K**) una (1, 1 semper *post* pura *add. K*) excepta, habet aliquot menda propria, ceterum plura omittit, quae in apparatu critico omnia attuli.

codex olim Antonii Victorii archiducis magistri generalis Ordinis Theutonicorum (**V**) et liber iussu Friderici III Romanorum regis conscriptus (**F**), quod ad legendam s. Ladislai attinet, inter se artissime cohaerere facillime demonstrantur: ambo enim omittunt 1, 1 pura ... 4, 5 nominum; 7, 1-5; 12,

---

[102]u. supra sub nota 101. hic ergo et primam et secundam recensionem uitae Ladislai bene nouit.
[103]cf. editionem Emmae Bartoniek l. l. (u. supra sub nota 2).
[104]in: Magyar könyvszemle, 1924, p. 72-74, et in Scriptoribus rerum Hungaricarum, uol. II, Budapestini a. 1938, p. 354 et 468 (cui perperam contradicit Emma Bartoniek ibid. pp. 374 [c. nota 2], 445, 513).

1-7; 13, 1sq. multaque habent menda lectionesque uarias communes, quae alibi nusquam inueniuntur. quarum paucas affero:

4, 5 quasi $\beta\delta K$: ob nimiam pietatem *VF*
5, 1 hic *ante* ieiuniis *add. VF* || insistens *VF*
6, 4 reuertebatur *VF* || retro *post* ecce *add. VF*
8, 1 post hec uir dei ladizlaus *ante* Ierosolimam *add. VF*
8, 3 causa seditionis sublata et pace firmata, dum reuerteretur, proch dolor *post* ibique *add. VF*
8, 5 (7.6) pius $J\beta\delta$: prius α
10, 3 mirabiliter *VF*
10, 4 occaluit $QHOI$: os caluit *VF* permansit *E* apparuit *G*
11, 2 per sententiam itaque iudiciariam (itaque *add. etiam post* iudiciariam *O*, ita *ibid. add. G*) dictum (-atum *G*) est $\beta\delta$: rex igitur Stephanus Colomanni filius hanc causam tunc Valthero Varadiensi episcopo legitimo fine terminandam commisit, qui de meritis beati regis certissime confidens inspirante domino sic adiudicauit *VF* || poneretur ... sancti (sancti *om. M*) ladislai δ: super sepulcrum sancti (beati *F*) Ladislai poneretur *VF* poneretur super (supra *Q*) cherubin sepulcri beati Ladislai β
12, 8 increscentibus $\beta\delta$: uirescentibus *VF*

ambo libri continent satis multa menda propria, e quibus hic tria affero, ut demonstrem recentiorem codicem **F** ex antiquiore **V** descriptum esse non posse:
5, 2 exedris *om. F loco, quo inscribatur, uacuo relicto* (*quo demonstratur librarius codicis F uerbum in codice a se descripto legere nequiuisse; quod uerbum in codice V tamen optime legitur*)
5, 3 prolixius *om. V*
12, 11 canonicis $\beta\delta$: cum meis *F om. V*

consensum codicum **V** et **F** littera α notaui.

et codices olim Leopolitanus (**O**) et olim Crasnicensis (**G**) inter se arte cohaerere facillime demonstrantur. inspice haec pauca menda, quae ex multis affero:

1, 3 ipse $J\beta IK$: tempore *OG*
2, 2 subueniebat *om. OG*
3, 1 hominum $J\beta I$: honorem *OG* hominem *K*
3, 2 ipsa ... declararet *om. OG*
4, 3 erat *om. OG*
5, 4 qui ... uiditque: aspexit undique *OG*
5, 5 constitutum $\alpha\beta IK$: uestitum *OG*
7, 4 *om. OG*
7, 5 alludamus *EQI*: laudamus *OG* allaudamus *H* || Ladislaus *om. OG* || laos ... interpretatur *om. OG*
8, 5 V⁰ kl. Iulii *post* dominum *add. OG*
8, 6 plebeius *post* populus *add. OG* || squalidi $\alpha\beta I$: stolidi *OG* || luctus *om. OG*
9, 1 ipsius $\alpha J\beta I$: suum *OG*
9, 2 demorarentur $\alpha JEQI$: dormirentur *O* dormirent *G* demorantur *H*
12, 8 puer $\alpha\beta I$: pauper *OG*
13, 1 patrocinia βI: preconia *OG*

ambo libri satis multa habent menda propria, quae demonstrant neutrum ex altero descriptum esse; uide e. g. hos locos:

5, 1 deo ... uiuam *om.* O hostiam uiuam *om.* G

5, 4 in aera (aere *QHI* [= *codd. SRD rec. II*]) α*JβGI*: iacere *O*

8, 6 iuuenes et uirgines *om.* O ‖ in uestibus lugubribus *om.* O ‖ iuuenes ... lugubribus *om.* G ‖ delinitiua α*βOI*: omnia G

9, 2 iusto α*JEHOI*: solito G iuste Q

13, 2 *post* nostro *desinit* G

consensum codicum **O** et **G** littera γ notaui.

codex olim ecclesiae s. Iacobi Leuconiensis (**E**), codex Mellicensis (**Q**) legendariumque a Iacobo Ianuensi OP exaratum (**H**) haec pauca menda communia exhibent:

1, 3 albesceret *J* (= *codd.* α*B rec. III*): alluderet δ*K* (= *cod. P rec. III*) aludescet *E* illudesceret *Q* alludesceret *H*

8, 4 plangentium et lamentantium et gementium (et[1] *om.* δ gementium *om.* *J*): plangentium et lamentum gementium *EQH*

12, 3 ingressibili *EQH*

sed confer hos quoque locos:

6, 3 in (*add. s. l. E*) orationem *EQH*

9, 2 ferebatur α*J*: cucurrit *EQH* ducitur δ

11, 2 poneretur ... sancti (sancti *om. M*) ladislai δ: super sepulcrum sancti (beati *F*) Ladislai poneretur α poneretur super (supra *Q*) cherubin sepulcri beati Ladislai *EQH*

omnes tres codices continent etiam satis multa menda propria, cf. e. g.:

2, 1 affluens *om.* E

3, 1 gratia *om.* E

5, 5 supernorum *om. E*, celestium *add. i. m. indicato loco post* consortium, *quo inscribatur*

6, 4 bubalorum (-ll- *HI*) α*QH*δ: dampnarum (-orum *a. c.*) *E*

6, 5 sibi sufficiebat α*QH*δ: uolebat *E*

10, 4 cutis[2] α*QH*δ: carnis *E*

13, 1 partibus *QH*δ: temporibus *E* ‖ legentibus *om.* E

2, 2 subleuamen *Q* ‖ miserator orphanorum *om. Q*

3, 1 naturalibus *JEH*δ*K*: mirabilibus *Q*

5, 2 sed in α*JEH*δ*K*: secundum *Q*

6, 1 latrunculi α*EH*δ: lacrimabili *Q* ‖ irruperunt *om. Q*

7, 5 datio *EH*δ: donacio *Q*

10, 1 reliquis *VEH*δ: ceteris *Q om. F*

13, 2 piissimi *EH*δ: sanctissimi *Q*

1, 2 feliciter *om. H*

2, 2 uisceribus *EQ*δ: inferribus *H*

3, 1 diuina miseratione *H*

3, 2 ipsorum (*om.* donorum) *H*

9, 2 sui fideles *H*

12, 5 uinculis *EQ*δ: miraculis *H*

12, 6 attriti *EQ*δ: detenti *H*

12, 9 positum *om.* H
12, 11 ueniens: uiuens H
13, 2 deus *om.* H ‖ per omnia secula (saecula *om.* Q) EQI: in secula H

cum itaque codices **EQH** inter se cohaerere mendis communibus satis plane demonstrarentur et unusquisque eorum satis multa haberet menda propria, ut fons reliquorum duorum esse non posset, eos una littera β notaui. ceterum, utrum **EQ** an **QH** inter se artius cohaereant (**EH** nullis mendis inter se colliguntur), diiudicare nequeo; confer igitur haec:

2, 2 miserator orphanorum *om.* Q orphanorum *om.* E
3, 2 habens magnas *EQ*
5, 1 populi peccata *EQ* (*= cod. R recc. II*)
7, 1 in *om. EQ* (*= Osualdus in serm. 8, 1, 40; 8, 3, 62*)
9, 1 Albam *EQ*: Varadinum α*JH*δ; *EQ hoc in loco textum fortasse suo Marte emendauerunt*
5, 5 supernorum *om. E*, celestium *add. i. m. indicato loco post* consortium, *quo inscribatur*; superum *QH*
8, 5 feliciter α*JE*δ: fideliter *QH*
12, 6 eius² *E*δ: ipsius *QH*
12, 8 suscepit αδ: percepit *E* accepit *QH*

codex **γ** exhibet menda communia cum libro incunabulo **I**. uide in primis hos duos locos:

1, 3 albesceret *J* (*= codd.* α*B rec. III*): alluderet γ*IK* (*= cod. P rec. III*) aludescet *E* alludesceret *H* illudesceret *Q*, *ubi* alluderet *e coniectura librarii cuiusdam natum esse uidetur, qui corruptelam* alludesceret *sim. pro* albesceret *non intellexit*
7, 5 hec *post* datio *add.* γ*I*

ceterum confer has lectiones uarias:

2, 1 et¹ *om.* γ*I*
6, 2 suo *post* exercitu *add.* γ*I*
6, 3 ab eis seorsum γ*I* (*= cod. B rec. III*)
8, 4 et¹ *om.* γ*I*
9, 2 ultro *om.* γ*I* (*= codd. SC rec. II*) ‖ ferebatur α*J*: cucurrit β ducitur γ*I*
10, 3 implorauit γ*I*
11, 1 necessitate urgente γ*I*
12, 12 inextricabiliter *scripsi*: inexecrabiliter αβ *om.* γ*I*

ideo consensum librorum γ**I** littera δ notaui.

quomodo codices **αβδJK** inter se cohaereant, difficillimum dictu est, cum pauca sint menda communia certa, quae quosdam eorum inter se colligant et ab reliquis separent. potest tamen fieri, ut codices **γ** et **K** inter se artius cohaereant; cf. igitur in primis hos duos locos:

1, 3 albesceret *J* (*= codd.* α*B rec. III*): alluderet δ*K* (*= cod. P rec. III*) aludescet *E* alludesceret *H* illudesceret *Q*
5, 5 ciuium *post* supernorum *add.* γ*K* (*= codd. rec. III*)

uide et hos:

1, 3 iam *J*β (*= cod.* α *rec. III*): *om.* δ*K* (*= codd. PB rec. III*)
4, 1 autem β (*= codd. rec. III*): *om.* δ*K*

sed cf. hunc quoque:
3, 1 bonis *J δ* (= *codd. αB rec. III*): donis *βK* (= *cod. P rec. III*)
ceterum de breuiario tam recenti quam **K** propter magnum contaminationis, ut dicunt, periculum cautissime iudicari uelim.

Recensio II

quattuor codicum, qui uitae sancti Ladislai recensionem secundam continent, unusquisque satis multa habet menda propria (sicut ex apparatu critico huius editionis facile cognosces), ut perspicuum sit nullum eorum ex uno alteroue reliquorum exscriptum esse posse.

codex olim Romanus (**R**) textum longissimum praebet; solus enim complectitur §§ 12, 1-12 et 14, 1 - 15, 2.

libri Cartusiani duo, scilicet codex olim Sicensis (**S**) atque codex olim Coloniensis (**C**), qui §§ 12, 1-12 et 14, 1 - 15, 2 non continent, praebent et multas lectiones communes, ex quibus tamen unam solam arbitror esse mendum certissimum:
10, 1 in *om. SC* (= *cod. N rec. III*), habent **RD** recte
confer tamen hos quoque locos:
2, 6 fidelis et deuotus **RD** (= *rec. III*): deuotus et fidelis *SC*
4, 1 occultum *R* (= *rec. III*): occultatum *SC* (***D deest***)
4, 2 ducatus *R* (= *rec. III*): *om. SC* (***D deest***)
4, 3 inungi *R* (= *rec. III*): ungi *SC* (***D deest***)
5, 2 illud² *om. SC*, habent **RD** (= *rec. III*)
5, 5 dotauit redditibus *RD*: redditibus dotauit *SC*
10, 2 ultro *om. SC* (= *cod. δ rec. I*), habent **RD** (= *codd. αJβ rec. I et rec. III*)
11, 2 ilico *om. SC*, habet *R* (= *recc. I et III*), **D deest**
11, 4 menti sui *R* (= *recc. I et III*): mento suo *SC* (***D deest***)

codex olim Leuconiensis (**D**) habet duo certissima menda communia cum codicibus **SC**:
10, 1 et¹ *om. SCD*, habet *R* (= *rec. III*)
10, 2 Varadinum *R* (= *recc. I et III*): *om. SCD*.
sed confer has quoque lectiones:
5, 4 plangebat *R* (= *rec. I et III*): lugebat *SCD*
7, 4 surgens *R* (= *recc. I et III*): *om. SCD*
7, 5 talem *R* (= *codd. αQHI rec. I et rec. III*): *om. SCD* (= *codd. Eγ rec. I*)

cum pluribus in locis codex **S** (et **C**, ubi adest) propius ad lectiones recensionis primae uitae s. Ladislai accedat, codex **R** propius accedit ad lectiones recensionis tertiae. confer igitur:
6, 3 sanctitas *S* (= *rec. I*): *om. R* (= *rec. III*) (**CD desunt**) ‖ consortium *S* (= *rec. I*): consortia *R* (= *rec. III*) (**CD desunt**)
9, 8 piissimus habent *SC* (pius *rec. I*): *om. R* (= *rec. III*)
13, 1 argenteam scutellam suam *SC* ([suam *om. C*] = *rec. I*): scutellam argenteam *R* (= *rec. III*; suam *om. et C*) ‖ quam² *SC* (= *rec. I*): et cum *R* (et eam *rec. III*)
13, 2 regis *post* sancti *add. R* (= *rec. III*), *om. SC* (= *rec. I*)

13, 3 sepulchro (-um *S*) appropinquauit *SC* (= *rec. I*): ad sepulcrum accessit *R* (= *rec. III*) ǁ quasi *SC* (= *rec. I*): ut *R* (uelut *rec. III*) sepulchro (-um *S*) appropinquauit *SC* (= *rec. I*): ad sepulcrum accessit *R* (= *rec. III*) ǁ quasi *SC* (= *rec. I*): ut *R* (uelut *rec. III*)

ergo aut codex **R** ope cuiusdam codicis recensionis tertiae emendatus est, aut auctor recensionis tertiae quodam libro familiae codicis **R** usus est. quod cum in dubio sit, stemma certum codicum huius recensionis confici uix potest. tamen ueri simile mihi uidetur artiorem quandam intercedere rationem inter **S** et **C**, in primis cum ambo eodem in loco abrupte desinant, praeterea cum in quibusdam locis, ut supra demonstrauimus, non solum ab **R**, sed etiam a **D** discrepent[105]. quare consensum horum codicum littera **ε** notaui.

fortasse et codex Monasteriensis anno 1945 in bello combustus, cum sicut codices **SC** in § 13, 4 uerbis *Pauper uero miles ad sepulcrum humiliter accedens, quod suum erat, deo gratias agens accepit* desierit, textum recensionis II continuit.

Recensio III

uitae diui Ladislai confessoris recensionem tertiam, quae dicitur longior, tres libri, sc. **LTB**, seruant integram. quorum duo, i. e. Lunaelacensis **L** et Tegernseensis **T**, circa a. 1460 exarati[106] atque ex monasteriis ordinis S. Benedicti Bauaricis orti sunt. uitas sanctorum Hungariae, sc. Stephani regis, Emerici ducis, Gerardi martyris, Ladislai regis ambo hi libri eodem ordine continent, quas in utroque sequitur uita s. Abrahae eremitae.

haec menda codicum **LT** propria sunt neque usquam alibi inueniuntur:
4, 1 lectore *LT* r *supra* l *adscr. L*
4, 2 triumphans *LT* ǁ dicentium *SR*: decentium *LT* dientium *B*
6, 1 hec *B*: hoc *LT*
6, 4 obuiauit *sec. recc. I et II restitui*: obuiant *B* obuiat *LT*
6, 6 op(or)nitate(m) *LT*, tu *add.* *T*s.l.
7, 1 rebus *B*: diebus *LT*
8, 1 interim *BN*: iterum *LT*
8, 4 direxerunt *N*: reduxerunt *LT* duxerunt *B*

sunt autem et aliae lectiones codicum **LT** propriae, quae in nullo alio libro leguntur; quarum pauca affero:
4, 1 nutu *B* (*et rec. II*): mira *LT*
7, 2 deus *om. LT*
7, 3 regis et uotum eius *B* (= *codd. SCR rec. II*): regis *N* regisque nomen *LT*
7, 8 ultra *BN*: intra *LT*
8, 4 direxerunt *N*: reduxerunt *LT* duxerunt *B*

---

[105]cf. praesertim **5, 5** (dotauit redditibus *RD*: redditibus dotauit *SC*), quem paragraphum tertia recensio omnino non continet.
[106]librarius codicis **L** operi suo multo plus curae impendit quam librarius codicis **T**, quam ob rem E. Madzsar in Scriptoribus rerum Hungaricarum II, p. 468, codicem meliorem **L** etiam paulo uetustiorem esse quam **T** credidit - perperam, ut signa officinarum chartulariarum demonstrant.

9, 9 fuisset et *post* priuata *add.* **LT**
9, 11 eam **BN** (*et cod R rec. II* [*SC desunt*]): eandem **LT**

codices ergo **LT** artissime inter se cohaerere nemo negauerit. codex **L** uix ulla menda propria habet, **T** plura. menda codicis **L** propria haec sunt:
2, 2. sepi(enti)ᵉ *L*
4, 1 p(re)resentim *L, corr. littera* r *s. l. addita*
4, 8 tam non *L*
9, 12 meritis *L, corr. littera* a *s. l. addita litterisque* is *punctulis deletis*
11, 2 „uideretur„nichil *L signis ante litteras* u *et* n *inscriptis fortasse ordinem uerborum mutandum significantibus*

menda autem codicis **T** propria haec:
1, 2 ad *post* cuius *add. T*
4, 10 regem *T*
5, 2 eius¹ *om. T*
6, 3 sineret *om. T*
6, 7 cogitabat *T* || uniu'sat(is) *T*
7, 4 prouectus *T*
9, 4 eius¹ *om. T*

L ex **T** descriptum esse non posse iam dudum notum est. **T** ex **L** descriptum esse pro certo affirmare tamen non ausim: cum enim ambo libri ex parte eandem chartam exhibeant, facilius crediderim ambos ex uno codice nunc deperdito originem duxisse[107], quem littera ς notaui.

tertius codex, qui recensionem tertiam uitae diui Ladislai integram seruat, est codex olim Batthyianianus **B**. hic liber menda habet quaedam, quae nisi in codice (olim ut uidetur Cassouiensi) **N** textum uitae diui Ladislai inde a § 7, 3 praebente non inueniuntur:
7, 3 conuouentes *LT*: commouentes *BN*
7, 4 regni¹ *om. BN*
9.1 omnibus *LT*: hominibus *BN*
9, 6 corregnare *LT*: regnare *BN*
9, 9 derelicta *LT* (*et cod R rec. II* [*SC desunt*]): deiecta *BN*
9, 11 et *post* credebat *add. BN*
[10, 1 confixit *BN; habet etiam codex R recensionis II et codd. OH recensionis I, quod tamen casu factum mihi uidetur*]
11, 1 secundo *om. BN*
11, 6 et *om. BN*
11, 7 curatori *LT*: creatori *BN*

neque hae lectiones codicum **BN** in ceteris libris inueniuntur:

---

[107]Emma Bartoniek, quae uitam diui Stephani regis edens l. l. (supra sub nota 2). p. 372-375 cum nota 1 p. 374, demonstrauit codicem **L** ex codice **T** descriptum esse non posse. eadem in editione uitae diui Emerici ducis (u. ibid. p. 445-447) codicem **T** ex codice **L** descriptum ueri simillimum esse statuit nullis nouis argumentis allatis. nec non E. Madzsar, qui uitam diui Gerardi martyris edidit, l. l. (u. supra sub nota 104) codicem **T** ex codice **L** exscriptum esse arbitratur, cum **T** duobus locis uerba in codice **L** in margine apposita in textum ipsum assumpserit atque alibi e conuerso uerba quaedam in marginem expulerit, quae in **L** in ipso textu legerentur.

7, 8 et³ *LT*: ac *BN*
8, 4 beati confessoris corpus *BN*
9, 6 eundem *LT*: eum *BN*
9, 7 itaque *LT*: namque *BN*
9, 12 *om. BN, habet autem LT et codices recensionis II (rec. I omittit 9, 5-12)*
10, 2 colomani *BN* ‖ waltero *BN* ‖ ladislai regis *BN*
11, 4 sancti *post* inuocationem *add. BN*
[*fortasse addendum, quod* **11, 2** *om. N, post* **9, 11** *adscr. B*]
ambo codices satis multa habent menda propria, ut neuter ex altero exscriptus esse possit, quare consensum eorum una littera ζ notaui.

codex **P** multa quidem habet menda propria, sed nulla, quibus codici aut ς aut ζ coniungi possit[108]. in his quattuor locis, in quibus codices ςB (N deest) inter se consentiunt, codex **P** lectiones recensionis primae praebet:

2, 1 elegans *post* mentis *add.* ςB, *om.* **P** (= *rec. I*)
3, 4 Christus *P* (= *rec. I*): *om.* ςB ‖ patriarcharum et prophetarum *P* (= *rec. I*): prophetarum patriarcharumque ςB
3, 6 misericordia *P* (= *rec. I*): caritate ςB

ergo aut ςB menda communia habere existimandi sunt, aut necesse est **P** ope alicuius codicis recensionis primae emendatum esse. potius **P** correctum esse hic locus uidetur suadere:

3, 3 albesceret ςB (= *cod. J rec. I*): alluderet *P* (= *codd. δK rec. I*)

ubi ςB lectionem rectam praebent ex uno codice recensionis primae notam, **P** falsam, sed in codicibus recensionis primae uulgatiorem eoque faciliorem inuentu. sequor ergo (etsi rem parum certam esse arbitror) in locis dubiis consensum codicum ςζ.

Recensio IV

quartam recensionem uitae diui Ladislai duo codices continent, scilicet Cracouiensis Ordinis Praedicatorum (**Y**), totam, et breuiarium Budapestense (**X**), excerpta.

---

[108]ex his enim duobus locis nihil potest colligi: **3, 2** sancti spiritus ς (= *codd. Eδ rec. I*): spiritus sancti *PB* (= *codd. JQHK rec. I*); **3, 3** iam ς (= *codd. Jβ rec. I*): *om. PB* (= *cod. δK rec. I*).

De sancto Ladislao rege Hungariae
(recensio I, scilicet uulgata uel breuior [BHL 4071; cod. H notatur BHL 4071e], codd. VFEOGHIMQJAK)

1, 1 (1, 1)[1] Beatus rex Ladislaus christianae fidei cultor eximius, pura mentis deuotione Christo seruire studuit. **1, 2** Illustratus enim Sancti Spiritus gratia arridentis sibi atque blandientis, mundi gloriam caducam reputans et transitoriam[2], e s u r i u i t   e t   s i t i u i t   i u s t i t i a m (*Matth. 5, 6*), ut ad aeternam feliciter perueniret patriam. **1, 3** Quamuis enim mundus sibi florens albesceret, in eius corde tamen iam aruerat, cuius ipse concupiscentiis crucifixus fuerat. **1, 4** In hoc itaque mortali corpore uiuens iam non ipse, sed in ipso Christus, fidem rectam ueram catholicam in Christo Iesu fundatam, in cordibus patriarcharum et prophetarum radicatam, apostolico praeconio commendatam, tota mente fideliter amplectendo tenuit.

2, 1 Super hoc fundamentum gratum omnipotenti D e o   h a b i t a c u l u m (*Eph. 2, 22*) et Sancti Spiritus sacrarium ex a u r o   g e m m i s q u e   e t   l a p i d i b u s   p r e t i o s i s secundum apostolum (*I Cor. 3, 12*) a e d i f i c a u i t. **2, 2** Erat enim copiosus in misericordia, longanimis in patientia, pietate rex serenus, gratiarum donis plenus, cultor iustitiae, patronus pudicitiae, consolator afflictorum, subleuator oppressorum, miserator orphanorum, pius pater pupillorum[3]; miserorum et inopum necessitatibus misericordiae uisceribus affluens subueniebat.

3, 1 In naturalibus autem bonis diuinae miserationis gratia speciali eum praerogatiua praeeminentiae supra communem hominum ualorem praetulerat. **3, 2** (3, 2) Erat enim manu fortis et uisu desiderabilis et secundum phys<i>o<g>nomiam leonis magnas habens extremitates, statura procerus ceterisque hominibus a b   u m e r o supra prae e m i n e n s (*I reg. 9, 2 [sim. 10, 23]*) ita, quod exuberantem in ipso donorum plenitudinem ipsa quoque corporis species imperio digna declararet.

4, 1 In examinandis autem iudiciis non tam iudicare quam iudicari sibique magis terribile iudicium imminere credebat quam iis, qui ab eo iudicabantur. **4, 2** Vnde rigorem iustitiae lenitate temperans misericordiae, talem se erga subditos exhibebat, ut ab eis potius amaretur quam timeretur. **4, 3** Regni quippe gubernaculum non solum honori sibi erat, sed oneri. **4, 4** N o n   e n i m   s u a, sed quae Iesu Christi sunt   q u a e r e b a t (*I Cor. 13, 5*). **4, 5** Propter quod a proprietate rerum et nominum, quasi mutato nomine, ab omni gente sua pius rex uocabatur.

5, 1 (5, 4) Ieiuniis et orationibus iugiter insistebat, peccata populi plangebat et in ara cordis semet ipsum Deo hostiam uiuam offerebat. **5, 2** Quod si nocturnis uigiliis et p r o l i x i o r i b u s   o r a t i o n i b u s (*Marc. 12, 40*) ipsum fatigari contigisset, non delicatum torum repetebat, sed in exedris

---

[1] in uncis, ubi fieri potest, capita et paragraphi recensionis secundae indicantur.
[2] cf. Chronici Hungarici compositionem saeculi XIV, 131, ed. A. Domanovszky in Scriptoribus rerum Hungaricarum vol. I, Budapestini a. 1937.
[3] cf. Chron. Hung. (ut sub nota 2).

ecclesiarum paululum pausabat. **5, 3** (6, 2) Quadam nocte Varadiense monasterium ingressus est, ut prolixius oraret. **5, 4** (6, 3) Quidam cubicularius eius, qui foris eum solus exspectabat, prae nimia mora taedio affectus surrexit et introspexit, uiditque dominum suum glorificato corpore sursum in aera mirabiliter eleuatum. **5, 5** (6, 4) O uere beatum uirum, quem adhuc in carne constitutum carnea moles non premebat, sed meritorum sanctitas ad consortium supernorum subleuabat!

6, 1 (7, 1) Post haec latrunculi Byssenorum confinia Hungarorum irruperunt et illinc uiros et mulieres captiuos abduxerunt. **6, 2** (7, 2) Quos ipse cum exercitu persequens uenit in solitudinem magnam, nec habebant, quid manducarent. **6, 3** (7, 3) Et dum fame periclitaretur exercitus, auulsus est ipse seorsum ab eis, et in oratione prostratus implorabat misericordiam Dei, ut, qui quondam filios Israhel manna de caelo pluens pauerat, christianum populum fame perire non sineret. **6, 4** (7, 4) Cumque ab oratione surgens reuerteretur, ecce grex ceruorum et bubalorum obuiauit ei et cum ipso simul in medium exercitum deposita feritate conuenit. **6, 5** (7, 5) Tulit ergo u n u s q u i s q u e ex animalibus, q u a n t u m sibi s u f f i c i e b a t (*exod. 16, 16*), laudantes et glorificantes Deum in sancto suo, per quem misericordiam talem consecuti fuerant.

7, 1 Cum itaque pius rex esset armatus humilitate, potens pietate, praecipuus tamen erat in largitate. **7, 2** Omnes enim ecclesiae et monasteria regalia, siue ab ipso, siue a quocumque alio fundata, elemosynis eius sunt locupletata, unde merito usque in hodiernum diem e l e m o s y n a s e i u s e n a r r a t o m n i s e c c l e s i a (*Sirach 31, 11*) Hungarorum. **7, 3** Duos quoque episcopatus ordinauit et regia largitate locupletauit. **7, 4** Erat enim magnus et munificus secundum nomen suum gloriosum. **7, 5** (1, 4) Nam si etymologiae nominis eius alludamus, Ladislaus quasi laus diuinitus data populis dicitur: laos enim populus interpretatur, dosis autem dans uel datum siue datio, prima uero syllaba nominis eius laus est per paragogen[4].

8, 1 (9, 2) Hierosolymam se iturum uouerat, ut, ubi sanguis domini nostri Iesu Christi pro redemptione nostra fusus est, ipse ibi sanguine suo contra inimicos crucis Christi dimicaret. **8, 2** (9, 5) Duces autem Francorum, Lothoringorum et Alemannorum, qui cum exercitu domini illuc profecturi erant, omnes pium regem Ladislaum digne dignum sibi ducem ac praeceptorem praeficere concorditer disposuerant. **8, 3** (9, 6) Prius autem, quam de Francia et Alemannia ceterisque occidentalibus regionibus exercitus domini in Hungariam conuenirent, pius rex urgente necessitate contra Bohemos in expeditionem profectus est ibique repentina aegritudine correptus uiribus corporis coepit omnino destitui conuocatisque regni principibus indicauit dissolutionem sui corporis imminere. **8, 4** (9, 7) Quo audito clamor multitudinis plangentium et lamentantium et gementium mortem piissimi regis Ladislai usque in caelum extollitur. **8, 5** (9, 8) Sed pius rex accepta eucharistia corporis et sanguinis domini nostri Iesu Christi, in quem fideliter credidit et quem t o t a m e n t e d i l e x i t (*Deut. 6, 5; Matth. 22, 37*), feliciter migrauit ad dominum. **8, 6** (9,

---

[4]cf. Chron. Hung. (ut sub nota 2).

12) Planxit autem eum uniuersa multitudo Hungarorum, clerus et populus, simul in unum diues et pauper (*Psalm. 48, 3*); iuuenes et uirgines (*Psalm. 148, 12*) continuo trium annorum spatio in uestibus lugubribus squalidi choreas non duxerunt, et omne genus musicorum et delenitiua dulcisona ultra tempus luctus siluerunt.

9, 1 (10, 1) Cum autem fideles sui corpus ipsius Albam efferrent, prae labore et maerore fatigati dormierunt. **9, 2** (10, 2) Cumque sopore grauati plus iusto demorarentur, currus, in quo positum fuerat corpus eius, sine subuectione et absque omni adminiculo cuiuslibet animalis recto itinere Varadinum ultro ferebatur. **9, 3** (10, 3) Euigilantes autem et currum non inuenientes contristati coeperunt per loca discurrere inueneruntque currum uersus Varadinum ultro currentem et sanctum corpus in eo positum. **9, 4** (10, 4) Videntes itaque miraculum, quod corpus beati confessoris ad locum, quem ipse praeelegerat, diuinitus deferretur, Deo gratias agentes laudauerunt dominum.

10, 1 (11, 1) Cum autem multitudo magna officium humanitatis exhibendo sepulturae eius assisteret, quidam de circumstantibus dicebat corpus eius fetere, reliquis omnibus suauissimam odoris fragrantiam sentientibus. **10, 2** (11, 2) Retortum est igitur ilico mentum illius ad dorsum eius et reflecti non poterat. **10, 3** (11, 3) Qui se ipsum diuina ultione debilitatum uidens, miserabiliter clamabat: 'peccaui in sanctum Dei' et procidens ad sepulcrum beati Ladislai misericordiam eius implorabat. **10, 4** (11, 4) Auulsa est itaque cutis cum carne menti sui, quae dorso eius inhaeserat, et ipse quidem sanitatem recuperauit, sed cicatrix ruptae cutis in mento eius occalluit.

11, 1 (13, 1) Quidam miles urgente necessitate argenteam scutellam suam, quam patri suo pius rex donauerat, cuidam comiti uenalem exposuit; quam idem comes ardore cupiditatis illectus a se furtim sublatam esse confinxit. **11, 2** (13, 2) Per sententiam itaque iudiciariam dictum est, quod eadem scutella poneretur super sepulcrum sancti Ladislai, ut comprobaret dominus, quis illorum eam iuste deberet habere. **11, 3** (13, 3) Comes igitur nimium de se praesumendo scutellam accepturus sepulcro appropinquauit statimque cecidit quasi mortuus et uehementer attonitus nec scutellam accipere nec de terra poterat surgere. **11, 4** (13, 4) Pauper uero miles ad sepulcrum humiliter accedens, quod suum erat, Deo gratias agens accepit.

12, 1 Nostris quoque temporibus Deus multis mirabilibus sanctum confessorem suum Ladislaum glorificauit. **12, 2** (14, 1) Nam anno domini millesimo centesimo nonagesimo secundo sanctum corpus eius canonizatum est. **12, 3** (14, 2) Tunc itaque ex causis superioribus lege naturae mutata priuationem ordine regressibili sequi coepit habitus. **12, 4** (14, 3) Plures enim caeci per merita beati regis Ladislai sunt illuminati, cecideruntque ab eorum oculis, tamquam squamae, albuginis <s>c<h>edulae, quas etiam uiri religiosi uiderunt, qui testimonium ueritati perhibuerunt. **12, 5** Multi quoque relaxatis linguae uinculis facultatem recte loquendi perceperunt. **12, 6** (14, 4) Claudi, paralytici uariisque languoribus diuturno tempore attriti ad sepulcrum eius uenientes implorato eius adiutorio sanati sunt. **12, 7** Singuli quoque piissimum confessorem pro suis necessitatibus inuocantes optata beneficia perceperunt. **12, 8** (14, 5) In ipsa etiam hora canonizationis quidam puer, cui loco manuum et pedum tumida carnis massa ossibus penitus carens fluitabat, meritis eiusdem sancti ossibus increscentibus perfectam manuum et pedum suscepit sanitatem. **12, 9** (14, 6) Eadem etiam hora diei quasi sexta rutilans stella praeclari fulgoris stetit supra in directo monasterii, ubi sanctum eius corpus positum fuerat. **12, 10** (14, 6) Hoc autem maxima multitudo populorum extra monasterium congregatorum per spatium fere duarum horarum perspicue u i d e n t e s   g a u i s i   s u n t   g a u d i o   m a g n o   u a l d e (*Matth. 2, 10*). **12, 11** (14, 7) Leprosus quidam ad sollemnitatem eius ueniens in uia mundatus est. **12, 12** Post haec autem anno millesimo ducentesimo quarto kal. Iunii (*sic*) ipso die Pentecostes canonicis orantibus et primae horae officium celebrantibus, quaedam mulier, cuius manus et bracchia pectori suo inextricabiliter connexa fuerant, ad sepulcrum beati Ladislai sanata est.

13, 1 (15, 1) Sed et in aliis multis partibus late patentis Hungariae et circumadiacentibus regionibus plurima miracula et copiosa beneficia fidelibus eius patrocinia implorantibus sunt exhibita, q u a e   n o n   s u n t   s c r i p t a   i n   h o c   l i b r o (*Ioh. 20, 30*), ne taediosa prolixitas legentibus fastidium ingereret. **13, 2** Haec autem scripta sunt, ut legentes et audientes per intercessionem piissimi regis Ladislai sic transeant per bona temporalia, quod et aeterna consequantur gaudia praestante domino nostro Iesu Christo, qui cum Deo Patre et Spiritu Sancto uiuit et regnat Deus per omnia saecula saeculorum. Amen.

De sancto Ladislao rege Hungariae
(*recensio II [= BHL 4071d], codd. SCRD*)

1, 1 (1, 1)[5] Beatus rex Ladislaus <u>ex illustri prosapia regum Hungariae progenitus in ipso suae natiuitatis exordio gratiae Dei propositum habitu corporis et animi praeferebat et natus praemonstrabat infantulus, qualis esset rex futurus</u>[6]. **1, 2** Prouidentia nimirum conditoris, qui s p e c i o s u s   f o r m a   p r a e   f i l i i s   h o m i n u m (*Psalm. 44, 3*) et innumerabilis sapientiae describitur, sic ad similitudinem suam in operis sui uicario b o n a e   s p e i (*Sap. 12, 19*) ac uenturae dignitatis fundamenta coniecit, ut ex prima compositione sui decore corporis et mentis indole puer ostenderet, cuius uicem adultus tenere natus esset. **1, 3** In his itaque primis gratiae donis exortus Ladislaus est uocatus, quod utique nomen non sine praesagio futurorum uidetur eidem esse impositum. **1, 4** (7, 5) <u>Prima quippe syllaba nominis laus est per paragogen, dosis autem dans uel datum siue datio, laos uero populus interpretatur: Ladislaus quippe laus data populis sonat.</u> **1, 5** Ipse quidem laus erat populis data, quia nationibus gentium, in quibus princeps talis surrexerat, gloriosum exstitit tanto rectore diuinitus concesso uisitari.

---

[5] in uncis, ubi fieri potest, capita et paragraphi recensionis primae indicantur.
[6] linea subducta indicantur discrepantiae eorum locorum, qui secundae recensioni cum prima sunt communes.

2, 1 Creuit autem puer et, uirtutibus ante diem ei contingentibus, super aetatis incrementa de uirtute in uirtutem proficiens cum ad primum discretionis gradum ascendisset, habita ueri Dei per fidem notitia sic illi amore totus inhaesit, ut non solum alia, uerum etiam semetipsum pro illo sibi diligendum aestimaret. **2, 2** Igitur fidei spei caritatis radicibus in animo fundatis inspirante pariter et adiuuante Deo statuit fieri per omnia rationi consentaneum naturam sequi, modum seruare, innocentiam custodire, iustitiam imitari promptumque Deo atque hominibus officium exhibere. **2, 3** Cum autem omnis laus uirtutis in actione consistat, propositi sui compos effectus coepit in actum uitae deuotus adducere, quae religiosa conceperat meditatione, Dei siquidem dilectione, qua fortis ut †mors† uiriliter armatus aetatis incentiua perdomuit, sublimitatem fortunae calcauit et maiorem circa magnates uanitatum affluentiam ueri boni delectatione suauiter affectus contempsit. **2, 4** Gloriam itaque mundanam, diuitias et dignitates, potentiam simul et uoluptatem, in quibus obtinendis ea opinione, quod earum possessores nihil fatigant indigentes, tota mortalium uersatur intentio, intra u a n i t a t e s u a n i t a t u m (*Eccles. 1, 2*) computauit. **2, 5** Omnium quippe desiderabilium summam Deum esse non dubitans et in illius maiestatem tota uirtute mentis erectus, illum incessabili deuotione cordis affectans, illum in insuperabili magnanimitate perquirens, nequaquam ab eo, quod summe bonum, ad inimicas saeculi huius illecebras animum inclinauit, sed regum dignitate seruata, quod suum est unicuique tribuens, dilexit Deum propter se et mundana propter Deum. **2, 6** Erat igitur fidelis et deuotus in creatorem, beniuolus in homines, liberalis in extraneos, munificus in subiectos, misericors in afflictos, ualidissimus oppressorum liberator et patientium necessitatum piissimus adiutor.

3, 1 Talibus autem uirtutibus animi decenter adornatus corporis etiam uiribus et uenustate Deum in se laudabilem exhibebat. **3, 2** (3, 2) Erat enim manu <u>robustus et reuerendi admodum uultus,</u> statura procerus <u>et</u> ceteris hominibus a b u m e r o supra prae e m i n e n s (*I reg. 9, 2* [*sim. 10, 23*]) ita, quod exuberantem in ipso donorum plenitudinem ipsa quoque corporis species imperio digna declararet. **3, 3** Cum uero tanta bonorum praeeminentia se uideret gloriosum, non in superbiae tumorem est elatus, non aliorum iura dolose seu uiolenter occupauit, sed ei, qui sine praeuentu meritorum largiri bona consueuit, debitas pro acceptis beneficiis gratias agens, quicquid boni sensit in se, diuino cultui mancipauit.

4, 1 Interea nutu creatoris prouidente, ne tantum decus occultum lateret, ne tanta uirtus quiesceret otiosa, praesertim Hungaricis gentibus utpote nouiciis adhuc prouido rectore plurimum indigentibus, aderat iam tempus opportunum, quo scilicet Deus et electum suum declararet et populum suum talis patroni uirtute protegeret et exemplis erudiret. **4, 2** Electus itaque diuinitus princeps et prius officio ducatus religiosissime perfunctus, tandem, perniciosis regni ciuibus cum rege ipsorum Salomone saepius triumphatis nec tamen a malitia cessantibus nisi Salomone rege carcerali custodia detento, cum consensu principum et plebis totius Hungariae felix regnum fore tali rectore dicentium sine potestatis aut honorum ambitione, sine qualibet rerum saecularium cupiditate regni gubernacula suscepit. **4, 3** Cum enim in arbitrio haberet regiam dignitatem occupare, non inungi, non in regem coronari festinauit, sed, insignia regis ante se faciens cum honore deferri, regiae dignitatis officium non ut praesit, sed ut prosit adimpleuit.

5, 1 Iam uero regiae dignitatis officio dignissime suscepto, quantum se ac qualem exhibuerit, plus est, quam uerbis queat explicari. **5, 2** Non enim affluentibus diuitiis aut aliis temporalibus cor apposuit (*Psalm. 61, 11*), sed aeternum prae mente bonum semper habens illud insatiabili desiderio cupiebat, illud indesinentium operum magnanimitate perquirebat. **5, 3** Erat itaque benignus in affatu, prouidus in consilio, uerax in sermone, constans in promissione, iustus in iudicio, seuerus in corripiendo. **5, 4** (5, 1) Vigiliis et orationibus et elemosynis iugiter insistebat, peccata populi plangebat et pro eorum iniuria se periculis opponebat. **5, 5** Duas episcopales ecclesias construxit et sufficientibus eas dotauit redditibus aliasque per Hungariam ecclesias competentibus elemosynis sublimauit.

6, 1 Operibus igitur sanctis rex Ladislaus humiliter insistens tantam apud Deum gratiam obtinuit, ut eius merita miraculorum experimenta comprobarent. **6, 2** (5, 3) Quadam siquidem nocte monasterium Varadiense iuxta consuetudinem subiit, ut oraret. **6, 3** (5, 4) Factum est autem, dum in oratione diutius moraretur, cubicularius eius, qui foris eum solus exspectabat, prae nimia mora taedio affectus surrexit et introspexit uiditque dominum suum glorificato corpore mirabiliter in aera subleuatum. **6, 4** (5, 5) O uere beatum uirum, quem adhuc in carne constitutum carnea moles non premebat, sed praerogatiua meritorum sanctitas ad consortium supernorum ciuium subleuabat!

7, 1 (6, 1) Post haec latrunculi Byssenorum confinia Hungarorum irruperunt et illic uiros et mulieres captiuos abduxerunt. **7, 2** (6, 2) Quos ipse cum exercitu persequens uenit in solitudinem magnam, nec habebant, quid manducarent. **7, 3** (6, 3) Et dum fame periclitaretur exercitus, auulsus est ipse seorsum ab eis, et in oratione prostratus implorabat misericordiam Dei, ut, qui quondam filios Israhel manna de caelo pluens nutrierat, christianum populum famis inedia non sineret interire. **7, 4** (6, 4) Cumque surgens ab oratione reuerteretur, ecce grex ceruorum et bubalorum obuiauit ei, et cum ipso simul in medium exercitus deposita feritate conuenit. **7, 5** (6, 5) Tulit ergo unusquisque ex animalibus, quantum sibi sufficiebat (*exod. 16, 16*), laudantes et glorificantes Deum in sancto suo, per quem misericordiam talem fuerant consecuti. **7, 6** Adest Dominus electis suis, affectum eis et opportunitatem boni operis administrans.

8, 1 Electus iste Dei seruus, dum affectu summo placita Deo facere cogitaret, hoc ei potissimum diuinitus oblatum est, ne corpora sanctorum, quos auctor uniuersitatis caeli dignabatur honore suoque iam gremio confouebat, in puluere diutius iacere pateretur. **8, 2** Igitur, auctoritate summi pontificis impetrata, sanctorum corpora, uidelicet beati Stephani regis, qui primus Hungaris uiam salutis aeternae (*Hebr. 5, 9*) demonstrauit, et filii eius Emerici, qui, cum esset filius regis unicus peteretque sibi diuinitus reuelari, quid offerre Deo posset acceptius, essetque responsum uirginitatem esse Deo gratissimam, contra uoluntatem coniugii, contra spem posteritatis in regnum successurae, uotum Deo uirginitatis obtulit, corpora quoque sancti Gerardi martyris et beatorum Andreae et Benedicti uenerabiliter fecit eleuari.

9, 1 Iis ergo rebus ad uotum ei contingentibus uidens diuinae circa se dilectionis indicia, coepit sollicite meditari, quid pium, quid unicum, quid Deo gratius pro tot bonis bonorum auctori retribuat. **9, 2** (8, 1) Statuit igitur ire Hierosolymam et illic, si oporteret, mori pro Christo, qui, cum esset splendor gloriae et figura substantiae Dei (*Hebr. 1, 3*), Deus non dubitauit crudelissimam mortem crucis pro redimendis hominibus sustinere. **9, 3** Cesset homo admirari de sanctis, qui eos sanguinis et totius impendii prodigos effecerit, cum illud summum bonum, illa interminabilis uitae tota simul et perfecta possessio sic faciem quondam eis ostenderit, sic ueritatem suam et dulcedinem in cor ipsorum eliquauerit, ut omnia, quasi non sint, sic uideantur eis coram illo. **9, 4** Stupeat igitur potius talium admirator, quod mediocrem appetitus locum umquam habuerit fide ac ratione summum bonum comprehendere. **9, 5** (8, 2) Cum autem fama sancti Ladislai regis uotum eius longe lateque diffudisset, duces Francorum, Lothoringorum et Alemannorum idem peregrinationis iter conuouentes, regem Ladislaum sibi suisque ducem ac praeceptorem fore concorditer petierunt. **9, 6** (8, 3) Sed antequam in Hungariam conuenirent, pius rex urgente regni sui necessitate contra Bohemos in expeditionem profectus est, ubi reformata cum honore suo pace, dum iam regredi cogitaret, aegritudine repentina correptus, uiribus corporis incepit omnino destitui, conuocatisque regni principibus indicat dissolutionem sui corporis imminere. **9, 7** (8, 4) Quo audito clamor multitudinis plangentium de morte piissimi regis usque ad caelum extollitur. **9, 8** (8, 5) Sed piissimus rex accepta eucharistia feliciter migrauit ad dominum, in quem fideliter credidit, quem toto corde dilexit (*Deut. 6, 5; Matth. 22, 37*) et quem tota uirtute quaesiuit. **9, 9** Cadit igitur in solo rege Ladislao tota militum eius in Christi sacramenta iuratorum exspectatio, heu, magnifici triumphatoris regimine destituta. **9, 10** O diuinae dispositionis inaestimabilem uiam! talisne proelii tam idoneum exsecutorem, expeditum in priuatis, magnanimum in publicis, religiosum in diuinis rebus, tam sancti desiderii finem placuit non obtinere? **9, 11** A domino factum est istud et est mirabile in oculis hominum. **9, 12** (8, 6) Planxit autem eum uniuersitas Hungarorum, clerus et populus, simul in unum diues et pauper (*Psalm. 48, 3*); iuuenes et uirgines (*Psalm. 148, 12*), lugubribus indumentis squalidi, continuo trium annorum spatio choreas non duxerunt, omnisque musici generis instrumenta ultra tempus luctus siluerunt.

10, 1 (9, 1) Cum uero de corpore eius Varadinum transferendo, ubi scilicet sepeliri se mandauerat, ob ardorem dierum canicularium et longitudinem uiae fidelium haesitaret arbitrium et in Albensem ecclesiam, quae propius erat, uideretur esse declinandum, uenerunt interim ad diuersorium, ubi prae labore ac tristitia fatigati dormierunt. **10, 2** (9, 2) Cumque sopore grauati plus iusto morarentur, currus, in quo positum erat corpus eius, sine subuectione omnique adminiculo cuiuslibet animalis recto itinere Varadinum ultro ferebatur[7]. **10, 3**

---

[7] cf. miraculum I reg. 6, 12.

(9, 3) Euigilantes autem et currum non inuenientes contristati <u>ualde</u> coeperunt per loca discurrere inueneruntque currum uersus Varadinum ultro currentem et sanctum corpus in eo positum. **10, 4** (9, 4) Videntes itaque miraculum, quod <u>uidelicet</u> corpus beati confessoris ad locum, <u>ubi sepulturam ipse sibimet elegerat,</u> diuinitus <u>portaretur, ei, qui m i r a b i l i s est in s a n c t i s s u i s</u> (*Psalm. 67, 36*), gratias agentes <u>iter suum sine omni haesitatione uersus Varadinum direxerunt.</u>

11, 1 (10, 1) <u>Quo cum uenissent et</u> officium humanitatis <u>exhibentes</u> sepulturae eius assisterent, quidam de circumstantibus dicebat <u>fetere corpus eius,</u> reliquis omnibus suauissimam odoris fragrantiam sentientibus. **11, 2** (10, 2) Retortum est igitur ilico mentum illius ad dorsum eius et reflecti non poterat. **11, 3** (10, 3) Qui se ipsum <u>ultione diuina uidens esse percussum,</u> miserabiliter <u>eiulando</u> clamabat <u>dicens:</u> 'peccaui in sanctum Dei' et procidens ad sepulcrum <u>sancti</u> Ladislai <u>regis</u> misericordiam eius, <u>ut sanaretur,</u> implorabat. **11, 4** (10, 4) Auulsa est itaque cutis cum carne menti sui, quae dorso eius <u>inhaerebat</u>, et ipse quidem sanitatem recuperauit, sed cicatrix ruptae cutis in mento eius occalluit. **11, 5** Sic igitur Deus eundem percutiendo sanans timendum se pariter et amandum ostendit.

12, 1 Arcanis Dei scrutandis indigni uix etiam admirari sufficiemus, quod illa semper prompta misereri benignitas intercessores addicere congruum duxerit, condendis omnibus sufficiens ipse exsecutores operi suo praeficere uoluerit. **12, 2** Salua tamen secretorum reuerentia credimus abundantiam diuinae bonitatis operari. **12, 3** Deus nempe, quamquam ex natura perfectionis nihil ei deesse possit, caritate tamen ductus, soli(ci)tudinis impatiens, participes suae diuinitatis procreauit, eiusdem diuinitatis, quia sane mediocribus bonis non possent esse contenti, cum finis totius delectationis in summo bono constitutus exsistat. **12, 4** Necessarium itaque beatificandi modum Deus obseruans, dum electis suis sese participat, dum idem uelle<n>t, posse illis tribuit profecto, quod Dei proprium est, eis accommodat ipsisque cooperantibus ad effectum opera sua perducit. **12, 5** In diuinam enim est extolli dignitatem illud administrare, illud efficere deitatis communione, quod facere Dei proprium est auctoritatis ratione. **12, 6** Hac igitur dispensatione Deus electum hunc suum in se transfigurans regali dignitate sublimauit et, sicut in terris uicem suam gerendam ei commisit, sic in caelestibus regnis corregnare secum eundem constituens diuina ei suffragia cunctis ipsum inuocantibus conferre donauit. **12, 7** C a e c i s itaque u i s u m (*Luc. 4, 19*), surdis auditum, mutis loquelam, claudis dedit incessum, et, a d i u t o r in o p p o r t u n i t a t i b u s (*Psalm. 9, 10*) defensionis, solatium oppressis impendit. **12, 8** Siquidem fama sanctitatis ipsius audita quaedam uirgo paupercula ueniens ad sepulcrum eius amissum recuperare uisum promeruit, sed recepta corporali sanitate tantam animi simplicitatem percepit, ut non solum in corpore, uerum etiam in spiritu uisitata diuinitus esse uideretur. **12, 9** Quaedam etiam nobilis puella, dum ex oculorum dolore uisu priuata totam carnalis medicinae spem amisit, apud sepulcrum eiusdem a suis derelicta parentibus, aegros oculos inaudito modo sanis commutauit. **12, 10** Nam dum angustia doloris et damno membrorum lugubris defluentes lacrimas abstergeret, ceciderunt in manu eius quidam globi carnis, formam quidem oculorum habentes, sed coagulato sanguine prorsus inuoluti. **12, 11** Cumque uociferante puella, quae nimirum oculos suos se re uera amisisse credebat, populus attonitus ad eam uidendi studio cursitasset, uident illam et elisos carnis globos in manu sua mirantibus ostentantem et nimis oculis stupentibus, quae uidebat, admirantem. **12, 12** De surdis autem et mutis et claudis per ipsius merita sanatis uulgaritas et quasi habilitas miraculorum inter gaudia loqui prohibet et ad insueta potius enarranda transmittit.

13, 1 (11, 1) Quidam itaque miles urgente necessitate argenteam scutellam suam, quam patri suo pius rex donauerat, cuidam comiti uenalem exposuit; quam idem comes ardore cupiditatis illectus a se furtim sublatam esse confinxit. **13, 2** (11, 2) Per sententiam itaque iudiciariam decretum est, quod eadem scutella super sepulcrum sancti Ladislai poneretur, ut comprobaret dominus, quis illorum eam iuste deberet habere. **13, 3** (11, 3) Comes igitur nimium de se praesumendo scutellam accepturus sepulcro appropinquauit, statimque cecidit quasi mortuus et uehementer attonitus nec scutellam accipere nec de terra poterat resurgere. **13, 4** (11, 4) Pauper uero miles ad sepulcrum humiliter accedens, quod suum erat, Deo gratias agens accepit.

14, 1 (12, 2) Cum igitur auctor et rex omnis creaturae, cuius uirtute miracula sanctorum explicantur, <quo?> uno tota rerum musica concinit, sanctum hunc regem diuinae uirtutis consortem esse cunctorum miraculorum argumentis declarasset, anno domini millesimo centesimo nonagesimo secundo sacratissimum corpus eius est canonizatum. **14, 2** (12, 3) Tunc ex causis superioribus lege naturae mutata priuationem ordine regressibili sequi coepit habitus: Nimirum naturae genitor sic naturam suae bonitati fecit obnoxiam, ut nihil uideretur ei derogatum, quod diuina pietas indicaret annuendum. **14, 3** (12, 4) Plures enim caeci ad sepulcrum sancti Ladislai regis uenientes implorato eius auxilio mirabiliter sunt illuminati. **14, 4** (12, 6) Claudi quoque et muti surdique et paralytici ac uariis languoribus diuturno tempore attriti per inuocationem nominis eius a suis sunt infirmitatibus liberati. **14, 5** (12, 8) In ipsa canonizationis hora quidam puer, cui loco manuum et pedum longa carnis massa ossibus carens dependebat, meritis eius ossibus increscentibus perfectam manuum et pedum suscepit sanitatem. **14, 6** (12, 9sq.) In eadem hora sidus praeclari fulgoris stetit in directo monasterii, ubi sanctum corpus positum erat, et per spatium duarum fere horarum perspicue rutilauit. **14, 7** (12, 11) Leprosus itaque quidam ad sollemnitatem eius ueniens praeuentu meritorum eius in uia mundatus curatori suo regi sancto laudes et gratiarum tulit actiones. **14, 8** Quam plurimi etiam in articulo necessitatis positi suffragium eius implorantes optatum suae petitionis effectum perceperunt.

15, 1 (13, 1sq.) Sed et in aliis late patentis Hungariae partibus ac circumstantium terrarum regionibus per inuocationem sanctissimi regis Ladislai diuersa exuberant beneficia praestante domino nostro Ihesu Christo, qui cum <Deo> Patre et Spiritu Sancto uiuit et regnat Deus per omnia saecula saeculorum. Amen. **15, 2** V i g i l a t e ,   q u i a   n e s c i t i s ,   q u a   h o r a   d o m i n u s   e s t   u e n t u r u s (*Matth. 24, 42*).

De sancto Ladislao rege Hungariae
(recensio III, scilicet longior BHL 4670, codd. LTBNP)

(p. 515 Bartoniek) 1, 1 (1, 1 *rec. II*)[8] Beatus rex Ladislaus ex illustri prosapia regum Hungariae <u>exortus elegantissime effulsit</u>. **1, 2** Pater nimirum ipsius, inclitus rex Bela primus, primi Andreae regis clarissimi germanus extitit, per cuius industriam ingenii annis, quibus regnauit, res publica, immo tota Pannonia, ita ordinata et adaucta floruit, ut post tempora beati Stephani regis legibus, libertate, opulentia numquam tam egregie enituit. **1, 3** In cuius quoque tempore Hungaria, magis ditior quam antea, coepit libertatis caput plenis copiae cornibus extollere super aethera, cunctasque fere regiones euincere diuitiis, honore et gloria. **1, 4** Frater autem eius uterinus Magnus, rex gloriosus, Geisa a sua gente appellatus est; uir religiosus et totus catholicus, qui adeo honestis moribus ac probis actibus decoratus fuit, quod si fraterna discordia inter ipsum et regem Salomonem non fuisset interceptus, sanctitatis merito et gloria dudum manifeste claresceret insignitus.

2, 1 (1, 1 *rec. II*) <u>Beatus itaque rex Ladislaus, tamquam de sideribus nouum sidus exortus,</u> in ipso <u>natiuitatis suae</u> exordio gratiae Dei propositum habitu corporis et animi praeferebat, et natus <u>monstrabat</u> infantulus, **(p. 516 Bartoniek)** qualis esset rex futurus. **2, 2** (1, 2 *rec. II*) Prouidentia nimirum conditoris, qui s p e c i o s u s   f o r m a   p r a e   f i l i i s   h o m i n u m (*Psalm. 44, 3*) et innumerabilis sapientiae describitur, sic ad similitudinem suam in operis sui uicario b o n a e   s p e i (*Sap. 12, 19*) ac uenturae dignitatis fundamenta coniecit, ut ex prima compositione <u>decore sui</u> corporis et mentis <u>elegans</u> puer ostenderet, cuius uicem adultus tenere natus esset. **2, 3** (1, 3 *rec. II*) In his itaque primis gratiae donis exortus Ladislaus est uocatus, quod utique nomen non sine praesagio futurorum uidetur eidem esse impositum. **2, 4** (7, 5 *rec. I*) Nam si etymologiae nominis eius alludamus, Ladislaus quasi laus diuinitus data populis dicitur: laos enim populus interpretatur, dosis autem dans uel datum siue datio, prima uero syllaba nominis eius laus est per paragogen. **2, 5** (1, 5 *rec. II*) Ipse quidem laus <u>data erat populis</u>, quia - <u>re uera beata gens et laudabilis populus, in quo talis princeps surrexerat!</u> - gloriosum exstitit tanto rectore diuinitus concesso uisitari.

3, 1 (2, 1 *rec. II, postea* 1, 1 *rec. I*) Creuit <u>itaque</u> puer et, uirtutibus ante diem ei contingentibus, super aetatis incrementa de uirtute in uirtutem proficiens cum ad primum <u>uirtutis</u> gradum ascendisset, habita ueri <u>Dei notitia</u> (*inde* 1, 1 *rec. I*) christianae fidei cultor <u>factus</u> eximius, <u>puro</u> mentis <u>affectu deuotissime</u> Christo seruire studuit. **3, 2** (1, 2 *rec. I*) Illustratus enim sancti spiritus gratia arridentis sibi atque blandientis, mundi gloriam caducam reputans et transitoriam, e s u r i u i t   <u>a t q u e</u>   s i t i u i t   i u s t i t i a m (*Matth. 5, 6*), ut ad aeternam feliciter perueniret patriam. **3, 3** (1, 3 *rec. I*) Quamuis enim mundus sibi florens albesceret, **(p. 517 Bartoniek)** in eius <u>tamen corde</u> iam aruerat, cuius ipse

---

[8]in uncis, ubi fieri potest, capita et paragraphi recensionis primae aut secundae indicantur. linea autem subducta indicantur discrepantiae eorum locorum, qui primae secundaeue recensioni cum tertia sunt communes.

concupiscentiis in spe filiorum Dei (*Ioh. 1, 12*) crucifixus fuerat. **3, 4** (1, 4 *rec. I*) In hoc itaque mortali corpore uiuens iam non ipse, sed in ipso Christus, fidem rectam ueram catholicam in Christo Iesu fundatam, in cordibus prophetarum patriarcharumque radicatam, apostolico praeconio commendatam, tota mente fideliter amplectendo tenuit.

3, 5 (2, 1 *rec. I*) Super hoc etiam fundamentum gratum omnipotenti Deo habitaculum (*Eph. 2, 22*) et sancti spiritus sacrarium ex auro, gemmis et lapidibus pretiosis secundum apostolum (*I Cor. 3, 12*) aedificauit. **3, 6** (2, 2 *rec. I*) Erat enim copiosus in caritate, longanimis in patientia, pietate rex serenus, gratiarum donis plenus, cultor iustitiae, patronus pudicitiae, consolator afflictorum, subleuator oppressorum, miserator orphanorum, pius pater pupillorum; miserorum et inopum necessitatibus misericordiae uisceribus affluens subueniebat.

3, 7 (3, 1 *rec. I*) In naturalibus autem bonis diuinae miserationis gratia speciali eum praerogatiua praeeminentiae supra communem hominum ualorem praetulerat. **3, 8** (3, 2 *rec. I*) Erat enim manu fortis et uisu desiderabilis et secundum phys<i>o<g>nomiam leonis magnas habens extremitates, statura quippe procerus ceterisque hominibus ab umero supra praeeminens (*I reg. 9, 2* [*sim. 10, 23*]) ita, quod exuberante in ipso donorum plenitudine ipsa quoque corporis species regio diademate dignum ipsum declararet. **3, 9** (3, 3 *rec. II*) Cum uero tanta bonorum praeeminentia se uideret gloriosum, non in superbiae tumorem est eleuatus, non aliorum iura dolose seu uiolenter occupauit, sed ei, qui sine praeuentu meritorum largiri bona consueuit, debitas pro acceptis beneficiis gratias agens, quicquid bonorum sensit in se, diuino cultui mancipauit.

4, 1 (4, 1 *rec. II*) Interea nutu creatoris prouidente, ne tantum decus occultum lateret, ne tanta uirtus quiesceret otiosa, praesertim Hungaricis gentibus utpote nouiciis adhuc prouido rectore plurimum indigentibus, aderat iam tempus opportunum, quo scilicet Deus et electum suum declararet, et populum suum talis patroni uirtute protegeret et exemplis erudiret. **4, 2** (4, 2 *rec. II*) Electus itaque diuinitus princeps et prius officio ducatus religiosissime perfunctus, tandem (**p. 518 Bartoniek**) perniciosis regni ciuibus cum rege eorum Salomone saepius triumphatis nec tamen a malitia cessantibus nisi Salomone rege carcerali custodia detento, cum consensu principum et consensu totius Hungariae felix regnum tali rectore dicentium sine potestatis aut honoris ambitione, sine qualibet saecularium rerum cupiditate regni gubernacula suscepit. **4, 3** (4, 3 *rec. II*) Cum enim in arbitrio haberet regiam dignitatem diuinitus sibi uendicare, non inungi, non in regem coronari festinauit, sed, insignia regis ante se faciens cum honore deferri, regiae dignitatis officium non ut praesit, sed ut prosit adimpleuit.

4, 4 (5, 1 *rec. II*) Iam uero regiae dignitatis officio dignissime suscepto, quantum se ac qualem exhibuerit, plus est, quam uerbis queat explicari. **4, 5** (5, 2 *rec. II*) Non enim affluentibus diuitiis aut aliis temporalibus cor apposuit (*Psalm. 61, 11*), sed aeternum prae mente bonum semper habens illud insatiabili desiderio cupiebat, illud indesinentium operum magnanimitate perquirebat. **4, 6** (2, 5 *rec. II*) Omnium quippe desiderabilium summam Deum esse non dubitans et in illius maiestatem tota mentis uirtute erectus, regum dignitate seruata, quod suum est unicuique tribuens, dilexit Deum propter se, mundi contemptibilia propter Deum. **4, 7** (2, 6 *rec. II*) Erat igitur fidelis et deuotus in creatorem per uotum et oblatum, beniuolus in suam gentem, liberalis in extraneos, munificus in subiectos, misericors in afflictos, ualidissimus oppressorum liberator. **4, 8** (5, 3 *rec. II, postea* 4, 1 *rec. I*) Erat itaque benignus[9] in affatu, prouidus in consilio, uerax in sermone, constans in promissione, iustus in iudicio, seuerus in corripiendo; (*inde* 4, 1 *rec. I*) in examinandis autem iudiciis non tam iudicare quam iudicari sibique magis terribile iudicium imminere credebat quam iis, qui ab eo iudicabantur. **4, 9** (4, 2 *rec. I*) Vnde rigorem iustitiae lenitate temperans misericordiae, talem se erga subditos exhibebat, ut ab eis potius **(p. 519 Bartoniek)** amaretur, quam timeretur. **4, 10** (4, 3 *rec. I*) Regni quippe gubernaculum non solum honori sibi erat, sed oneri. **4, 11** (4, 4 *rec. I*) N o n   e n i m   s u a, sed secundum apostolum (*I Cor. 13, 5*) quae Iesu Christi sunt sine querela   q u a e r e b a t. **4, 12** (4, 5 *rec. I*) Propter quod a proprietate rerum et nominum, quasi mutato nomine, ab omni gente sua pius rex uocabatur.

5, 1 (7, 1 *rec. I*) Cum itaque ipse pius rex esset armatus humilitate, potens pietate, praecipuus tamen erat largitate. **5, 2** (7, 2 *rec. I*) Omnes enim ecclesiae et monasteria regalia, siue ab eo, siue a quocumque alio fundata, elemosynis eius sunt locupletata, unde merito usque in hodiernum diem   e l e m o s y n a s   e i u s   e n a r r a t   o m n i s   e c c l e s i a (*Sirach 31, 11*) Hungarorum. **5, 3** (7, 3 *rec. I*) Duos quoque episcopatus ordinauit et regia largitate locupletauit. **5, 4** (7, 4 *rec. I*) Erat enim magnus et munificus secundum nomen suum gloriosum.

5, 5 (5, 1 *rec. I*) Ieiuniis et orationibus iugiter insistebat, peccata populi sui plangebat et in ara cordis semet ipsum Deo hostiam uiuam offerebat. **5, 6** (5, 2 *rec. I*) Quod si nocturnis uigiliis et   p r o l i x i o r i b u s   o r a t i o n i b u s (*Marc. 12, 40*) ipsum fatigari contigisset, non delicatum torum repetebat, sed in exedris ecclesiarum paululum pausabat. **5, 7** (6, 2 *rec. II*) Quadam siquidem nocte monasterium Varadiense iuxta consuetudinem subiit, ut oraret. **5, 8** (6, 3 *rec. II*) Factum est autem, dum in oratione diutius moraretur, cubicularius eius, qui foris eum solus exspectabat, prae nimia mora taedio affectus surrexit et introspexit uiditque dominum suum glorificato corpore **(p. 520 Bartoniek)** mirabiliter in aera subleuatum. **5, 9** (6, 4 *rec. II*) O uere beatum uirum, quem adhuc in carne constitutum carnea moles non premebat, sed praerogatiua meritorum ad consortia supernorum ciuium subleuabat!

6, 1 (7, 1 *rec. II*) Post haec latrunculi Byssenorum confinia Hungarorum irruperunt et illic uiros ac mulieres captiuos abduxerunt. **6, 2** (7, 2 *rec. II*) Quos ipse cum exercitu persequens uenit in solitudinem magnam, nec habebant, quod manducarent. **6, 3** (7, 3 *rec. II*) Et dum fame periclitaretur exercitus, auulsus est ipse seorsum ab eis, et in oratione prostratus implorabat misericordiam Dei, ut, qui quondam filios Israhel manna pluens nutrierat, christianum populum famis inedia non sineret interire. **6, 4** (7, 4 *rec. II*) Cumque surgens ab oratione

---

[9]'*erat itaque benignus*' post '*erat igitur fidelis*' ualde inelegans fragmentum ex cap. 5, 3 recensionis II non satis diligenter translatum esse perspicuum reddit.

reuerteretur, ecce grex ceruorum et bubalorum obuiauit ei, et cum ipso simul in medium exercitus deposita feritate conuenit. **6, 5** (7, 5 *rec. II*) Tulit ergo u n u s q u i s q u e ex animalibus, q u a n t u m sibi s u f f i c i e b a t (*exod. 16, 16*), laudantes et glorificantes Deum in sancto suo, per quem talem misericordiam fuerant consecuti. **6, 6** (7, 6 *rec. II*) Adest Deus electis suis, affectum eis et opportunitatem boni operis administrans.

6, 7 (8, 1 *rec. II*) Electus iste Dei seruus, dum affectu summo placita Deo facere cogitaret, hoc ei potissimum diuinitus oblatum est, ne corpora sanctorum, quos auctor uniuersitatis caeli dignabatur honorare suoque iam gremio confouebat, in puluere diutius iacere pateretur. **6, 8** (8, 2 *rec. II*) Igitur, auctoritate summi pontificis impetrata, sanctorum corpora, uidelicet beati Stephani regis, qui primus Hungaris uiam s a l u t i s a e t e r n a e (*Hebr. 5, 9*) demonstrauit, et filii eius sancti Emerici, qui, cum **(p. 521 Bartoniek)** esset filius regis unicus peteretque sibi diuinitus reuelari, quid offerre Deo posset acceptius, essetque ei responsum uirginitatem esse Deo gratissimam, contra uoluntatem coniugii et contra spem posteritatis in regni successore, uotum Deo uirginitatis obtulit, - corpora sancti Gerardi martyris et beatorum Andreae et Benedicti mirabiliter fecit canonizari.

7, 1 (9, 1 *rec. II*) Iis ergo rebus ad uotum ei contingentibus uidens diuinae circa se dilectionis indicia, coepit sollicite meditari, quid pium, quid unicum quidue Deo gratissimum pro tot bonis bonorum auctori retribuat. **7, 2** (9, 2 *rec. II*) Statuit igitur ire Hierosolymam et illic, si oporteret, mori pro Christo, q u i, c u m e s s e t s p l e n d o r g l o r i a e e t f i g u r a s u b s t a n t i a e D e i (*Hebr. 1, 3*), Deus non dubitauit crudelissimam mortem crucis pro redimendis hominibus sustinere. **7, 3** (9, 5 *rec. II*) Cum autem fama sancti Ladislai regis uotum eius longe lateque diffudisset, duces Francorum, Lothoringorum et Alemannorum idem peregrinationis iter conuouentes, pium (= *rec. I*) regem Ladislaum sibi suisque ducem ac praeceptorem fore concorditer petierunt. **7, 4** (9, 6 *rec. II*) Sed antequam **(p. 522 Bartoniek)** in Hungariam conuenirent, pius rex urgente regni sui necessitate contra Bohemos in expeditionem profectus est, ubi reformata cum honore suo pace, dum iam regredi cogitaret, aegritudine repentina correptus, uiribus corporis coepit (= *rec. I*) omnino destitui, conuocatisque regni principibus indicauit (= *rec. I*) dissolutionem sui corporis imminere. **7, 5** (9, 7 *rec. II*) Quo audito clamor multitudinis plangentium de morte piissimi regis usque ad caelum extollitur. **7, 6** (9, 8 *rec. II, cf. rec. I*) Sed rex accepta eucharistia, in quem fideliter credidit, quem t o t o c o r d e d i l e x i t (*Deut. 6, 5; Matth. 22, 37*) et quem tota uirtute quaesiuit, feliciter migrauit ad Dominum. **7, 7** (9, 9 *rec. II*) Cadit ergo in solo rege Ladislao tota militum eius in Christi sacramenta iuratorum exspectatio. **7, 8** (9, 12 *rec. II*) Planxit autem eum uniuersitas Hungarorum, clerus et populus, simul i n u n u m d i u e s e t p a u p e r (*Psalm. 48, 3*); i u u e n e s e t u i r g i n e s (*Psalm. 148, 12*), lugubres, indumentis squalidi, continuo trium annorum spatio choreas non duxerunt, omnisque musici generis instrumenta ultra tempus luctus siluerunt.

8, 1 (10, 1 *rec. II*) Dum uero de corpore eius Varadinum transferendo, ubi scilicet sepeliri se mandauerat, ob ardorem dierum **(p. 523 Bartoniek)**

canicularium et longitudinem uiae fidelium haesitaret arbitrium et in Albensem ecclesiam, quae propius erat, uideretur esse declinandum, uenerunt interim ad diuersorium, ubi prae labore ac tristitia fatigati dormierunt. **8, 2** (10, 2 *rec. II*) Cumque sopore grauati essent, currus, in quo positum erat corpus eius, sine subuectione cuiuslibet animalis recto itinere Varadinum ultro ferebatur[10]. **8, 3** (10, 3 *rec. II*) Vigilantes autem et currum non inuenientes contristati ualde coeperunt per loca discurrere inueneruntque currum uersus Varadinum ultro currentem et sanctum corpus in eo positum. **8, 4** (10, 4 *rec. II*) Videntes itaque miraculum, quod uidelicet corpus beati confessoris ad locum, ubi sepulturam ipse sibimet elegerat, diuinitus portaretur, ei, qui mirabilis est in sanctis suis (*Luc. 4, 19*), gratias agentes iter suum sine omni haesitatione uersus Varadinum direxerunt.

9, 1 (11, 1 *rec. II*) Cum igitur ad praedictam ciuitatem peruenissent et officium humanitatis exhibentes sepulturae ipsius assisterent, quidam de circumstantibus dicebat corpus eius fetere, reliquis omnibus suauissimam odoris fragrantiam sentientibus. **9, 2** (11, 2 *rec. II*) Retortum est igitur ilico mentum illius et flecti non poterat. **9, 3** (11, 3 *rec. II*) Qui se ipsum diuina ultione uidens esse percussum, miserabiliter eiulando clamabat dicens: 'peccaui in sanctum Dei' et procidens ad sepulcrum sancti Ladislai regis misericordiam eius, ut sanaretur, implorabat. **9, 4** (11, 4 *rec. II*) Auulsa **(p. 524 Bartoniek)** est itaque cutis cum carne menti sui, quae dorso eius inhaerebat, et ipse quidem sanitatem recuperauit, sed cicatrix ruptae cutis in mento eius occalluit. **9, 5** (11, 5 *rec. II*) Sic ergo Deus illum percutiendo sanans timendum se pariter et amandum ostendit.

9, 6 (12, 4 *rec. II*) Necessarium itaque Deus beatificandi modum obseruans, dum electis suis sese participat, (12, 6 *rec. II*) hunc suum electum in se transfigurans regali sublimauit dignitate et, sicut in terris uicem suam gerendam ei commisit, sic in caelestibus regnis corregnare secum eundem constituens diuina ei suffragia cunctis ipsum inuocantibus conferre donauit. **9, 7** (12, 7 *rec. II*) Caecis itaque uisum (*Luc. 4, 19*), surdis auditum, mutis loquelam, claudis dedit gressum, et adiutor in opportunitatibus (*Luc. 4, 19*) defensionis, solatium oppressis impendit. **9, 8** (12, 8 *rec. II*) Siquidem fama sanctitatis ipsius audita quaedam uirgo paupercula ueniens ad sepulcrum eius amissum recuperare uisum promeruit, sed recepta corporali sanitate tantam animi simplicitatem percepit, ut non solum in corpore, uerum etiam in spiritu uisitata diuinitus esse crederetur. **9, 9** (12, 9 *rec. II*) Quaedam autem nobilis puella, dum oculorum uisu priuata totam carnalis medicinae spem amisisset, apud sepulcrum eiusdem a suis derelicta parentibus, aegros oculos inaudito modo sanis commutauit. **9, 10** (12, 10 *rec. II*) Nam dum angustia doloris et damno membrorum lugubris defluentes lacrimas abstergeret, ceciderunt in manu eius quidam globi carnis, formam quidem oculorum habentes, sed coagulato sanguine prorsus inuoluti. **9, 11** (12, 11 *rec. II*) Cumque uociferante puella, quae nimirum oculos suos se iam amisisse credebat, populus attonitus ad eam uidendi studio cursitarent, uident eam et elisos carnis globos in manu sua

---

[10]cf. miraculum I reg. 6, 12.

admirantibus ostentantem et nouis oculis stupenda, quae uidebat, ammirantem. **9, 12** (12, 12 *rec. II*) De mutis autem, surdis et claudis per ipsius merita sanatis uulgaritas et quasi habilitas miraculorum inter gaudia loqui prohibet et ad insueta potius enarranda transmittit.

10, 1 (13, 1 *rec. II*) Quidam itaque miles urgente necessitate scutellam argenteam, quam patri suo pius rex donauerat, cuidam comiti uenalem exposuit, sed eam idem comes ardore cupiditatis illectus a se furtim sublatam esse confinxit. **10, 2** (13, 2 *rec. II et* 11, 2 *rec. I* [*cod.* α]) Rex itaque Stephanus Colomanni filius hanc causam Valthero Varadiensi episcopo **(p. 525 Bartoniek)** legitimo fine terminandam commisit, qui de meritis beati regis certissime confidens per sententiam iudiciariam decreuit, quod eadem scutella super sepulcrum sancti regis Ladislai poneretur, ut comprobaret Dominus, quis illorum eam iuste deberet habere. **10, 3** (13, 3 *rec. II*) Comes igitur nimium de se praesumendo scutellam accepturus ad sepulcrum accessit, statimque cecidit uelut mortuus et uehementer attonitus neque scutellam meruit accipere neque de terra potuit resurgere.

11, 1 (14, 1 *rec. II*) Cum igitur auctor uniuersae creaturae hunc sanctum regem diuinae uirtutis consortem esse tantis miraculis declarasset, anno Domini millesimo centesimo nonagesimo secundo sanctum corpus eius gloriose est canonizatum. **11, 2** (14, 2 *rec. II*) Nimirum naturae genitor sic naturam suae bonitati fecit obnoxiam, ut nihil uideretur ei derogatum, quod diuina pietas indicaret annuendum. **11, 3** (14, 3 *rec. II*) Plures enim caeci ad sepulcrum sancti Ladislai regis uenientes implorato eius auxilio mirabiliter sunt illuminati. **11, 4** (14, 4 *rec. II*) Claudi quoque et muti surdique et paralytici et uariis languoribus diuturno tempore attriti **(p. 526 Bartoniek)** per inuocationem nominis eius a suis sunt infirmitatibus liberati. **11, 5** (14, 5 *rec. II*) In ipsa canonizationis hora quidam puer, qui loco manuum et pedum carebat, suscepit sanitatem. **11, 6** (14, 6 *rec. II*) In eadem hora sidus praeclari fulgoris stetit supra in directo monasterii, ubi sanctum corpus ipsius positum erat, et per spatium duarum fere horarum perspicue rutilauit. **11, 7** (14, 7 *rec. II*) Item leprosus quidam ad sollemnitatem eius ueniens praeuentu meritorum eius in uia mundatus curatori suo regi sancto laudes et gratiarum intulit actiones.

11, 8 (15, 1 *rec. II*) Diuersi etiam per inuocationem nominis sanctissimi regis Ladislai usque hodie liberantur a suis infirmitatibus praestante domino nostro Iesu Christo, c u i   e s t   h o n o r   e t   g l o r i a   i n   s a e c u l a   s a e c u l o r u m (*Rom. 16, 27*). Amen.

Sequitur de sancto Ladislao rege int(roductio?)
(*recensio quarta, codd. YX*)

(**cod. Y f. 93**^{rb}) **praef. 1** In diuinis uoluminibus reus esse asseritur, qui non studuerit dare gratis, quod accepit. **2** Quicquid enim ecclesiae ad aedificationis {est} emolumentum profuturum erat, subtraxisse arguitur, cum noluerit tradere omnibus, quod ipse non celandum accepit. **3** Quotiens itaque laudabilia sanctorum uirorum gesta pie de Deo sentientibus et iuste uiuentibus ad memoriam reducuntur, totiens mentes audientium ardore compunctionis tanguntur. **4** Quo fit, ut supernae saluti multum uideatur impendere, qui sanctorum historias stilo **(f. 93ᵘᵃ)** studet tenaci memoriae commendare. **5** Quamuis enim culpis retardantibus iter rectitudinis eorum assequi non ualeat, tendentibus ad uiam ueritatis †timendam† demonstrat. **6** Idcirco beatae memoriae regis Ladislai gesta prout potuimus Deo annuente litterarum notulis assignare et diuinae religionis cultoribus digna tradere duximus, ut eorum corda ad amorem diuini operis incitemus et cetera.

Legenda eius

1, 1 Beatus Ladislaus, illustris Hungarorum rex, catholicae fidei cultor egregius, christiani dogmatis sectator eximius, spiritualis intellectus conualescens robore, tota mentis intentione creatori suo seruire studuit et, callis uerifici semitas pede calcans immaculato, s a p i e n t i a m , quae trahitur ex occultis, c u i u s i n i t i u m e s t t i m o r D o m i n i (*Psalm. 110, 10*), quia ardenter quaesiuit, adipisci promeruit. **1, 2** Diligendo etenim timens Deum et timendo diligens protinus didicit irasci uitiis, temptationibus occurrere, pugnare contra carnis desideria, ieiunia non horrere, iugulare superbiam, humiliare uanam gloriam, non acquiescere detrahentibus, afflictis compati, miserorum necessitatibus subuenire, malos arguere, bonos diligere, g a u d e r e c u m g a u d e n t i b u s , f l e r e c u m f l e n t i b u s (*Rom. 12, 15*), diuinis laudibus interesse, intendere psalmodiis, pernoctare in orationibus, lacrimis exorare Deum profusis. **1, 3** Nulla eum mundani fauoris aura mouit, nullus blandientis fortunae sapor allexit, non tulit ab eo acedia uictoriam, non occaecauit eius cor auaritia. **1, 4** Nam cum Sancti Spiritus aspirante gratia in corde eius plantatione diuersa uitae fructificarent germina, prae ceteris tamen bonorum operum, quibus uir sanctus pollebat, ornatibus eleemosynarum largitate erat praecipuus ita, ut larga manus illius munificentia ecclesiis Dei non solum uitae praesentis qualiscumque sustentatio, uerum etiam earundem non modica esset locupletatio. **1, 5** Quamobrem conuenienter de eo dicendum est (*cf. leg. rec. I 7, 2*): Eleemosynas illius enarrabit omnis ecclesia sanctorum, qui propter innatae pietatis affectum, quem erga Christi pauperes supra modum humanae compassionis habuit, et propter serenae suauitatem **(f. 93ᵘᵇ)** conscientiae, qua subiectos suos pio moderamine gubernans diligebat, singulari priuilegio (*cf. leg. rec. I 4, 5*) rex pius ore cunctorum in perpetuum meruit uocitari.

2, 1 Erat autem uisus caecorum, auris surdorum, claudorum pes, pater orphanorum (*cf. leg. rec. I 2, 2*), uiduarum adiutorium, hospitum refectio et pauperum ceterorum consolatio. **2, 2** Omnes etiam ecclesiae per Hungariam, quae a sanctissimo rege Stephano sunt fundatae, tam regalia monasteria quam abbatiae siue ceterae quaelibet ecclesiae, ipsius largitate muneris temporalis uitae sustentatione sunt dotatae et sufficienter ditatae. **2, 3** Qui XII episcopatus, quos praenominatus sanctus rex construere uoluit, sed uocatus a Domino perficere non potuit, ipse fidelis successor consensu summi pontificis ordinauit et uenerabilis patrui sui uotum diuino fretus auxilio deuotus compleuit, multas praeterea ecclesias per diuersa loca construxit et sufficientibus donis multipliciter adornauit (*cf. leg. rec. I 7, 2sq.*). **2, 4** Clarum etenim in domo Dei exstitit luminare, ad cuius bonae conuersationis et sanctae uitae exemplum populus christianus ecclesias fabricare et toto desiderio ad caelestis regni praemium coepit anhelare et laboris fructum, fructus gaudium in futurum exspectare. **2, 5** Ipsius namque tempore, crescente deuotione fidelium, diuinae religionis creuit augmentum.

3, 1 Talibus, ut diximus, rex memoratus uirtutum insistens uestigiis legem Dei sui die ac nocte meditabatur et misericordiam et iudicium in operibus suis Domino decantabat. **3, 2** Nec retardabat eum terrenae dignitatis celsitudo, quem ad regnum diuinae dilectionis ardor incitabat aeternum, quoniam manuum munditia cordis armarium sanctificans dignum se D e o exhibuerat h a b i t a c u l u m (*Eph. 2, 22*), cui diuino munere collatum est (*cf. leg. rec. II 8, 2*), ut sanctorum Dei, beati uidelicet Stephani regis, qui primus plebi suae uiam s a l u t i s a e t e r n a e (*Hebr. 5, 9*) demonstrauit et genti adhuc incultae uerbi diuinae semina erogauit, et filii eius sancti Emerici confessoris, qui can<di>da uirginitatis lilia ante thronum agni immaculati attulit, et beati Gerardi martyris et episcopi, qui **(f. 94ra)** ob catholicae religionis et ueritatis assertionem occisus rosei corporis sui pretio caelestis regni palmam est adeptus, sanctorum quoque Andreae et Benedicti, corpora, impetrata summi pontificis auctoritate, cuius dilectus in Domino filius deuotam in omnibus exhibuit reuerentiam, honorifice ac sollemniter eleuare promeruit. **3, 3** Vnde iure et merito totam ei diuinae dignationis gratiam concessam esse credimus, ut, quorum reliquias pio amore in terris amplexatus caelesti ueneratione dignas extulit, eorum ipse precibus adiutus supernae coronae in caelis particeps esse mereatur. **3, 4** Qui matrimonii copula dissolutus acceptabilis Deo continentiae munus dedicans (*cf. leg. rec. I 8, 1*) in peregrinatione proficisci Hierosolymam disponebat, sanctam repromissionis terram, ubi Dei Filius amictu<i> nostrae carnis traditus, cum hominibus conuersatus <est>, summo desiderio uidere affectans. **3, 5** Sed irrumpentibus in regnum diuersis circumquaque necessitatibus et populi sui sollicitudinibus bonae uoluntatis eius propositum retardantibus et de die in diem deferentibus, hostilis interim aduersitas manu ualida de partibus Bohemiae (*cf. leg. rec. I 8, 3*) coadunata regni eius confinium aggreditur. **3, 6** Congregato igitur exercitus sui robore uir Dei pro populi sui defensione hostibus occurrit. **3, 7** Qui superueniente diuinae protectionis clementia, exortae dissensionis seminario sopito et stabili reconciliationis foedere facto regni sui negotium debito mancipauit affectui. **3, 8** Vnde dum obtenta pacis tranquillitate rediret, in grauem repente incidit languoris angustiam. **3, 9** Cumque metam, ultimi diei horam, sibi imminere sentiret, de qua fideles suos Saluator uigiles esse admonet ac sollicitos, ne eos inueniat imparatos, conuocato episcoporum et ceterorum nobilium suorum conuentu indicat transitum suum mox futurum. **3, 10** Tunc uero clamor multitudinis plangentium et lamentantium de morte pii patroni flentium ad caelum extollitur, et huiusmodi uoces dicentium, quod de beato Martino legitur (*locus non inuentus*): 'Cur nos pater deseris, aut cui nos desolatos relinquis?' **3, 11** Sed quia **(f. 94rb)** necesse est uocanti Domino respondere per oboedientiam et pulsanti confestim aperire, peracta prius ut decebat christianum christianae deuotionis religione, completo uitae praesentis cursu (*cf. leg. rec. I 8, 5*) uir beatus, in quem semper credidit et quem tota mente dilexit, migrauit ad Dominum. **3, 12** Quo de laborioso huius saeculi certamine exempto, amaro et flebili lamentationis planctu (*cf. leg. rec. I 8, 6*) omnis clerus et populus, simul in unum diues et pauper (*Psalm. 48, 3*), eius obitum luxit et exsequias funeri eius ob recordationem beneficiorum eius lugubri mente celebrauit, et omnis organi et symphoniae cantus uoxque exsultationis et laetitiae continuo trium annorum spatio cessauit.

4, 1 Qui confestim ut euictus huius saeculi tempestatibus ad Deum perrexit, totius aestimatione cleri et populi miro praesagio nomen sanctitatis est sortitus. **4, 2** Ad cuius tumulum multitudo debilium cateruatim consueuit concurrere eiusque misericordiam in necessitatibus suis postulare et, diuina donante gratia, postulata percipere. **4, 3** Inter haec (legitur et †diuersa signorum magnitudo†), quae Deus suffragantibus sancti uiri meritis operari dignatus est, hoc primum claruit miraculum (*cf. leg. rec. I 10, 1-4*): **4, 4** Dum enim multitudo cleri et populi officium humanitatis, sepulturae episcopis eius praesentibus, exhiberet, quidam de circumstantibus dicebat corpus eius fetere, cum ceteri nullum fetoris sentirent horrorem. **4, 5** Qui protinus collo ad dorsum torto miserabilibus eiulans uocibus coepit clamare: 'Peccaui in sanctum Dei'. **4, 6** Quo dicto conatus est se inclinare in monumentum profusis misericordiam deposcens lacrimis. **4, 7** Qui inde se erigens sanitati restitutus est uestigiis tantum infirmitatis apparentibus in collo eius. **4, 8** Quendam deinde leprosum, qui saepius eius inuocabat suffragia, a lepra mundatum bonorum cognouimus testimonio uirorum. **4, 9** Quidam etiam caecus, qui culpis suis exigentibus densis opertus tenebris nihil omnino uidere poterat, ad sancti uiri sepulcrum ueniens lumen oculorum recuperauit. **4, 10** Alius quoque, adulescens ex humorum contractione ita contractum habens brachium, quod nec ipsum nec manuum officium (**f. 94ᵘᵃ**) ualeret exercere, ad tumbam eius ueniens pristinae redditus est sanitati canonicis hoc attestantibus et populi multitudine, qui hoc ipsum admirantes in Dei laudibus uoce consona cum iucundis fletibus proruperunt.

5, 1 Item (*cf. leg. rec. I 11, 1-4*) quidam nobilis, cuius patri rex praefatus adhuc uiuens auream dederat scutellam, a patre suo sibi relictam uendere compulsus, cuidam comiti uenalem exposuit. **5, 2** Quam ille oculo cupido et insatiabili corde intuens, ad quod eum cogit mortalis auri exsecrabilis fames, suam fuisse et sibi furtim sublatam esse constanter asserere non erubuit. **5, 3** Haec autem causa cum a bonae memoriae rege Stephano, Colomanni regis filio, felicis memoriae Valthero tunc Varadiensi episcopo commissa fuisset decidenda, ab eodem de meritis sancti regis plurimum confidente, Domino inspirante, sic est iudicatum, quod praedicta scutella super tumulum beati regis poneretur et alter eorum, qui de sua potius confideret iustitia, ad eam fiducialiter leuaturus accederet. **5, 4** Quod audiens praedictus auaritiae filius, dum irreuerenter ausu temerario accessisset ad tumulum, diuina damnatus sententia subito cecidit et in extasi positus neminem penitus agnoscebat. **5, 5** Quod alter uidens, sua sibi respondente iustitia uas praedictum illaesus accepit.

5, 6 Praeterea comes multo tempore febres passus quartanas, cum nullius opere medicaminis curari potuisset et unicus parentibus nimio diligeretur affectu, ad sacri regis tumulum inter manus allatus, solo ipsius tumbae gustu a praedicto languore liberari meruit.

6, 1 Quidam etiam languidus, qui continuo XII annorum curriculo nimiae infirmitatis exhaustus incommodo in nomine beati uiri modice gustata aquae potatione mirabili modo antiquam recepit integritatem. **6, 2** Item Petro Agriensi episcopo totius corporis inflatione grauiter laboranti, cum nulla medendi scientia succurrere potuisset, quidam eremita nomine Bernhardus, qui ei in domo sua familiare praebebat obsequium, dixit ei iam uicino morti appropinquanti: 'Acquiesce modo consilio et regem Ladislaum sanctum esse indubitanter credas et corporis tui salutem ei committas'. **6, 3** Ad hoc dictum ille expansis manibus dixit: 'Credo eum in ueritate ante Deum magni esse meriti'. **6, 4** Qui mox tota stomachi malignitate deposita, letiferae inflationis uexatione euadere promeruit[11] praestante Domino nostro Iesu Christo, qui cum Patre et Spiritu Sancto uiuit per omnia saecula saeculorum (*cf. leg. rec. I 13, 2*). Amen.

---

[11] agitur de Petro II episcopo Agriensi, quem certe scimus non post a. 1181 episcopum Agriensem factum et a. 1197 uel 1198 mortuum esse, eo ipso igitur tempore antistitem eius dioeceseos fuisse, quo diuus Ladislaus canonizatus est (a. 1192), cf. I. Sugár, Az egri püspökök története, Budapestini a. 1984, p. 56-58. idem Stephanus Sugár docuit ibid. p. 57 Eusebium Horváth in compendio uitae episcoporum Agriensium ex authentico transcripto, quod sub signo Ms. III 65 in Bibliotheca Archidioeceseos Strigoniensis inuenitur, auctorem esse Petrum episcopum praeparationi causae canonizationis diui Ladislai et sollemnitatibus ipsis in Hungaria celebratis interfuisse. ipsam notam Eusebii Horváth ualde doleo me non uidisse, propterea quod mihi ter scribenti custodes Bibliothecae Archidioeceseos Strigoniensis mira constantia nihil responderunt.

Apparatus criticus ad recensionem I pertinens

codices:
VF = α (om. 1, 1 pura ... 4, 5 nominum; 7, 1-5; 12, 1-7; 13, 1sq.)
J (om. 2, 1sq.; 4, 1-5; 5, 5 - 8, 6; 10, 1 desinit)
EQH = β
OG = γ (om. 7, 4), I, M (pendet ex I); γI = δ
K (om. 5, 3sq.; 6, 1 - 7, 5; 8, 1 dimicaret - 8, 3 destitui aliter; 8, 3 imminere - 8, 5 dominum aliter; 8, 6 desinit) A (pendet ex K; om. 1, 3 - 2, 1; 2, 2 miserorum - 3, 2; 4, 2 talem - 7, 5; 8, 1 dimicaret - 8, 3 destitui aliter; 8, 3 imminere - 8, 5 dominum aliter; 8, 6 desinit)

tit. *om.* **VJOK** de sancto Ladislao (latislay *Q*) **EQ** Ladislai regis *F* (*F imaginem miniatam primae litterae, quae est B, inscriptam habet; qua depingitur corpus beati Ladislai mortui in curru equis carente positum; post currum oppidum, ante eum humi famulus regis dormiens, iuxta illum canis*) Sancti Ladislai *G* de Sancto Latislauo rege *HI* de sancto Ladislao rege Vngarorum et confessore *M* || Legenda sancti latislay confessoris et regis Vngarie cuius festum colitur V kld. iulii unde *post tit. add. Q*

1, 1 beatus *om. G* || Ladislaus rex Vngarie *G* || primi Bele clarissimi regis Hungarie filius fuit. In ipso sue natiuitatis exordio Dei propositum corporis habitu et animi preferebat, et natus premonstrabat infantulus, qualis rex esset futurus. Erat namque *post* Ladislaus *add. K ex rec. II* || christiane fidei *αJβδ*: fidei catholice *K* || 1, 1 pura ... 4, 5 nominum *om. α* || semper *post* pura *add. K* || seruire Christo *K* || studebat *K* **1, 2** sancti spiritus *Eδ* (= *cod. ς rec. III*): spiritus sancti *JQHK* (= *codd. PB rec. III*) || arridentibus *γ* ardentis *Q* || blandientibus *G* plandimentis *Q* || et transitoriam reputans *K* || et² *om. I add. s. l. M* || esurnt *O* esuryt *G* || feliciter *om. H* felicitus *I* felix *K* || leticiam *post* peruemiret *add. et punctulis del. O* **1, 3** 1, 3 - 2, 1 *om. A* || florens sibi *Jγ* || albesceret *J* (= *codd. ςB rec. III*): alluderet *δK* (= *cod. P rec. III et Osualdus in sermonibus*) aludescet *E* alludesceret *H* illudesceret *Q* || eius *om. M* cuius *J* || tamen corde *QG* (= *rec. III*) || iam *Jβ* (= *cod. ς rec. III*): *om. δK* (= *codd. PB rec. III*) || ipse *JβIK*: tempore *γ* || iam *post* concupiscentiis *add. K* || erat crucifixus *K* **1, 4** corpore mortali *G* || ibi *post* fidem *add. γ* || rectam *JβIK*: certam *γ* || Christo Ihesu *JQH*: Ihesu Christo *E* ipso Ihesu *γ* Christo *I* || in cordibus ... radicatam (-ta *Q*) *Jβδ*: et *K* || commundatam *H* commendatum *Q* || fideliter *om. K*

2, 1 2, 1sq. *om. J* || que *post* hoc *add. K* || deo omnipotenti *K* || et¹ *om. δ* || secundum apostolum edificauit (secundum *om. H*, apostolicum *O*) *βδ*: iuxta ueritatem euangelicam preparauit *K* **2, 2** erat enim *βδ*: hic beatus rex erat *K* rex erat *A* || longanimus *I* || et *post* patientia *add. γ* || rex *om. HK* || serenus *EQδK*: seuerus *H* || pleno *H* || subleuamen *Q* || miserator orphanorum *om. Q* orphanorum *om. E* || subuentorque *post* pupillorum *add. I*, *post* pater *add. M* || miserorum ... subueniebat *om. K* miserorum ... 3, 2 *om. A* || et *om. Q* (= *cod. B rec. III*) || uisceribus *EQδ*: inferribus *H* || affluens *om. E* || subueniebat *om. γ*

3, 1 in *βδK*: a *J* || naturalibus *JEHδK*: mirabilibus *Q* || aut *post* autem *add. J* || bonis *Jδ* (= *codd. ςB rec. III et Osualdus in sermonibus*): donis *βK* (= *cod. P rec. III*) || diuina miseratione *H* || gratia *om. E* || eum *JβIK*: cum *γ* || prerogatiue *I* || praeeminentiae (preminencie *γ*) *EHγK* (= *codd. ςB rec. III*): preeminentia *I* preminencia *Q* preminentem *J* (= *cod. P rec. III*) || super *QK* || hominum *JβI*: honorem *γ* hominem *K* **3, 2** et¹ *om. JIK* (= *cod. P rec. III*) || et² *om. J* || fisinomiam *E* phyzonomiam *γ* uisionomiam *Q* phisioma phisioma (*sic bis scriptum*) *J* || habens magnas *EQ* || magnos *H* || immo laus populis diuinitus data dicebatur *post* extremitates *add. ex rec. III* 2, 4 (*cf. 1, 1 supra, ubi uerba recensionis II addita sunt*) *K*

|| statura ... declararet *om. K* || ceteris (*om.* -que) *M* || humer(is?) *G* || eminens *G* preminens *JI* || ita quod *JβI*: itaque *γ* (= *cod. B rec. III*) || exuberante *γ* (= *codd. rec. III*) exbiberantem *H* exubercancior *Q* || ipsorum (*om.* donorum) *H* || plenitudine *Qγ* (= *codd. rec. III*) || plenitudine donorum *γ* || ipsa ... declararet *om. γ* || ipsa *EQI*: ipsam *H* ipse *M* || species corporis *H* || ipsum *post* digna *add. E* (= *codd. rec. III*) || declarat *E* proclamaret *J*

4, 1 4, 1-5 *om. J* || autem *β* (= *codd. rec. III*): *om. δK* || quod *post* sibique *add. Q* || magis *EQδK*: magna *H* || credebant *I* || eo *βδ*: eodem *K*   **4, 2** leuitate *HG* || misericors *O* || misericordie temperabat *K* || talem ... 7, 5 *om. A* || talemque *K* || potius ab eis *I*   **4, 3** gubernaculum quippe *K* || solam *H om. K* || honore *O* || sibi honori *G* || erat *om. γ* || et *post* sed *add. I*   **4, 4** que *post* enim *add. G* || sunt *EHδK*: erant *Q* || requirebat *K*   **4, 5** quod *EQδK*: que *H* || nominum *EδK*: nomen *H* omnium *Q* || quasi *βδK*: ob nimiam pietatem *α* || uocabatur *FβδK*: dicebatur *V* (= *serm. cod. Vind. 1062 fol. 111r*)

5, 1 orationibus et ieiuniis *K* || hic *ante* ieiuniis *add. α* || insistens *α* assistebat *H* || populi peccata *EQ* (= *cod. R recc. II*) || et[2] *om. γ* || se ipsum *G* || deo ... uiuam *om. O* hostiam uiuam *om. G*   **5, 2** quod *Jβδ*: quem *α* et *K* || et *post* nocturnis *add. F* || ipsum *om. J* || fatigari ipsum *K* || repetebat *αJβδ*: requirebat *K* || thori *V* || sed in *αJEHδK*: secundum *Q* || exedris *om. F* loco, quo inscribatur, uacuo relicto, exediis *EG* exsedis *Q* exoedris *J*   **5, 3** 5, 3sq. *om. K* || prolixius *om. α* (= *recc. II et III et serm. cod. Albaiul. 105 fol. 69ua*)   **5, 4** qui ... uiditque: aspexit undique *γ* || solus eum foris *J* (= *cod. P rec. III*) || eum *om. H* || prae: pro *Q* || more *I* || effectus *VE* || et *om. Q* || intro prospexit *JH* (= *codd. SD rec. II*) || uidit (*om.* -que) *E* || in aera (aere *QHI* [= *codd. SRD rec. II et serm. cod. Albaiul. 105 fol. 69ua et Osualdus in sermonibus*]) *αJβGI*: iacere *O*   **5, 5** 5, 5 - 8, 6 destitui *om. J* || uere *om. αK* || constitutum *αβIK*: uestitum *γ* || supernorum *om. E*, celestium *add. i. m. indicato loco post* consortium, *quo inscribatur*; superum *QH* supernum *I* (= *Osualdus in serm. 1*) || ciuium *post* supernorum *add. γK* (= *codd. recc. II et III*) || erat enim armatus humilitate, potens pietate, precipuus largitate *post* subleuabat *add. K*

6, 1 6, 1 - 7, 5 *om. K* || hec *αβI*: hoc *γ* || latrunculi *αEHδ*: lacrimabili *Q* || irruperunt *om. Q* || illinc *α*: illic *EHI* (= *codd. SCR rec. II*) illuc *Qγ* (= *cod. D rec. II*) || captiuas *O* || adduxerunt *α*   **6, 2** pius rex *post* ipse *add. γ* || suo *post* exercitu *add. δ* (= *Osualdus in serm. 1*) || habebat *Q* || quid *αQγ* (= *cod. R rec. II et serm. cod. Sancruc. 292 f. 24u [= cod. Mon. 22363b f. 165ub], serm. cod. Albaiul. 105 fol. 69ub atque Osualdus in serm. 3, Pelbartus in serm. 1*): quod *EI* (= *codd. εD rec. II et Osualdus in serm. 1*) que *H* || manducabat *Q*   **6, 3** dum *EHδ*: cum *αQ* || periclitarentur *F* || eius *post* exercitus *add. γ* || euulsus *I* (= *Osualdus in serm. 1 et 3*) || est *αEHδ*: et *Q* || ipse *om. F* || ab eis seorsum *δ* (= *cod. B rec. III et Osualdus in serm. 1 et 3, Pelbartus in serm. 1*) || et[2] *om. HM* || in (*add. s. l. E*) orationem *β* || implorabit *F* || misericordiam dei implorabat (-(ui)t *G*) *γ* || dicens *ante* ut *add. γ* || de *om. α* || pluens *αEQδ*: soluens *H*   **6, 4** reuertebatur *α* || retro *post* ecce *add. α* || bubalorum *αQHδ*: dampnarum (-orum *a. c.*) *E* || boumque siluestrorum (-trium *G*) *post* bubalorum *add. γ* || ipso *αEQδ*: eo *H* || medio *Q* || omni *post* exercitum *add. γ*   **6, 5** ex *αEQI* (= *codd. CD rec. II; Osualdus in serm. 1 et 3*): de *Hγ* (= *codd. SR rec. II; serm. cod. Albaiul. 105 fol. 69ub et Pelbartus in serm. 1*) || sibi sufficiebat *αQHδ*: uolebat *E* || deum *Vβδ*: dominum *F* (= *cod. R rec. II*) || suo *om. βI* (*habet Osualdus in serm. 1 [sed serm. 3 sancto rege]*) || talem *om. Eγ* (= *codd. SCD rec. II*) || talem misericordiam *V* || dei *post* misericordiam *add. Q* || fuerant consecuti *G* (= *recc. II et III*) || fuerant *αEHδ*: sunt *Q*

7, 1 7, 1-5 *om. α* || itaque *EQδ*: utique *H* || Ladislaus *post* rex *add. I* (= *Osualdus in serm. 1 et 3*) || armatus esset *OI* (= *Osualdus in serm. 1 et 3*) armatus fuit *G* || et *post* humilitate *add. γ* || potens *om. γ* || in *post* potens *add. I* || in *om. EQ* (= *Osualdus in* *serm. 1 et 3*) 7, **2** enim *EQδ*: ep(iscop?)i *H* ‖ et *om. γ* ‖ monasteriaque *γ* ‖ ipso *βOI*: ep(iscop?)o *G* ‖ alio *om. G* (= *serm. cod. Albaiul. 105 fol. 69^(ra) et Osualdus in serm. 1* [*habet tamen in serm. 3*]) ‖ locuplatate *Hγ* ‖ sufficienter *post* locupletata *add. γ* ‖ et *post* unde *add. γ* ‖ in *EHδ*: ad *Q* ‖ eius *om. H* (= *cod. T rec. III*) ‖ enarrabit *Q* (= *Osualdus in serm. 1*; enarrat *tamen in serm. 3*) ‖ omnis *om. γ* 7, **3** duos quoque *EHδ*: duosque *Q* (= *cod. ς rec. III*) 7, **4** 7, 4 *om. γ* ‖ suum nomen *Q* 7, **5** ethimologiam *γ* ‖ alludamus *EQI*: laudamus *γ* allaudamus *H* (= *serm. cod. Albaiul. 105 fol. 69^(ra)*) ‖ Ladislaus *om. γ* ‖ data *EHδ*: datus *Q* ‖ populis data *G* ‖ laos … interpretatur *om. γ* ‖ laos *EHI*: laus *Q* ‖ dysos *Q* ‖ datio *EHδ*: donacio *Q* ‖ hec *post* datio *add. δ* ‖ nominis *om. Q* ‖ paragoge *γ* peragogen (*sc. compendio male soluto*) *HI*

8, 1 post hec uir dei ladizlaus *ante* Hierosolymam *add. α* ‖ Iherosolimam se iturum (iterum *α* iturum *om. γ*) uouerat (nouerat *H*) *αβγ*. Hic etiam sanctus rex uotum fecerat eundi Ierosolimam *K* ‖ ubi *αβγ*: ibi *K* ‖ sanguis … suo *om. K* ‖ ipse *om. E* ‖ ibi ipse *αQH* ‖ suo *om. γ* ‖ contra *om. α* ‖ Christi *om. α* ‖ dimicaret (-are *V*) - 8, 3 destitui *αβγ*: suum funderet sanguinem, quem eius corporis species dignum huiusmodi proposito declarabat. Sed ab huiusmodi uoto implendo ipsum egritudo ualida impediuit *K* **8, 2** autem: ante *V* ‖ lotolingorum (-otho- *F*) *α* lytharicorum *γ* lttoringorum *H* literingiorum *Q* ‖ allamanorum (-nn- *F*) *α* alenianorum (alienigenorum *alia manu in marg.*) *E* lemanciorum *G* allemannorum *H* alimannorum *Q* ‖ erant profecturi *α* ‖ pariter *post* omnes *add. I* (= *Osualdus in serm. tribus et Pelbartus in serm. 1*) ‖ regem *om. γ* ‖ Ladislaum … dignum *om. H* ‖ digne *EQOI*: laude *α* (laudant *serm. cod. Albaiul. 105 fol. 69^(ra)*) *om. G* ‖ preficere (profitere *O* profiteri *G* prefice *H*) … disposuerant *βδ*: prefecerant *α* **8, 3** autem *βδ*: ante *α* ‖ alamania (-ll- *F*) *α* lemannia *G* allemannia *H* alimannia *Q* ‖ ab *post* et *add. O* ‖ domini *αEHδ*: regis *Q* ‖ conueniret *α* ‖ pius: prius *α* ‖ expedicione *F* ‖ causa seditionis sublata et pace firmata, dum reuerteretur, proch dolor *post* ibique *add. α* (*cf. rec. II*) ‖ repentina *om. α* ‖ omnino cepit *G* ‖ cum autem tempus uocationis sue instaret *ante* conuocatis *J* ‖ conuocatis (*om.* -que) *Jγ* conuocatis igitur *K* ‖ sui *ante* regni *add. K* ‖ ponthificibus et *post* conuocatisque *add. α* ‖ principibus *αJβδ*: primatibus eis *K* ‖ iudicauit *H om. K* ‖ eis *post* indicauit *add. G* ‖ corporis sui *G* ‖ predixit *post* corporis *add. K* ‖ imminere - 8, 5 dominum *αJβδ*: et sic perceptis sacramentis ecclesie migrauit ad dominum *K* **8, 4** et[1] *om. δ* (*et Osualdus in serm. 2*) ‖ lamentum *β* ‖ et[2] *om. Jβ* ‖ gementium *om. J* (= *codd. rec. II et III*) ‖ mortem *EQδ* (= *Osualdus in serm. 2*): morte *αH* (= *Osualdus in serm. 1*) de morte *J* (= *codd. recc. II et III*) ‖ in *αβδ*: ad *J* (= *codd. rec. II et III*) **8, 5** pius *Jβδ*: prius *α* ‖ rex *om. F* ‖ mors regis *i. m. add.* (*an eadem manu?*) *M* ‖ in *om. JG* ‖ et[2] *om. G* ‖ feliciter *αJEδ*: fideliter *QH* ‖ V^o kl. Iulii *post* dominum *add. γ* **8, 6** autem *VJβδ*: ergo *F* ‖ eum *αJβδK*: illum *A* ‖ in *post* eum *add. J* ‖ per tres annos *post* multitudo *add. K* ‖ Hungarorum … populus *om. K* ‖ clericus *Q* ‖ et[1] *om. γ* ‖ plebeius *post* populus *add. γ* ‖ in unum simul *F* ‖ miraculis uero claruit innumeris et adhuc pluribus claret, que dominus per eum dignatus est operare *post* pauper *add. K, qui cod. hic desinit* ‖ iuuenes et uirgines *om. O* virgines et iuuenes *F* ‖ iuuenes … lugubribus *om. G* ‖ iuuenes … siluerunt *om. J* ‖ et[3] *om. V* ‖ continuo *γOI*: et tunc *V* tunc *F* ‖ in uestibus lugubribus *om. O* ‖ lugubribus *om. I* lugubris *Q* ‖ squalidi *αβI*: stolidi *γ* squalidis *M* ‖ coreis *F* ‖ et[4] *αβGI*: in *O* ‖ omnis generis *α* ‖ genus *om. E* ‖ et[5] *om. α* ‖ delinitiua *αβOI*: omnia *G* ‖ et *post* delinitiua *add. Q* ‖ luctus *om. γ*

9, 1 autem *FJQHδ*: ante *V om. E* ‖ sui fideles *H* (= *Osualdus in serm. 2*) ‖ corporis *H* ‖ ipsius *αJβI*: suum *γ* (= *serm. cod. Albaiul. 105 fol. 70^(ra)*) ‖ Albam *EQ* (= *serm. cod. Albaiul. 105 fol. 70^(ra)*): Varadinum *αJHδ* (= *Osualdus in serm. 1 et 2*) ‖ deferrent *V* deferre *F* offerrent *H* ‖ prae *VJβδ*: pro *F* ‖ fatigati *αJHγ* (= *Osualdus in serm. 2*): defatigati (-ri *M*) *EQI* **9, 2** cumque *αJEHδ*: cum *Q* ‖ sapore *F* (= *cod. D* rec. *II*) ‖ graui *Q* (= *cod. S rec. II*) ‖ iusto α*JEHOI*: solito *G* iuste *Q* ‖ more *post* iusto add. α ‖ demorarentur α*JEQI*: dormirentur *O* dormirent *G* demorantur *H* ‖ fuit α erat *QHG* (= *rec. II*) ‖ eius *JβI*: regis γ *om.* α ‖ omni *post* sine add. *G* ‖ subiectione γ subuentione *H* (= *cod. R rec. II*) ‖ et *om. Jγ* ‖ omni *om. F* ‖ Varadium *F* ‖ ultro *om.* δ (= *codd. SC rec. II*) ‖ ferebatur α*J* (= *rec. II*): cucurrit β ducitur δ (= *Osualdus in serm. 1 et 2*)   9, 3 illi autem euigilantes γ ‖ euigilantes *E*γ (= *codd. SCD rec. II; serm. cod. Albaiul. 105 fol. 70ra et Osualdus in serm. 1* [uigilantes *tamen in serm. 2*]): uigilantes α*JQHI* (= *cod. R rec. II*) ‖ non αβδ: minime *J* ‖ contristari *FG* ‖ ualde *post* contristati *add.* α (= *rec. II et serm. cod. Albaiul. 105 fol. 70ra*), nimium *ibid. add.* γ (*om. Osualdus in serm. 1 et 2*) ‖ hinc inde *post* loca *add.* γ ‖ querentes *post* discurrere *ad.* γ ‖ inuenerunt (*om.* -que) α (= *serm. cod. Albaiul. 105 fol. 70ra*) ‖ currentes α ‖ corpus sanctum *G* ‖ positum in eo iacentem (iacens *G*) γ   9, 4 regis Ladislai *post* beati *add.* γ ‖ confessoris *VJβδ*: offensoris *F* ‖ praeelegerat *VEHOI*: elegerat *FQG* (= *rec. II*) preelegit *J* ‖ defertur αγ deferetur *E* ferretur *J* ‖ et *post* agentes *add. F* ‖ dominum α*JEH*: deum *Q*δ

10, 1 *10, 1 desinit J* ‖ insisteret α ‖ de αβ*I*: ex γ ‖ circumastantibus *Q* ‖ dicebat β*OI*: dixit α dicebant *G* ‖ eius^2 *om.* αδ (= *Osualdus in serm. 1 et 2*) ‖ fetet *E* ‖ reliquis *VEH*δ: ceteris *Q om. F* ‖ suauissima *V* ‖ odoris *om.* α ‖ flagrantiam *E* fragrancia *H*   10, 2 est igitur α*EHO*: est *GI* (= *cod. B rec. III et Osualdus in serm. 1 et 2*) enim est *Q* ‖ ilico ... illius (est *post* mentum *add. H*) βδ: mentum eius illico α 10, 3 mirabiliter α ‖ clamabit *F* ‖ dicens *post* clamabat *add.* γ (= *rec. II*) ‖ dei *om. F* ‖ procedens *E* proiciens *G* ‖ ad αβδ: ante *M* ‖ beati: sancti *Q* (= *cod. S rec. II; rec. III*) ‖ regis *post* Ladislai *add. E* (= *cod. S rec. II*) ‖ implorauit δ (= *Osualdus in serm. 1 et 2*)

10, 4 est *om.* α ‖ itaque α*EH*δ: igitur *Q* ‖ sui αβδ: sue *M* ‖ dorso que *G* ‖ q(uae) βδ: qui α (= *cod. B rec. III*) ‖ eius^1 *om.* αγ (= *cod. T rec. III et codd. SC rec. II*) ‖ inherebat α (= *rec. II*) ‖ miraculum *add. (an eadem manu?) i. m. M* ‖ recuperat α ‖ sed *F*βδ: si *V* ‖ cutis^2 α*QH*δ: carnis *E* ‖ in mento (mente *Q*) α*EQ*δ: iumento *H* ‖ occaluit *QHOI*: os caluit α permansit *E* apparuit *G* (= *cod. B rec. III*)

11, 1 quidam: quide(m) *V* quidem *H* qui quidam *Q* ‖ etiam *post* quidam *add.* α ‖ necessitate urgente δ (= *Osualdus in serm. 1*) ‖ prius (!) rex patri suo α (prius et *cod. S$^{i.m.}$ rec. II*) ‖ pater *post* quam^1 *add. Q* ‖ furto γ furtum *H* ‖ sublatum *F* (= *cod. N rec. III*) ‖ confixit *HO* (= *cod. R rec. II*)   11, 2 per sententiam itaque iudiciariam (itaque *add.* etiam *post* iudiciariam *O*, ita *ibid. add. G*) dictum (-atum *G*) est βδ (= *Osualdus in serm. 1*): rex igitur Stephanus Colomanni filius hanc causam tunc Valthero Varadiensi episcopo legitimo fine terminandam commisit, qui de meritis beati regis certissime confidens inspirante domino sic adiudicauit α (= *rec. III; sim. serm. cod. Albaiul. 105 fol. 70ra*) ‖ poneretur ... sancti (sancti *om. M*) ladislai δ (= *Osualdus in serm. 1*): super sepulcrum sancti (beati *F*) Ladislai poneretur α (= *rec. II*) poneretur super (supra *Q*) cherubin sepulcri beati Ladislai β ‖ comprobaretur *E*γ probaret *H* probaretur *Q* ‖ quis (qui *O* [= *Osualdus in serm. 1*]) αγ (= *cod. C rec. II*): uter (aliquis *post* uter *add. E*) β*I* (= *codd. SR rec. II*) ‖ illorum αβγ: eorum *I* (= *Osualdus in serm. 1*) ‖ iuste *om.* α ‖ habere deberet *G* (= *cod. C rec. II*)   11, 3 igitur *om. F* ‖ de^1 *om. H* ‖ cum *post* praesumendo *add.* α ‖ de *post* accepturus *add. F* ‖ appropinquaret α appropinquat *O* ‖ statim (*om.* -que) α ‖ occidit *F* ‖ nec^2 αβγ (= *Osualdus in serm. 1*): neque *I* (= *rec. III*) ‖ consurgere α fugere *I*   11, 4 humiliter ad sepulcrum *G* (= *cod. R rec. II*) ‖ deo *om. H* ‖ agens α*EH*δ: egit *Q*

12, 1 *12, 1-7 om.* α ‖ deus *om. H* ‖ sanctum *post* suum *add. O* ‖ suum sanctum confessorem *G*   12, 2 nam *om.* γ ‖ canonizatio eius *i. m. add. M*   12, 3 priuationem (p(re)uationem *I*) *QH*δ: preuaricationem *EM* ‖ et *post* priuationem *add. G* ‖ ingressibili β ‖ miracula *add. i. m. M*   12, 4 caeci *om. E* ‖ meriti *H* ‖ ladislai beati *O*

|| regis *om.* γ || sunt *om.* γ || oculis *om. G* || cedulae *om. G* || etiam *post* qui *add. I* || ueritati testimonium *I*   12, 5 multis γ aznei (?) *H* muti *Osualdus in serm. 1 et 2 (l. fort. recipienda)* || relaxati *H* || uinculis *EQδ*: miraculis *H* || recte *EHδ*: r(ati)o(n)e *Q* || perceperunt β: ceperunt *I om.* γ   12, 6 uariis (*om.* -que) γ || attriti *EQδ*: detenti *H* || eius² *Eδ*: ipsius *QH*   12, 7 singuli quoque *EQGI*: singulique *O* singuli uero *H* || piissimi *O*   12, 8 etiam *om.* α || canonisacionis hora *G* (= *cod. R rec. II; qui ibi solus exstat*) || puer *αβI*: pauper γ || cui *om.* α || ossibus¹ *Vβδ*: omnibus *F* || penitus *αEHδ*: penitens *Q* || fluctuabat *Q* || qui *post* fluitabat *add. V*, quia *F* || eiusdem sancti *βδ*: beati ladizlai α || increscentibus *βδ*: uirescentibus α || perfectam *Vβδ*: prefecta *F* || manum *E* || percepit *E* accepit *QH* || sanitatem suscepit α   12, 9 eandem *Q* || diei hora α || hora *post* sexta *add. V* || steterit *F* || super *F* || monasterio *Eγ* || eius corpus *αQH*: corpus eius *EI* eius *om.* γ || positum *om. H*   12, 10 hoc *FEQI*: hic *VH* hec γ || extra *αβγ*: contra *I* || fere duarum *αEQγ*: duarum fere *HI*   12, 11 uero *post* leprosus *add.* α, quoque *H* || quoque *post* quidam *add. E* || ueniens: uiuens *H* || uia *Vβδ*: uita *F* || hoc transacto *post* est *add. Q*   12, 12 haec *VEδ*: hoc *FQH* || autem *om. Q* || domini *post* anno *add. FQ* || anno *om. I* || CCIIII γ MCCIIII anno *E* MCC anno IIII *H* || iulii *αEQ* iulii *punctulis del. ante* iunii *G* || cum *post* die *add. F* || ipsa *Q* || canonicis *βδ*: cum meis *F om. V* || in ecclesia *post* canonicis *add.* γ || sua *post* bracchia *add. G* || in pectore *Q* || inextricabiliter *scripsi*: inexecrabiliter αβ *om.* δ

13, 1 *desinit* α || sed et in (sed in *E*) *βI*: cuius et γ || partibus *QHδ*: temporibus *E* || latum *M* || patentibus *Hγ* (= *cod. R rec. II; qui ibi solus exstat*) || circumiacentibus γ || plurima *om.* γ || patrocinia *βI*: preconia γ || exhibita sunt *I* || tediositas prolixitatis γ || legentibus *om. E* || ingeret *O*   13, 2 sunt scripta *G* || legentes et audientes β: audientes et legentes δ || piissimi *EHδ*: sanctissimi *Q* || regis *om. I* || et² *om. Eγ* || consequamur *O* || *post* nostro *desinit G* || uiuit ... amen *βI*: et cetera *O* || deus *om. H* || per omnia secula (saecula *om. Q*) *EQI*: in secula *H*

in H post amen *haec sequuntur*: Erat autem sanctus ladizlaus, ut habetur in cronica hunorum, filius bele, qui fuit de genere sancti stephani regis habens fratres duos, scilicet endre et leuente, qui propter reg<n>i ungarorum a petro theutonico ereptionem permiserunt ungaros a fide apostatare, sacerdotes, episcopos et alios christicolas occidere. Tempore quorum sanctus gerardus est occisus. confrater eorum bele nomine existens in polonia aput ducem miscam dilectus accepit in uxorem filiam eiusdem ducis, de qua in polonia existens genuit duos filios, quorum unus geisa, alter autem latislaus nomine aui sui est uocatus ('in Polonia ... uocatus' *sunt uerba sumpta e Chronicis Hungarorum, ed. A. Domanovszky in Scriptoribus rerum Hungaricarum I, Budapestini a. 1937, p. 335, 28sq.*). Qui quidem bela de polonia cum filiis suis descendit ad fratrem suum andream in ungariam anno domini 1041 et dimisso regno ungarie obtinuit tertiam partem regni ut dux. Et post hec contra uoluntatem fratris sui factus rex ungarorum post mortem eius. Quo mortuo, sc. patre sancti ladizlai, salomon filius andree per adiutorium imperatoris theutonicorum, quia erat socer eius, regnauit. Sed geisa frater sancti ladizlai fuit dux, qui postmodum discordia facta factus fuit rex contra salomon, post cuius mortem coronatus est sanctus ladislaus adhuc uiuente salomone. In cronica ungarorum de ipso sic scribitur: '...', *sc. accedunt uerba allata e Chronicis Hungarorum, ed. A. Domanovszky in Scriptoribus rerum Hungaricarum I, Budapestini a. 1937, p. 403, 29 - 420, 25 (rec. S), quae his in lectionibus discrepant*: 403, 29 uero *om.* || geythe *post* morte *add.* || 404, 1 populi *pro* parili || 404, 2 magis uere || 404, 10 fulgens || 404, 14 - 405, 11 haberet *om.* || 405, 12 dispensationi || 405, 16 in quibus *pro* ubi || 405, 17 sanguinis || enim *pro* quidem || 405, 20 leuitate || 406, 1 - 6 enim *om.* || 406, 7 ipse amat *ante* rem *add.* || 406, 8 primus *pro* prius || 406, 9 cum autem - 420, 9 *om.* || 420, 10 ut habetur in cronica hungarorum annis 19 *post* autem *add.* 420, 11 ac diebus tribus *om.* || 420, 15 cuius - 420, 20 *om.* || 420, 23 quem *pro* ipsum || 420, 25 in *om.* || tempore || facta sunt *pro* mala, *quibus uerbis haec succedunt*: mortuus est anno domini III4º (?). Cui successit stephanus filius eius. Mortuus est anno 1131. Cui successit uela cecus.

Apparatus criticus ad recensionem II pertinens

codices:
SC = ε *(om. 12, 1-12; 13, 4 desinit) [C om. etiam 1, 2-5; 2, 2-3* meditatione*; 2, 4sq.; 3, 1sq.; 5, 1; 6, 4; 7, 6; 8, 1* dum - *8, 2* igitur*; 9, 1; 9, 2* qui *- 9, 4* comprehendere*; 9, 9-11; 10, 4]*
R
D *(om. 1, 2 - 2, 5* inclinauit*; 3, 1 - 5, 1; 6, 1; 6, 4; 7, 6 - 9, 11; 10, 4 desinit)*

tit. confessore ac *post* Ladislao *add. C* uita sancti ladizlai regis hungarie die XXVIII septembris **R**
1, 1 progenitus **RD**: exortus **C** *om.* **S** || in ipso ... praeferebat et *om.* **D** || habitus corpore **R** || uigore *post* et[1] *add.* **S** || proferebat **R** || et[2] ... infantulus *om.* **C** || infantulus natus premonstrabat **D** || gloriam itaque humanam et mundanam, diuitias etiam et dignitates, potentiam similiter et uoluptatem contempsit *post* futurus *add.* **D**   **1, 2** *1, 2-5 om.* **C** || *1, 2 - 2, 5* inclinauit *om.* **D** || nimium **R** || sui decore corporis **R**: sui de corpore **S** || indole **R**: bone indolis **S** || pure **R** || ostenderetur **S** || cuius uicem **S**: Ianime iure **R**   **1, 3** uideretur **R** || ei **S**   **1, 4** quippe **R**: itaque **S** || huius *post* nominis *add.* **S** || p(er)agoge(m) **R** paragogem **S** || autem **S**: aut **R**   **1, 5** data *om.* **S** || nomen *post* gloriosum *add.* **R**
2, 1 gradum discretionis **S** || uiri **S** || pro fide notitia **R** notitia per fidem **C** || illi *om.* **C** || extimaret **R**   **2, 2** *2, 2-3* meditatione *om.* **C** || fidei spei caritatis **R**: spei et fidei **S** || fundatis in animo **S** || consentaneus **S** || sequens **S** || promptum (*om.* -que) **S** || atque **R**: et **S**   **2, 3** qua **CR**: contra **S** || est *post* fortis *add.* **R** || uiriliter ε: umlr (= umiliter?) **R** || erat *post* uiriliter *add. s. l.* **S** || sublimitate **S** || affluencia **S** || uiri **S** || effectus **S**   **2, 4** *2, 4sq. om.* **C** || etiam *post* diuitias *add.* **S** || quod **S**: quia **R** || nichil fatigant **S**: nichilo faciat **R** || intra **S**: in tot **R**   **2, 5** quippe *add. i. m.* **S** || illum[1] **S**[a.c.], *perperam in* illud *mutatum p. c.* || incessabl **S** intestabili **R** || illum[2] ... summe *om.* **S** || inseparabili **R** || ad inimicas **S**: adminutus **R** || animus **R** || regum **SD**: rerum **R** || propter[1] **SR**: semper **D** || et mundana propter deum *om.* **R**   **2, 6** igitur **SR**: itaque **C** *om.* **D** || deuotus et fidelis ε || creatorem ε**D**: creatione **R** || afflictis **R** || necessitatum **S**[a.c.]: -e **S**[p.c.] -em **CRD**
3, 1 *3, 1sq. om.* **C** || *3, 1 - 5, 1. om.* **D** || ornatus **S** || etiam **S**: autem **R** || uiribus ... deum **R**: uirtutem et uenustatem **S**   **3, 2** uultus **R** || eminens **S** || plenitudine **R** (= codd. Qγ *rec. I; rec. III*) || corporis species **R** (= *recc. I et III*): dispositio corporis **S** || declarabat **S**[p.c.] (-ret *a. c. scriptum fuisse nobis uidetur*)   **3, 3** in superbie tumorem non **C** || et *post* elatus *add. s. l.* **S** || non aliorum ... occupauit *om.* **C** || ei ... acceptis *om.* **C** || bona *om.* **S** || de beneficiis **C** || gratias *add. s. l.* **S** || in se sensit **C** || cultu **CR**
4, 1 prouidencie **S** || occultatum ε || latitaret uel lateret **R** || ne ... otiosa *om.* **C** || tanta *om.* **S** || adhuc ε: ad **R** || aderat ... erudiret *om.* **C** || iam *om.* **S** || scilicet **S**: scribit **R** || suum[1] *s. l. add.* **S** || uirtute patroni **S**   **4, 2** itaque **SR**: est **C** || et prius *om.* **R** || ducatus *om.* ε || tandem ... dicentium *om.* **C** || triumphantibus **R** || nec **R**: nequaquam **S** || rege Salomone **S** || rectore **R**: ratione **S** || potestate **R** peccatis **S** || honoris **C** || regni gubernacula **R**: regni gubernaculum **S** regnum **C**   **4, 3** occupari **S** || ungi ε || in signa **R** || regis *om.* **R** || cum *om.* **R** || deferri cum honore ε || non officium **C** || adimplebat **R**

5, 1 5, 1 om. *C* || ac *R*: aut *S* || exhibuit *S* (= *cod. P rec. III*) || explicatio *R*   **5, 2** non enim *SD*: non *R* non eciam post acceptam dignitatem *C* || bonum *om. D* || illud¹ ... perquirebat *om. D* || illud² *om.* ε || indeficiencium *C* || perquirebat ε: perorrebat *R*   **5, 3** itaque ε*D*: autem *R* || affatu ε*R*: affectu *D* (= *codd. rec. III*) || iustus in iudicio *om. R*   **5, 4** in uigiliis *R* || et¹ *om. R* || et elemosinis *add. i. m. S* || populi peccata *R* (= *codd. EQ rec. I*) || plangebat *R*: lugebat ε*D* || periculis se *D*   **5, 5** tres *R* || ecclesias episcopales *S* || sufficienter *C* || redditibus dotauit ε || ecclesias per ungariam *D*

6, 1 6, 1 *om. D* || comprobarent experimenta *C* || compararet *R*   **6, 2** quadam siquidem ε*R*: legitur quia quadam *D* || Varadinense *CR* || subiit ε*R*: intrauit *D*   **6, 3** factum ... dum (cum *C*) ε*R*: dum autem *D* || eius *om. C* || solus eum expectabat foris *S* solus erat foris expectabat *C* (solus eum foris *cod. J rec. I*) || a(u?)t(em?) *post* nimia *add. C* || introspexit *R*: intro prospexit *SD* (= *codd. JH rec. I*) intro respexit *C* || aere *SRD* (= *codd. QHI rec. I*)   **6, 4** 6, 4 *om. CD* || constitutum *R*: existentem *S* || sanctitas *om. R* || consortia *R*

7, 1 post hec ε*R*: legitur etiam quia *D* || bissennorum ε uissennorum *D* || eruperunt *D* || illuc uiri *D*   **7, 2** sequens *C* || quod ε*D* (= *codd. EI rec. I*) || manducabant *D* (-bat *cod. Q rec. I*)   **7, 3** periclitaret *R* || auersus *R* || ipse *om. R* (= *cod. F rec. I*) || ipse seorsum *om. D* || seorsum *om. C* || et² *add. s. l. S* || in *om. R* || ut qui ... interire *om. C* || filiis *D* || plures *add.* supra pluens *alia manu S* || nutriuerat *R* || populum christianum *S* || fames *R* fructus *D*   **7, 4** cumque *RD*: cum *S* et cum *C* || surgens *om.* ε*D* || feritate deposita *C* (= *cod. P rec. III*)   **7, 5** ergo *om. R* || quisque *S* || ex *CD* (= *codd.* α*EQI rec. I*): de *SR* (= *codd. H*γ *rec. I*) || deum *S*^(i.m.) *signo post* laudantes *inserendum indicante* || deum ε*D* (= *codd. V*βδ *rec. I*): dominum *R* (= *cod. F rec. I*) || talem *om.* ε*D* (= *codd. E*γ *rec. I*) || fuerant misericordiam *S*   **7, 6** 7, 6 *om. C* || 7, 6 - 9, 11 *om. D* || dominus *R*: deus *S* || oportunitatem *S*: bonitate *R*

8, 1 iste *om. C* || seruus *SR*: famulus *C* || dum ...   **8, 2** igitur *om. C* || summo *S*: superno *R* (= *cod. P rec. III*) || facere *om. S* || ei *S*: enim *R* || dignatur *S*   **8, 2** summi ε (= *rec. III*): suppremi *R* || beati *R*: sancti ε || aeternae *om. S* || demonstrabat ε || demonstrauit eterne *R* || hemerici *S* heinrici *C* || qui cum ... sancti *om. C* || dux *post* esset *add. R* || igitur *post* peteretque *add. R* || diuinitus sibi *R* || deo *add. s. l. S* || esse *om. S* || uoluptatem *R* || successiue *R* || gerhardi *S* gherardi *C* || quoque *post* Gerardi *add. C* || andi et bndci *R* || eleuari fecit *R*

9, 1 9, 1 *om. C* || ergo *R*: quoque *S* || ei *om. R* || quid³ *R*: quod *S* || graciosius *R*   **9, 2** statuit *SR*: proposuit *C* || igitur *SR*: quoque *C* || si oporteret ε: se oportere *R* || qui ... 9, 4 comprehendere *om. C* || esset *add. s. l. S* || gloriae *om. S* || et² *S*: in *R* || crucis *S*: cunctis *R* || redimendis *S*: remediis *R*   **9, 3** de sanctis admirari *S* || cum *S*: tum *R* || summum *S*: supreme *R* || quondam *S*: quandam *R* || ostenderet *R* || eliquauerit *S*: ditauerit *R* || ut *om. S* || sic *S*: sicut *R* || eis *S*: illis *R*   **9, 4** mediocrum *R* || suppremum *R* || comprehendentem *S*   **9, 5** uotum *C*: notum *SR* || franchorum *R* || lotoringorum *SR* || alamanorum qui idem *R* || iter peregrinacionis eiusdem (*om.* idem) *C* || confouentes *S*   **9, 6** sui *om. S* || boemos *R* || et *post* est *add. R* || iam *om. R*

9, 7 de morte ... regis *SR*: regem *C*   **9, 8** piissimus *om. R* || quem³ *om.* ε   **9, 9** 9, 9-11 *om. C* || iuratorum *S*: innatorum *R* || specto *post* triumphatoris *add. R* || destituta *S*: destinata *R*   **9, 10** o diuine *S*: ordinem *R* || inestimabilem *S*: ineffabilem *R* || magnanimum in publicis *om. R*   **9, 12** (7.8.) planxit autem ε*R*: post mortem eius planxit *D* || simul ... uirgines *om. C* || simul *SR*: omnes *D* || et³ *om. R* || squalidi continuo *om. D* || musice *D* || generis *om. R*

10, 1 de corpore ε*R*: corpus *D* || in waradinum transferrent *D* || scilicet ε: uidelicet *R om. D* || se sepeliri *CD* (= *cod.* ζ *rec. III*) || ob ε*D*: ad *R* || et¹ *om.* ε*D* || in *om.* ε (= *cod. N rec. III*) || albensi ecclesia *D* || proprius *R* (= *cod. N rec. III*) || erat *om. R* || declinandi *R* || ac: aut *D* || fatigati *om. D*   **10, 2** sapore *D* (= *cod. F rec. I*) ||

sopori graui *S* (graui et cod. *Q rec. I*) || iusto ε*R*: intro *D* || eius *om. C* || subuentione *R* (= *cod. H rec. I*) || omnique adminiculo *om. D* (= *rec. III*) || Varadinum *om.* ε*D* uoaradisnum *R* || ultro *om.* ε (= *cod.* δ *rec. I*)   10, 3 euigilantes ε*D* (= *codd. E*γ *rec. I*): uigilantes *R* (= *codd.* α*JQHI rec. I*) || et[1] ε*D*: etiam *R* || uoaridistium *R* || ultro *om. D* || eodem *R*   10, 4 *10, 4 om. C* || uidentes itaque *SD*: uidentesque *R* || uidelicet *om. D* (= *rec. I*) || beati *RD*: sancti *S* || confessoris *SR*: Ladislai *D* || ipse *SD*: ubi *R* || omni *om. D* || sine omni dubitatione *post* haesitatione *add. R* || uersus Varadinum *om. S* || uoaradistium *R* || direxerunt *S* (= *cod. N rec. III*): duxerunt *R* (= *cod. B rec. III*) duxerunt, ubi multa signa et miracula per ipsum illustrantur et cetera *D*, *qui liber hic desinit*

11, 1 et officium ... exhibentes *om. C* || eius ε (= *rec. I; cod. B rec. III*): ipsius *R* (= *codd.* ς*N rec. III*) || omnibus *om. R*   11, 2 ilico *om.* ε || illius *R* (= *rec. I; cod.* ζ *rec. III*): eius ε (eius *cod.* ς *rec. III*)   11, 3 ipsum *om. C* || uidens ulcione diuina *C* || uidens *om. R* || sancti Ladislai regis *S*: eius *C* sanctissimi Regis Ladizlai *R* || misericordiam eius *om. C* || implorabat ut sanaretur *R*   11, 4 mento suo ε || eius[1] *om.* ε (= *codd.* αγ *rec. I; cod. T rec. III*) || recuperauit *scripsimus coll. rec. I*: recuperabat ε receperit *R*p.c. (receperauit *a. c., ut uidetur*) || occubuit *R*   11, 5 omnipotens *post* igitur *add. C*

12, 1 *12, 1-12 om.* ε || ipse *scripsi*: tps *R* || operis *R* || perficere *R*   12, 4 proprius *R*   10, 6 trasignans *R*   12, 9 eidem *R*, *cf. rec. III* || comprotauit *R*   12, 10 damna *R*, *cf. rec. III* || lugubres *R*, *cf. rec. III* || coagulati *R*   12, 11 ostentationem *R*, *cf. rec. III* (*ubi tamen cod. B item* ostentationem *exhibet*)   12, 12 sanitatis *R*, *cf. rec. III* || et[3] *restitui sec. codd. rec. III, om. R* || habilitas *restitui sec. codd. rec. III*: immanitas *R*

13, 1 quidam itaque *R* (= *codd.* ς*N rec. III*): praeterea quidam ε || scutellam argenteam *R* || suam *om. RC* || prius *S*, pius *corr. i. m.* (prius *et cod.* α *rec. I*) || quam[2] ε: et cum *R* || esse *om.* ε || confixit *R* (= *codd. HO rec. I*)   13, 2 itaque ε: igitur *R* || iudicariam *R* (= *cod. B rec. III*) || sancti *SR*: beati *C* (= *cod. F rec. I*) || regis *post* sancti *add. R* || ut comprobaret (-probr- *S*) dominus *SR*: ut dominus ostenderet *C* || quis *C* (= *codd.* αγ *rec. I*): uter *SR* (= *codd.* β*I rec. I*) || iuste eam *R* || habere deberet *C* (= *cod. G rec. I; cod. B rec. III*)   13, 3 de se nimirum *R* || sepulchro (-um *S*) appropinquauit ε: ad sepulcrum accessit *R* || quasi ε: ut *R* || meruit *post* scutellam *add. R* (*et cod. B rec. III*) || recipere *S* || potuit *R*   13, 4 pauper *om. R* || miles uero *R* || miles *om. S* || humiliter ad sepulcrum *R* (= *cod. G rec. I*) || quod ... agens *SR*: et deo gratias agens quod suum erat *C*

14, 1 *hoc ex loco usque ad finem solus R exstat*   14, 2 priuationem *scripsi sec. rec. I*: post nationem *R* || diuiutna *R* || annuendum *scripsi sec. rec. III*: timendum *R* 14, 3 implorato ... *14, 4* uariis *om. et add i. m. R* || sunt *suppleui e rec. I, om. R*   14, 4 paralytici *scripsi sec. rec. I*: ceci *R* || languoribus *suppleui e rec. I, om. R* || attriti *scripsi sec. rec. I*: attenti *R*   14, 5 manuum *scripsi collata rec. I*: maximum *R*   14, 8 plurium *R*

15, 1 et *om. R, suppleui ex rec. I* || patentibus *R* (= *codd. H*γ *rec. I*) || Deo *om. R, suppleui ex rec. I*

Apparatus criticus ad recensionem III pertinens

codices:
LT = ς
NB = ζ *(N inde a 7.3; 7.7; 11.2 om.)*
P (usque ad 6.7; 3.9-4.3; 4.5 illud ... -5.6; 5.9; 6.5-6 om.)

tit. *om.* *P* rege Hungariae *om.* *B*
1, 1 beatus *om.* *P* (= *cod. G rec. I*) || Ladislaus rex *P* (= *cod. G rec. I*) || ortus *P*
1, 2 nimirum *om.* *P* || ipsius ςB: eius *P* || inclitus *om.* *P* || bela primus rex *P* || ad *post*
cuius *add.* *T* || ordinata ςB: adornata *P* || legalibus *P* || opulenta *P* || tam ςB: ita *P* ||
emicuit *B*   **1, 3** plenius *B* || copiae ςP: capre *B* || fere *om.* *P*   **1, 4** uterinus *om.* *B* ||
adeo ςP: in tantum *B* || fuit decoratus *P* || fuit *om.* *B* || sanctitati *B*
   2, 1 gra(tia) *B*   **2, 2** operi suo *B* || disposicione *P* || elegans *om.* *P* (= *rec. I*)
mentis *add.* ςB   **2, 3** primis *om.* *P* || exortus ςP: exactus (?) *B*   **2, 4** ethimologiam *P*
|| dicitur *om.* *B* (*add. et postea del. post* populus) || laos ... paragogen *om.* *P* ||
anagogen *B*   **2, 5** quo ςP: qua *B* || surrexerat ς: surrexerit *P* surrexit *B*
   3, 1 et[1] *om.* *P* || ei *om.* *P* || super aetatis incrementa (*correxi coll. codd.* εR *rec.*
II): superatis et in incrementa ς incrementa superans *P* incrementa sup(eris) ei *B* ||
uirtutis *trad., sed* discretionis (= *rec. II*) *melius conuenit* || gradus *B* || pura *B* (= *rec. I*)
   3, 2 sancti spiritus ς (= *cod.* Eδ *rec. I*): spiritus sancti *PB* (= *cod. JQHK rec. I*) ||
atque sibi *B*   **3, 3** albesceret ςB (= *cod. J rec. I*): alluderet *P* (= *cod.* δK *rec. I*) || iam
om. PB (= *cod.* δK *rec. I*)   **3, 4** itaque ςB: autem *P* || Christus *P* (*fort. de suo aut e*
quodam codice recensionis I suppleuit): *om.* ςB || et *post* ueram *add.* *B* || prophetarum
patriarcharumque ςB: patriarcharum et prophetarum *P* (= *rec. I*)
   3, 5 omnipotenti *om.* *B* || spiritus sancti *B* || aedificauit ςP: fundauit *B*   **3, 6**
caritate ςB: misericordia *P* (= *rec. I*) || subleuator ... miserator *om.* *B* || et *om.* *B*
   3, 7 bonis ςB (= *codd.* δJ *rec. I*): donis *P* (= *cod.* β *rec. I*) || eum ςP: quadam *B*
|| p(re)rogata(m) *P* || preeminentem *P* (= *cod. J rec. I*) || communem supra *P* ||
utiliorem *post* ualorem *add.* *P*   **3, 8** et[1] *om.* *P* (= *codd. JI rec. I*) || quippe ςP:
quoque *B* || procuus *P* || ita quod ς: ita ut nempe quod *P* itaque *B* (= *cod.* γ *rec. I*) || ex
ubertate *B* || ipsum dignum *P*   **3, 9** 3, 9 - 4, 3 *om.* *P* (= *rec. I*) || tantam ...
preeminentiam *B* || est tumorem *B* || iura ς: uitam *B*
   4, 1 nutu *B* (= *rec. II*): mira ς || prouidente *restitui sec. rec. II*: prouidentia ςB ||
tantum ς: tam *B* || p(re)resentim *L*, *corr. littera* r *s. l. addita* || prouido adhuc *B* ||
lectore ς r *supra* l *adscr.* *L* || et[1] *om.* *B*   **4, 2** sepius ς: septus *B* || triumphans ς ||
eorum *post* rege[2] *add.* *B* || et *post* detento *add.* *B* || consessu[1] *B* || dicentium (*correxi*
coll. codd. SR rec. II): decentium ς dientium *B* || aut aut *B*   **4, 3** habere *B* || festinauit
coronari *B*
   4, 4 dignitatis regie *P* || suscepto officio dignissime *B* || exhibuit *P* (= *cod. S rec.*
II) || queat ςB: possem *P* || explicare *P* exemplificari *B*   **4, 5** bonum pre mente habens
semper *P* || illud[2] ... 5, 6 *om.* *P*   **4, 6** summam (*correxi coll. codd. S rec. II*):
suorum ςB (suroa(m) *cod. R rec. II*) || autem *post* mundi *add.* *B*   **4, 7** igitur *B* (=
codd. SR [itaque *C*] *rec. II*): ergo ς   **4, 8** affatu (*restitui coll. rec. II*): affectu ςBP ||
seuerus *B* (= *codd. rec. II*): serenus ς (*librarius uidit, puto, epithetum* seuerus *male*
quadrare cum uerbis rigorem iustitiae lenitate temperans misericordiae, *quae in*
recensione III, propter transitum a textu recensionis II ad textum recensionis I in hac
ipsa pragrapho factum, proxima sequuntur) || tam non *L* || timuit *post* iudicari *add.* ς ||
terribilem *B* || iis ς: illis *B*   **4, 9** lenitat(is) *B*   **4, 10** regem *T*   **4, 12** re et nomine *B*
   5, 2 eius[1] *om.* *T* (= *cod. H rec. I*) || narrat *B*   **5, 3** duos quoque *B*: duosque ς (=
cod. Q rec. I)

5, 5 uiuam ς: uiuentem *B*   **5, 7** nocte quadam (siquidem *om.*) *P* (siquidem *om. et codd. rec. I*) || monasterium Varadiense ς*B*: dum in monasterio Waradiensi *P* || suam *post* consuetudinem *add. P* || subiit … *5, 8* dum *om. P*   **5, 8** solus eum foris *P* (= *cod. J rec. I*) eum foris solus *B* || nimio *P* || mora *om. P* || mirabiliter *om. P* || in ara in aiera *B*   **5, 9** nota *add. T*[i.m.] || *5, 9 om. P* (= *cod. CD rec. II*)

6, 1 post hec (hoc ς) ς*B*: quadam uice dum *P* || Byssenorum *om. B* || irruperunt ς*B*: inpeterent *P* || et illic … *6, 3* ab eis et ς*B*: contigit eos persequentem exercitum eius fame periclitari. quod uidens beatus rex ladislaus *P*   **6, 3** ab eis seorsum *B* (= *codd.* δ *rec. I*) || se *post* oratione *add. P* || prostrandus *P* || implorabat … *6, 4* cumque *om. P* || sineret *om. T*   **6, 4** *6, 4sq. om. P* || surgensque *P* || ab oratione reuerteretur *om. P* || obuiauit (*restitui ex recc. I et II*): obuiant *B* obuiat ς || obuiauit … simul *om. P* || exercituum *P* || cum feritate deposita *P*   **6, 6** eis et *scripsi coll. rec. II* (*sc. codd. SR*): eisdem ς*B* || op(er)nitate(m) ς, tu *add. T*[s.l.]

6, 7 seruus dei *P* || affectum *B* || summo ς*B*: superno *P* (= *cod. R rec. II*) || placitum *B* || cogitabat *T* || diuinitus potissimum *B* || suoque (*restitui ex rec. II*): suo ς*PB* || confouebat *B* (= *codd. SR [CD desunt] rec. II*): confouens ς fouebat *P* || puluerem *B*   **6, 8** eterne salutis *B* || hemerici ς*P* || peteret (*om.* que) *B* || offerri *B* || acceptius posset *B* || deo esse *B* || spem ς: sp(irit)us *B* || regno *B* || etiam *post* corpora[2] *add. B* || gerhardi ς

7, 1 ergo ς: igitur *B* || rebus *B* (= *codd. SR [C deest] rec. II*): diebus ς || uidens ς: sentiens *B* || diuine … indicia ς: circa se dilectionem diuinam esse inclitam *B* || unicum ς: initium *B*   **7, 2** mori si opporteret *B* || cum *om. B* || deus *om.* ς   **7, 3** autem *om. N* || regis uotum eius *scripsi coll. rec. II*: regis et uotum eius *B* regis *N* regisque nomen ς || se *post* lateque *add. N* || lotoringorum *B* || alemanorum *B* || idem *om. N* || iter peregrinationis *B* || conuouentes ς: commouentes ζ   **7, 4** regni[1] *om.* ζ (= *rec. I*) || prouectus *T* || profectus est in expedicionem *N* || profectus est *om. B* || regredi ς*N*: egredi *B* || cogitaret ς*N*: contingeret *B* || repentine *B* || conuocatis itaque *B*

7, 6 quem[1] *L*ζ: quam *T* (*librarius locum sanare conatus est, quia pronomen relatiuum ad insequens uocabulum 'dominum' spectare non uidit*) || quem[2] *LB*: quam *TN* (*cf. praecedentem notam*) || quem[3] *LB*: quam *TN* (*cf. praecedentem notam*)   **7, 7** 7, 7 *om. N* (= *rec. I*) || sacramenta iuratorum ς: iuramentorum *B*   **7, 8** *ante* planxit *inscr.* l(ectio) II *N* || autem *B* (= *codd.* ε*R rec. II*): ante ς*N* || et[3] ς: ac ζ || ultra ζ: intra ς

8, 1 scilicet *om. B* || se sepeliri ζ || longitudi(n)e *N* || et[2] *om. B* || in Albensem ς: albensem *N* (= *cod.* ε *rec. II*) ad albam *B* || p(ro)p(r)ius *N* (= *cod. R rec. II*) || interim ζ: iterum ς || tristitia et labore *B*   **8, 3** cum (*om.* -que) *B* (= *cod. Q rec. I*)   **8, 4** *ante* uidentes *inscr.* l(ectio) III[a] *N* || uidelicet ς*N*: scilicet *B* || beati confessoris corpus ζ (uidelicet *add. post* corpus *B*) || ei ς*N*: ab eo *B* || direxerunt *N*: reduxerunt ς duxerunt *B* (*cf.* direxerunt *cod. S rec. II*: duxerunt *codd. RD rec. II*)

9, 1 igitur ς*N*: ergo *B* || exiberent *B* || esse *post* sepulturae *add. et postea del. B* || ipsius ς*N* (= *cod. R rec. II*): eius *B* (= *cod.* ε *rec. II; rec. I*) || exiberit atque *ante* assisterent *add. B* || et *post* fetere *add. B* || omnibus ς: hominibus ζ   **9, 2** *ante* retortum *inscr.* l(ectio) IIII[a] *N* || retorsum *B* || igitur *om. B* (= *codd. GI rec. I*) || ilico ς*B*: ab eo *N* || illius ζ (= *cod. R rec. II*): eius ς (= *cod.* ε *rec. II*)   **9, 4** sue *B*[a.c.] || que ς*N*: qui *B* (= *cod.* α *rec. I*) || eius[1] *om. T* (= *cod.* ε *rec. II et codd.* αγ *rec. I*) || adherebat *B* || occaluit ς*N*: apparuit *B* (= *cod. G rec. I*)

9, 6 necessarium … dignitate *om. N* || necessarius *B* || modum *om. B* || sese ς: se *B* || hunc ς: h(abe)t *B* || corregnare ς: regnare ζ || eundem ς: eum ζ || sicut … eum (*pro* eundem ς) *ante* necessarius (*pro* -um ς) *adscr. B* || constituens … donauit ς*N*: in se Insuper digənitatem transfigurans sublimauit *B*   **9, 7** *ante* caecis *inscr.* l(ectio) V[a] *N*

|| itaque ς: namque ζ || gressus *N* || *post* defensionis *recte interpunxit N*   9, 8 ipsius ς*N*: eius *B* || sed ζ: et ς || tantam *scripsi coll. rec. II*: tanti ςζ || ut ... etiam ζ (= *cod R rec. II [ε deest]*): ut etiam ς   9, 9 *ante* quaedam *inscr.* l(ectio) VIª *N ibid. signum paragraphi B* || autem *om. N* || puella *om. B* || fuisset et *post* priuata *add.* ς || derelicta ς (= *cod R rec. II [ε deest]*): deiecta ζ   9, 10 dum ζ (= *cod R rec. II [ε deest]*): cum ς || oculorum *om. B*   9, 11 suos se iam *om. B*, se *om. et* ς || et *post* credebat *add.* ζ || eam ζ (= *cod R rec. II [ε deest]*): eandem ς || ammirantibus ς*B*: adiurantibus *N* || ostentationem *B* (= *cod R rec. II [ε deest]*) || *post* ammirantem *adscr.* (= *11, 2*) nimirum ... fecit t(antu)m q(uantu)m diuina potestas (*pro* pietas ς) indicaret annuendum obnoxiam ... deroganda (*pro* derogatum ς) *B*   9, 12 9, 12 *om.* ζ || m'itis *L, corr. littera a s. l. addita litterisque is punctulis deletis*

10, 1 *ante* quidam *inscr.* l(ectio) VIIª *N ibid. signum paragraphi B* || itaque ς*N*: namque *B* || sublatum *N* (= *cod. F rec. I*) || confixit ζ   10, 2 colomani ζ || waltero ζ || iudicariam *B* (*et cod. R rec. II*) || ladislai regis ζ || quis ... habere ς: inter illorum quis ... habere *N* inter illos, qui eorum iuste habere deberet *B*   10, 3 igitur ζ (= *codd. rec. II*): ergo ς || ad sepulcrum *om. B* || meruit *B* (= *cod R rec. II [ε aliter]*): meminit ς*N*

11, 1 cum ζ (= *cod R rec. II [εD desunt]*): dum ς || secundo *om.* ζ || canonizatum est *B* (= *rec. I*)   11, 2 *11, 2 om. N post 9, 11 adscr. B (cf. supra)* || „uid'etur„nichil *L signis „ ante litteras* u *et* n *inscriptis fortasse ordinem uerborum mutandum significantibus*   11, 3 regis *om. B*   11, 4 surdi (*om.* -que) *N* || et³ *om.* ς || diuturno tempore *om. N* || sancti *post* inuocationem *add.* ζ || infirmitatibus sunt *B*   11, 5 *ante* in *inscr.* l(ectio) IXª *N ibid. signum paragraphi B* || autem *post* ipsa *add. N* || ipsa *om. B* || eius *post* canonizationis *add. B*   11, 6 sanctum ς*N*: sacrum *B* || ipsius ς*N*: eius *B* (= *rec. I*) || et *om.* ζ || fere duarum ζ   11, 7 eius¹ ς*N*: ipsius *B* || praeuentu ... eius *om. B* (= *rec. I*) || eius meritorum *N* || est *post* mundatus *add.* ς*B, om. N* (*et cod. R rec. II [εD desunt]*) || curatori ς: creatori ζ || et *post* suo *add. B* || suo *post* regi *add. B* || ladislao *post* sancto *add. B* || actiones intulit *B*

11, 8 et multi *post* etiam *add. B* || et *post* nominis *add. N* || sancti nominis *B* || sancti ς*B* || sui *ante* regis *add. B* || sancti *post* regis *add. B* || hodie usque *B* || finis *post* amen *add. B*

Apparatus criticus ad recensionem IV pertinens

codices:
Y
X (*sc.* 1, 1-5)

praef. 2 emolimentum *Y*   **5** timendam: tim(or)e(m) D(omi)ni (*cf. 1, 1*) *suspicatur Coriarius, fort. recte*

1, 1 conualens *Y* || uerifici *X*: uenefici *Y* || semitam *Y* || pede calcans *Y*: calcans gressu *X* || sapientiam ... promeruit *om. X*   1, 2 etenim *om. X* || et¹ *om. Y* || protinus *X*: proximum *Y* || pugnare ... detrahentibus *Y*: cum carnis pugnare materia, superba humiliare, uane glorie non acquiescere, detractis et *X* || interesse *X*: adesse *Y* || intendere ... profusis *Y*: in psalmis et lacrimis et orationibus deum contemplare *X*   1, 3 nulla eum *Y*: nullas enim *X* || aura *Y*: aures *X* || nullus ... allexit *Y*: nullas blandientis feruore fauor inuexit *X* || tulit *Y*: capit *X* || accidia *YX* || cor eius *X*   1, 4 spiritus sancti *X* || aspirante *om. X* || cordibus *Y* || et *post* eius *add. X* || diuerse uite plantatio *X* || fructificarent *scripsi*: fructificauerunt *Y* fructificaret *X* || in *post* operum *add. X* || erat largitate *X* || large *X* || illius *Y*: eius *X* || munificentia *Y*: magnificentia *X* || esset *Y*: est *X*

1, 5 quas *post* illius *add. X* || uidelicet *post* enarrabit *add. X* || innatae *om. X* ||

quem *X*: quam *Y* ‖ habebat *X* ‖ conscientie suauitatem *X* ‖ pio moderamine *Y*: modeste *X* ‖ uocari *X*, *qui hic desinit*   **1, 6** dignum *Y*

   3, 2 uidelicet: uideret *Y*   **3, 3** erogaret *Y*   **3, 5** irrumpente *Y*   **3, 9** ultimie *Y* ‖ ammonet *scripsi*: amenet *Y*   **3, 12** certamini *Y*

   4, 10 (h)um<er>orum *coni. Coriarius, fort. recte*

   6, 1 antiquam *scripsi*: antequam *Y*   **6, 2** uicini morte *Y*

Appendix

Leonardi Praxatoris de Cham O. Carm. cursoris Sacrae Paginae sermo de s. Ladislao (a. 1462) in codd. Vind. 4291 (ff. 301^r-307^r) et archiabbatiae s. Petri OSB Iuuauiensis b VI 20 (ff. 60^r-64^r) seruatus

V   Liber chartaceus Vindobonensis 4291 (**V**) fasciculos complectitur 29, seniones praeter uicesimum tertium (ff. 265-273, cuius fasciculi octauum folium excisum est) et duodetricesimum (ff. 319-328), quiniones, et uicesimum septimum, qui nouem est foliorum nescio quo modo inter se cohaerentium (ff. 310-318). fasciculi a secundo ad tertium decimum notis (inde a '2us sexternus' usque ad 'XIII^{us} sexternus') indicantur. libri 340 folia in margine superiore dextro numeris Arabicis ab '1' ad '340' signata.

libri primi sedecim fasciculi (ff. 1-192) continent[1] Hugonis de Argentina compendium theologicae ueritatis (ff. 5^r-188^r) exhibentque insignia officinarum chartulariarum: (1) coronam (ut f. 2 et 5), cui similis est Briquet 4643 (Coloniae a. 1454); (2) item coronam, quam non inueni in repertoriis (ut f. 38 et 41); (3) uuam (ut f. 26 et 28) eandem ac Briquet 12995 (Brunsucae a. 1438-1445).

fasciculi 17-20 (ff. 193-240) continent inter alia expositionem euangelii secundum Lucam et sermonem de assumptione Beatae Mariae Virginis habentque insignia officinarum chartulariarum (1) libram circulo inscriptam, quam non inueni in repertoriis (f. 196 et 201 et alibi) et (2) turrim (f. 222 et 223 et alibi), cui simillima (nisi omnino par) est Piccard, Turm II, 369 (a. 1466-1468).

fasciculi 21-23 (ff. 241-273) continent Ps. Augustini de uita christiana et de bono conscientiae (ff. 241^r-269^u) habentque insigne officinarum chartulariarum incudem (ut f. 245 et 270), cui similis est Briquet 5959 (Vtini Venetiae a. 1462).

fasciculus quartus decimus (ff. 274-285) continet Moralis philosophiae fundamentum compendiosum, fasciculi autem 25-27 (ff. 286-318) sermones quattuor Leonardi Praxatoris ad academicos 'Viennenses' a. 1462-1467 pronuntiatos[2], quorum tertius est sermo de S. Ladislao rege (ff. 301^r-307^r). hi

---

[1] cf. M. Denis, Codices manuscripti Theologici Bibliothecae Palatinae Vindobonensis, I, Codices ad Caroli VI tempora Bibliothecae illatos complectens, Pars II, Vindobonae a. 1794, p. 1356-1361; Tabulas codicum manu scriptorum praeter graecos et orientales in Bibliotheca Palatina Vindobonensi asseruatorum, Vindobonae a. 1864-1900, uol. 3 p. 228sq.

[2] cf. Denis l. l. (u. supra sub nota 1), p. 1359: "Deest hic uir, de quo plura sequuntur, in Lucii Bibl. Ord. Carm. In Locheri Speculo Acad. Vien. memoratur Facultatis Theol. Decanus ad an. 1482. et 86" et notas, quae in nostro codice omnes praeter unam in f. 307^r aliis ac librarii, qui uitam s. Ladislai exarauit, manibus inscriptae sunt: f. 285^r: *Per leon. prax. cursorem theologie Anno MCCCCLXII Et sic est finis.* f. 286^r: *Ego frater Leonardus praxatoris hanc de dei gratia collegi ex ottone* ['de Castro Rodulphi?' Denis ibid.] *et feci collacionem ad almam*

fasciculi habent insignia officinarum chartulariarum (1) libram circulo inscriptam (ut f. 299 et 307), cui simillima est Piccard, Waage V, 299 (Norimbergae a. 1460); (2) aliam libram circulo inscriptam (ut f. 305 et 308; 314 et 315), cui simillima est Piccard, Waage V, 277 (Vindobonae a. 1455); (3) sagittas duas in speciem X litterae decussatas itemque circulo inscriptas (ut f. 289 et 294), cui similis est Briquet 6303 (Romae a. 1462).

fasciculus duodeuicesimus (ff. 319-328) continet Hugonis de s. Victore Speculum ecclesiae habetque insigne officinarum chartulariarum bucranium (ut f. 321 et 325), cui simillimum est Piccard, Ochse I, 213 (et alibi et Francoforti et Augustae Treuerorum a. 1458-1460).

ultimus fasciculus (ff. 329-340) continet sex sermones breues habetque insignia officinarum chartulariarum bucrania (1) (ut f. 330 et 339) et (2) (ut f. 333 et 336), quae ne lucentis quidem folii ope, quod mihi conseruatores Bibliothecae Rei Publicae Austriacae Vindobonensis benignissime commodauerunt, satis accurate delineare potui, ut imaginem earum in repertoriis inuenire possem.

liber temporibus praefecti Bibliothecae Palatinae Vindobonensis Ioannis Benedicti Gentilotti (a. 1705-1723) signum 'Theol. 641' accepit habetque integumentum illius Bibliothecae a. 1752 confectum.

I Liber chartaceus fasciculorum 21 foliorumque 203 archiabbatiae s. Petri ordinis s. Benedicti Iuuauiensis b VI 20 (**I**) a compluribus librariis eiusdem aetatis exaratus est. praeter fragmentum precationis cuiusdam ad Beatam Virginem Theodisce scriptae continet Latina uaria[3], quorum, nisi fallor, nullum in codice Vindobonensi inuenitur praeter unum sermonem de s. Ladislao, qui

---

uniuersitatem wiennens(em) in uigilia omnium sanctorum Anno et cetera 63º lectoratus mei anno 2º. f. 292ᵘ (spectat ad sermonem praeuium): *Per fratrem leon. praxatoris ordinis Carmelitarum beate marie uirginis Anno 1463 ad sanctum Stephanum.* f. 292ᵘ (spectat ad sermonem insequentem): *Sermo ad uniuersitatem pro festo purificacionis per fratrem leon. prax. Anno et cetera 67º In Wienna Apud Sanctum Stephanum.* fol. 299ʳ: *Per leon. prax. waccalareum 67º pro sentenciis.* fol. 300ᵘ: *Ego frater Leonhardus praxatoris de Cham* ('Bauariae' Denis ibid.) *hanc de gratia dei feci collacionem Wienne ad uniuersitatem. In conuentu fratrum predicatorum pro Nacione Vngarorum Anno MºCCCCº62º. Cursoratus mei anno 2º seu ultimo.* ibid. alia manu: *per leonardum praxatoris.* f. 307ʳ: *frater leonhardus praxatoris Cursor sacre pagine fecit hanc collacionem ad clerum in uniuersitate wiennensi De sancto uidelicet Ladislao in conuentu predicatorum sed idem frater est professus fratrum Carmelitarum Anno domini et cetera LXIIº.* fol. 310r: *Ego frater Leonhardus praxatoris de cham feci de gratia dei hanc collacionem ad uniuersitatem In conuentu nostro wiennensi. In principio mei lectoratus Anno domini MºCCCCº62º. In uigilia assumpcionis gloriose uirginis Marie.* p. 340ʳ, i. e. in ultimo folio codicis: *per Leon. Prax.*

[3]quae diligenter enumerantur a G. Hayer in: Die Deutschen Hss. des Mittelalters der Erzabtei St. Peter zu Salzburg (= Verzeichnisse der Deutschen Hss. österreichischer Bibliotheken, tom. I), Vindobonae a. 1982, p. 308sq., ubi uide et ea, quae de libri fasciculis et integumento (fortasse in urbe Bauariae, cui nomen est Burghausen, confecto) dicuntur.

foliis 60ʳ-64ʳ inest sine titulo nec nomine auctoris indicato. insignia officinarum chartulariarum, quae delineaui, sunt: (1) libra circulo inscripta (ut ff. 58, 61, 63, sc. in eo fasciculo, quo sermo de s. Ladislao continetur), fere eadem ac Piccard, Waage V 312 (in Noua Ciuitate prope Vindobonam a. 1455); (2) alia libra circulo inscripta (ut f. 25), fere eadem ac Piccard, Waage V 311 (Norimbergae a. 1458); (3) libra (ut ff. 105, 108), similis ac Piccard, Waage I 35 (Vindobonae a. 1451).

Libri ergo **V** et **I** eodem fere tempore exarati sunt, scilicet paucissimis annis post a. 1462, quo sermo de s. Ladislao hic editus scriptus est. **I** multo plura habet menda quam **V**, nonnulla communia cum $V^{a.c.}$, ut ex apparatu critico infra addito facile apparet. sed et ipse **V** satis multa habet menda, ut **I** ex eo exscriptum esse non possit.

Sermo ad clerum de Sancto Ladislao et cetera

N o c t e m   i l l a m   d u x i t   r e x   i n s o m n e m (Hester 6ᵗᵒ [*Esth. 6, 1*]). **1** Patres praestantissimi, doctores praeclarissimi singulari reuerentia colendi, magistri insignes ceterique domini et fratres cuiuscumque dignitatis aut status scientiae morumue, uenusto censeamini fulgore caritatis cum uisceribus sinceris amplectendi! **2** Conuenientibus nobis in unum ad praesentem celebritatem festiuitatis annuae beatissimi patroni nationis nostrae⁴ gloriosi, uidelicet regis Ladislai, prolaturus iuxta morem exiguum alloquium commemoro, quod dominus Deus creator uniuersorum, priusquam faceret hominem et introduceret tamquam incolam in hunc mundum, praeparauit ei sex diebus habitaculum gloriosum et palatium magnificum, scilicet caelum, et ornauit illud circumferentialiter sole et luna et micantibus stellis, strauit pauimentum palatii illius, scilicet terram, et decorauit uirentibus herbis et odoriferis floribus et fructibus optimis; magnam familiam, cui praesidere deberet, fecit in magno illo palatio, uidelicet uniuersa animalia terrae, aquae et aeris, quae quasi in seruos et famulos hominibus subiecit dicens: D o m i n a m i n i   p i s c i b u s   m a r i s   e t   u o l a t i l i b u s   c a e l i   e t u n i u e r s i s   a n i m a n t i b u s ,   q u a e   m o u e n t u r   s u p e r   t e r r a m (Genesis 1º [*Gen. 1, 28*]). **3** Equidem †regnis† propheta Dauid †ammirante† quaerit dicens: Q u i d   e s t   h o m o ,   q u o d   m e m o r   e s   e i u s ? - Psalmo 8ᵘᵒ (*Psalm. 8, 5-7*), in quo considerauit summarum uirtutum excellentias spiritu Dei doctus, quibus primi protoplasti praediti fuerant, quia g l o r i a   e t   h o n o r e   c o r o n a u i t   e o s   e t   c o n s t i t u i t   e o s s u p e r   o p e r a   m a n u u m   s u a r u m . **4** H o m o   a u t e m ,   c u m   i n

---

⁴etsi de Cham, i. e. ut uidetur e Palatinatu Superiore (cf. supra sub nota 2), ortus Leonardus tamquam Hungarus loquitur, cf. et infra §§ 9 (*festiui ... patroni nostri Ladislai*), 35 (*noster beatissimus patronus Ladislaus*), 38 (*noster rex Ladislaus*), 60 (*rex noster*), 62 et 81 (*beatissimus noster patronus*).

honore esset, non intellexit; comparatus est iumentis insipientibus et similis factus est illis (Psalmo 48uo [*Psalm. 48, 13*]). Beatus Augustinus 3º super Genesin (*Aug. gen. ad litt. 3, 24 p. 92, 13*) dicit, quod 'res peccando amittit[5] decus proprium'. **5** Peccauit Adam et amisit excellentiam, quia sui rectissimi status immemor neque gratus, ab hac rectitudine cadens cecidit de loco uoluptatis in hanc uallem miseriae et tenebrarum: Eminentiam, quam super reliquas creaturas acceperat, totaliter perdidit et sic obfuscatus est in intellectu per ignorantiam, obscuratus est aut mutatus est color optimus, allectus in affectum per inordinatam concupiscentiam et per consequens infirmus in omni opere bono per impotentiam. **6** Inde propter ignorantiam lumen et uerbum ueritatis non respiciebat, propter concupiscentiam inordinatam gratiam spiritus sancti et uirtutum seminarium in affectu non habebat, et propter defectum utriusque quoad omnes potentias malis operibus adhaerebat. Et inde est, quod sensus et cogitatio humani cordis in malum prona sunt ab adolescentia sua (Genesis 8uo [*Gen. 8, 21*]). **7** Clamet ergo uniuersus coetus humanae condicionis dicens: Humiliatus sum usquequaque, Domine? uiuifica me secundum uerbum tuum (Psalmus 124 [*Psalm. 118, 107*]). Nauigantibus enim nobis uiatoribus in huius mundi pelago, ubi hic in uia †re(?)ctu† patriae? Quasi in nocte ambulamus dicente saluatore: Siquis ambulauerit in nocte, offendit (Iohannes XI [*Ioh. 11, 10*]) - non offensione scandali, sed propriae incertitudinis, quia nescit homo, utrum amore an odio Dei dignus sit (Ecclesiastes IX [*Eccles. 9, 1*]). **8** Sunt nempe in ea diuersa genera inimicorum, qui secundum uirium nostrarum quantitatem compensato nobiscum in agone luctantur. In huius itaque mundi pelago ualde nobis est pertimescendum, ne nauem nostram procella tempestatis arripiat, aut in aeternam praedam pirata crudelis abducat. Aduersus haec ergo multiformia saeculi mala castigatis castisque actibus resistamus. **9** Festiui autem patroni nostri Ladislai merita iam in tuto sunt posita. Securi magnificemus, qui gubernaculum fidei uiriliter tenens ancoram spei tranquilla iam in statione composuit et plenam caelestibus diuitiis et aeternis mercibus nauim optato in litore collocauit.

10 Sed, luculentissimi patres et domini, quid ego tantillus et bonorum actionum pusillus, qui bibo quasi aquam iniquitatem (Iob XV [*Iob 15, 16*]), coram uobis, dignissimis patribus, fari incipiam, cum timor et tremor uenerunt super me et contexerunt me tenebrae, scilicet ignorantiae (Psalmo liiiiº [*Psalm. 54, 6*]), et secundum sententiam beati Gregorii super Ezechielem parte prima omelia 9ª oporteat eum esse, qui docet et instruit alios, ut sit scientiae eruditione irreprehensibilis et morum compositione maturus?[6] **11** Eapropter, gratia loquendi obtenta, adeamus

---

[5] Aug.: *quae peccando amittunt* eqs.
[6] locus apud Greg. M. non inuentus, sed cf. Rufin. epist. Clement. 13, 1sq.: *oportet eum, qui docet et instruit animas rudes esse talem, ut pro ingenio audientium semetipsum possit aptare*

cum fiducia thronum misericordiae eius, qui est l u x   m u n d i (Iohannis 8^{uo} [*Ioh. 8, 12*]), ut mentium nostrarum tenebras effugare dignetur, qui i l l u m i n a t   o m n e m   h o m i n e m   u e n i e n t e m   i n   h u n c m u n d u m (Iohannis primo [*Ioh. 1, 9*]). **12** Sed ubi copiosius precum nostrarum potiri possumus effectum nisi in ea, quae uere dicit g r a t i a   D e i i n   m e   u a c u a   n o n   f u i t (prima ad Corinthios 15 [*I Cor. 15, 10*])? Ad ipsam christiferam uirginem Mariam nostrae sacrae religionis patronam curramus, quae est stella matutina, pectoris medicina. Ad hanc stellam, ut dicit beatus Bernardus in sermone, cuius exordium est 'Loquamur aliquid' (*Bernardi Claraeu. serm. in laud. Virg. Matris 2, 17* [*uol. 4, p. 34, 15 - 35, 20 Leclerq/Rochais*]), erigatur de nocte oculus cordis, ut eius beneficio tempestas in aurae gratiam reduce<a>tur. **13** Haec est enim amatrix fratrum et quae multum orat pro populo suo et pro ciuitate sancta Hierusalem, per hanc largitur omnipotens Deus captiuis indulgentiam, clausis apertionem, laborantibus requiem, periclitantibus securitatem, infirmantibus sanitatem, inter amicos fidem, inter inimicos pacem, inter angustias consolationem, in dubiis certitudinem, in errore consilium, in tribulatione solacium, in exilio refugium, in bello propugnaculum, in naufragio portum. Ipsa enim se concupiscentes a generationibus suis implet. Vt igitur ab ipsa gratiam impetremus, uerbum oraculi angelice ei allatum offeramus intellectusque ex hilaritate uoce dicamus submissa: Aue Maria.

14 N o c t e m   i l l a m   d u x i t   r e x   i n s o m n e m (loco et capitulo praeallegatis [*Esth. 6, 1*]). Reuerendi patres, domini doctores eximii, insignibus aureolis laureati, magistri honore praefulgidi singulique fratres et domini quorumcumque titulorum ac meritorum Deo notorum in Christo Iesu semper praeferendi! **15** Secundum beatum Gregorium 24 Moralium (*Greg. M. moral. 23, 21*): 'Qui adhuc inpugnantium certamina uitiorum per consensum delectationis tolerat, aliorum curam sumere non praesumat. Cum uero temptationum bella subegerit et ipse apud se intima tranquillitate securus est (*sic*), custodiam sortiatur aliorum' et Wil(elmum?) De uniuerso secunda parte secundae partis capitulo 112 (*locus non inuentus*)[7]: 'Virtus regia et potestas iudiciaria non est danda nisi creatoris amatoribus Deique consilia scientibus.' **16** Rege siquidem insipiente et remisso et Dei inimico nihil rei publicae perniciosius et potestas in manu eius non est nisi gladius in manu furentis iuxta illud 8^{uo} Ethicorum (*Aristot. eth. ad Nicom. 8, 12 p. 1160 b 11sq. = Auctoritates Aristot. 12, 156 Hamesse*): 'Malus rex tyrannus dicitur.' Consonat etiam illud 6to Politicae (*Aristot. pol. 6, 8 p. 1322 a 24-26 = Auctoritates Aristot. 15, 111 Hamesse*): 'Prauos non est securum facere dominos, quia ipsi magis indigent custodia aliorum quam possint alios custodire.' **17** R e x autem sapiens uigilanti animo s e d e t   i n   s o l i o   e t   d i s s i p a t   o m n e m a l u m   i n t u i t u   s u o (Prouerbiorum XX [*Prou. 20, 8*]). Debet namque

---

...; *debet ergo ipse adprime esse eruditus et doctus, inreprehensibilis, maturus.*
[7]Guilelmi Aluernensis (siue Parisiensis) de uniu. 2, 2, 112 uerba a Leonardo laudata non inueniuntur; fortasse alio loco eiusdem operis quaerenda.

rex habere prudentiam clariorem, amicitiam cariorem, iustitiam ueriorem, potentiam fortiorem, sanctimoniam meliorem, misericordiam dulciorem. Primo ut dicitur III Politicae (*locus non inuentus*): 'Debet rex prudentia clarescere clariori nec debet duci a subditis, sed ducere alios'. **18** Vnde Sapientiae VI⁰ (*Sap. 6, 22sq.*): R e g e s   p o p u l i,   d i l i g i t e   s a p i e n t i a m,   u t   i n p e r p e t u u m   r e g n e t i s,   d i l i g i t e   l u m e n   s a p i e n t i a e   o m n e s,   q u i   p r a e e s t i s   p o p u l i s,   q u i a   m e l i o r   e s t   p a u p e r   e t p u e r (*sic*) s a p i e n s   r e g e   s e n e   e t   s t u l t o (Ecclesiastes IIII [*Eccles. 4, 13*]). R e x   i n s i p i e n s   p e r d e t   p o p u l u m   s u u m (Ecclesiastici X⁰ [*Sirach 10, 3*]). **19** Experientia huius uirtutis patet in Theodosio imperatore, de quo dicitur in prologo Historiae tripartitae (*Cassiod. hist. 1, 1, 8*), quod de die tractabat de armis et de facto rei publicae, de nocte libris incumbebat in addiscendo prudentiam. Pari simile de †?ra(n?)colo† Magno dicitur, qui in artibus eruditus prudentiam in rege armis praeferebat, ut habetur in epistola, quam misit Plutarchus ad Traianum (*locus non inuentus*). Et Vegetius libro 1ᵐᵒ De re militari (*Veg. mil. 1 prol. 1*) dicit: 'Neminem decet magis utiliora uel plura scire quam principem, cuius doctrina potest omnibus prodesse.' **20** D e d i t   q u o q u e   D e u s   s a p i e n t i a m   S a l o m o n i   e t p r u d e n t i a m   m u l t a m   n i m i s   e t   l a t i t u d i n e m   c o r d i s, q u a s i   a r e n a m,   q u a e   e s t   i n   l i t o r e   m a r i s,   e t   p r a e c e d e b a t   s a p i e n t i a   S a l o m o n i s   s a p i e n t i a m   o m n i u m   O r i e n t a l i u m   e t   A e g y p t i o r u m   e t   e r a t   s a p i e n t i o r   c u n c t i s h o m i n i b u s.   V e n i e b a n t   d e   c u n c t i s   p o p u l i s   a d   a u d i e n d a m   s a p i e n t i a m   e i u s (3⁰ Regum IIII [*III Reg. 4, 29-31; 34*]); s u p e r   s a l u t e m,   scilicet corporis, e t   o m n e m   s p e c i e m, scilicet rerum, d i l e x i t   s a p i e n t i a m (Sapientiae 7ᵐᵒ [*Sap. 7, 10*]). R e x   u e r o s a p i e n s   p o p u l i   s t a b i l i m e n t u m   e s t (Sapientiae 6ᵗᵒ [*Sap. 6, 26*]), et cetera.

21 Secundo debet pollere rex amicitia cariori, de qua uirtute euidenter Philosophus 3⁰ Politicae (*locus non inuentus*) ait, quod, qui uult principare secundum principales principatus, cuiusmodi est rex, debet habere amorem ad consistentem politiam, et propter hoc 8ᵘᵒ Ethicorum dicitur (*Aristot. eth. ad Nicom. 8, 12 p. 1160b; Aristot. Lat. 26, 1, 3, p. 313, 9sq.*), quod rex intendit 'conferens', id est bonum, 'subditorum', quemadmodum fuit rex Peloponnensium, qui mori elegit propter bonum commune, ut dicit beatus Augustinus XI De ciuitate Dei[8]. **22** Sic Isaiae LX⁰ (*Is. 60, 10*) dicitur: R e g e s   m i n i s t r a b u n t   t i b i, scilicet politiae [conuenienter] communi, ex amore huius condicionis. Exemplum scribit Suetonius in libro de XII

---

[8] uidetur respici Aug. ciu. 18, 19 p. 281, 6-12 *Codrus rex Atheniensium Peloponnensibus eiusdem hostibus ciuitatis se interficiendum ignotus obiecit; et factum est. hoc modo eum praedicant patriam liberasse. responsum enim acceperant Peloponnenses tum demum se superaturos, si eorum regem non occidissent. fefellit ergo eos habitu pauperis apparendo et in suam necem per iurgium prouocando.*

Caesaribus (*Suet. Iul. 67, 2*), quod Iulius Caesar amorem militum suorum commeruit, quia illis condescendebat; non enim 'milites pro condicione, sed blandiori nomine commilitones appellabat' miroque modo diligebat. **23** In Politicon libro III⁰ capitulo XVIII (*locus non inuentus*) narratur, quod cum Alexander Magnus uidisset militem senem confectum frigore, surrexit de sede propria igni propinqua et sede propria propriis manibus ipsum inposuit, bene iuxta Cassiodorum libro II⁰ Epistularum (*Cassiod. uar. 9, 2, 1*): 'Qui rei publicae statum et generale cupit stare fastigium', qualiter rex, 'ad uniuersa debet esse sollicitus, quia non est salus in corpore, nisi quantum et membra potuerint obtinere' et cetera.

24 Debet tertio rex, ut habetur V⁰ Ethicorum (*locus non inuentus*), habere iustitiam ueriorem, quia rex est custos iusti, ut dicitur V⁰ Politicae (*locus non inuentus*) et Isaiae XXXII⁰ (*Is. 32, 1*): E c c e   i n   i u s t i t i a   r e g n a b i t   r e x ; hanc condicionem in rege esse uenerandam per plura patet exempla. Nam sicut Augustinus IIII⁰ De ciuitate Dei, capitulo X⁰ (*Aug. ciu. 4, 4 p. 150, 19sq.*): 'Remota iustitia quid sunt regna nisi latrocinia?' **25** Et secundum Tullium libro I⁰ De officiis capitulo XII (*locus non inuentus*): Antiqui principes subiciebant se legibus ab eis statutis, ut alios ad iusticiam prouocarent, sicut Valerius narrat libro VI (*Val. Max. 6, 5 ext. 3*) de Seleuco⁹, qui uoluit, quod sibi oculus erueretur et filio unus, quia filius meruerat perdere ambos; quod filius non excaecaretur, partem iustitiae portauit, ne iustitiae uindicta frangeretur. **26** Similiter Traianus imperator pergens ad bellum de equo descendit, ut uiduae causam expediret, ut narrat Suetonius (*locus non inuentus*) et beatus Gregorius in multis locis (*locus non inuentus*). Simile legitur de Alexandro Magno in Politicon libro V⁰ capitulo XI (*locus non inuentus*): Cum contra se sententia ferretur in iudicio militum in castrensi iudicio, iudicibus gratias egit de iustitia militum.

27 Demum et quarto debet habere rex potentiam fortiorem, quia omnis principatus, cuius excellens est rex, debet habere potentiam corrigendi malos. Ideo in psalmo 71⁰ (*Psalm. 71, 2*) dicitur: D e u s ,   i u d i c i u m   t u u m   r e g i   d a , quia sicut fremitus leonis, ita ira regis, ut dicitur Prouerbiorum XVI (*Prou. 19, 12*). Ne sit ergo uecors, debet primo rex ostendere audaciam, sicut de Caesare Iulio dicitur primo in libro De XII Caesaribus (*locus non inuentus*), quod numquam militibus dixit 'ite', sed 'uenite'. **28** Vnde et beatus Augustinus V⁰ De ciuitate Dei, capitulo XXV (*Aug. ciu. 5, 25 p. 238, 7sq.*) exemplum ponit de Constantino Magno, qui 'diu imperauit uniuersum Romanum imperium gubernans, in gerendis bellis uictoriosissimus, in tyrannis opprimendis per omnia prosperatus' - et per Theodosium imperatorem, ut dicitur in Historia tripartita libro IX⁰, falsos iudices in ciuitate Thessalonica lapidibus fuisse obrutos et cetera¹⁰.

---

⁹*Zaleuco* recte.
¹⁰uidetur respici Cassiod. hist. 9, 30, 3 *in qua*, sc. Thessalonica, *dum fuisset orta seditio, quidam iudicum lapidati sunt atque tracti; hinc indignatus Theodosius iracundiae non*

29 Ornatur quinto rex sanctimonia meliori, nam sicut dicitur V⁰ Politicae (*locus non inuentus*): In regno melior debet eligi, cui oboedire est. Dicitur etiam 8ᵘᵒ Ethicorum (*Aristot. eth. ad Nicom. 8, 12 p. 1160b; Aristot. Lat. 26, 1, 3, p. 313, 10sq.*), quod 'non est rex, qui non per se est sufficiens et in omnibus bonis superexcellens'. Vnde Ecclesiastes X⁰ (*Eccles. 10, 17*): Beata terra, cuius rex nobilis est, scilicet uirtutibus, quia soli uero reges illustres fiunt; sequitur: Cuius principes comedunt tempore suo, qui scilicet non sunt nimis deliciosi, abstracti a mundi uanitatibus. **30** Vnde et Iudas Macchabaeus plus uirtutibus sanctis et uerbis, quibus suos armabat, uicit quam armorum et populi pluralitate. Vnde Claudianus ad Theodosium dicit (*Claud. 8, 300-302*): 'Regis ad exemplum, ut possit[11] inflectere sensus humanos, edi<c>ta plus ualent, quam uita regentis[12]; mobile mutatur semper cum principe uulgus.' 'Reges enim a recte regendo uocati sunt, ideoque recte faciendo regis nomen tenetur, peccando amittitur. Recte ergo illi reges uocantur, qui tam semetipsos quam subiectos bene regendo modificare nouerunt.' Haec Isidorus libro III⁰ De summo bono, capitulo 9ⁿᵒ (*Isid. sent. 3, 48, 7*).

31 Sexto decoratur rex misericordia dulciori, ut sit magnanimus quantum ad se, ut dicitur 4ᵗᵒ Ethicorum (*locus non inuentus*): Largus ad subditos, ut habetur etiam 3⁰ Politicae (*locus non inuentus*) et Ouidius in De Ponto (*Ou. Pont. 2, 9, 11sq.*): 'Regia, crede mihi, res est succurrere lapsis, conuenit et tanto, quantus es ipse, uiro'. Et Seneca ad Neronem in libro primo De clementia, capitulo Vᵗᵒ (*cf. Sen. clem. 1, 5, 2*) dicit: Nullum clementia magis ex omnibus quam regem et principem decet. Regius erat iste, qui scribebat offerent reges munera (psalmus 67 [*Psalm. 67, 30*]). **32** Vnde si quandoque in rege est uindicta, sit tamen cum misericordia et clementia, sicut narrat Orosius (*locus non inuentus*), quod Alexander uidens caput Darii sibi allatum, fleuit dicens: O, Dari, ut mihi credidisses et mecum regnasses. Simile narrat Valerius libro I⁰ capitulo Vᵗᵒ (*Val. Max. 5, 1, 4*), quod cum Marcus Marcellus Syracusanos captos uidisset et urbem tam opulentam destrui, coepit flere et 'casum lugubrem intuens fletum cohibere non potuit'. **33** Ita de Tito in destructione Hierusalem narrat Egesippus (*locus non inuentus*), quod, cum audisset, quod mulier comederet filium ex fame, fleuit dicens, quod, si sibi clementes fuissent, clementiam inuenissent. De his uirtutibus dicit Seneca ad Neronem in libro De clementia (*Sen. clem. 1, 19, 6sq.*): 'Inexpugnabile munimentum amor ciuium. Quid pulchrius est, quam uiuere optantibus cunctis? Quis huic audeat struere aliquod periculum, sub quo rege iustitia, pax, pudicitia, securitas, misericordia et dignitas flore{re}t, sub

---

refrenauit infirmitatem, sed iussit iniustos gladios super omnes euaginari et una cum nocentibus innocentes interimi: septem milia etenim hominum, sicut fertur, occisi sunt non praecedente iudicio.

[11]Claud.: *nec sic.*
[12]Claud.: *edicta ualent ut uita regentis.*

quo opulenta ciuitas copia bonorum omnium abundat?' **34** Et Rabanus in commentario (*Rabani Mauri exp. in prou. 2, 20, Migne 111 p. 746^C*) super illud Prouerbiorum XX (*Prou. 20, 29*): E x u l t a t i o   i u u e n u m   f o r t i - t u d o   e o r u m   e t   d i g n i t a s   s e n u m   c a n i t i e s dicit: 'Tunc ciuitates bene ordinantur, tunc sanctae ecclesiae recte aguntur, cum et fortiores uiribus necessariis insistunt operibus', scilicet subditorum, 'et seniores maiori prudentia praediti de iis, quae agenda sunt, salubriter consulunt'.

35 Harum enim uirtutum, quibus decet reges tamquam uestimento uarietatum amiciri, noster beatissimus patronus Ladislaus uiguit stipatus, hunc circumdederant ueritas et misericordia, osculata est caritas simul cum iustitia, per hunc ad terrestria fortitudo prospexit et prudentia. In iudicandis et examinandis causis non potentia, sed prudentia decernebat. **36** Rigori iustitiae misericordiae lenitatem praeferebat. M i s e r i c o r d i a   e n i m   e t   u e r i t a s   c u s t o d i u n t   r e g e m ,   e t   r o b o r a t u r   c l e m e n t i a   t h r o n u s   e i u s (Prouerbiorum XX° [*Prou. 20, 28*]), quod pertractans beatus Gregorius XX Moralium capitulo 7° dicit (*Greg. M. moral. 20, 14 p. 1012, 78*): 'Ecce auctoritas regis; disciplina enim uel misericordia multum destituitur, si una sine altera teneatur.' Disertus in eloquio ut et in silentio, cautus in consilio. Erat enim uerus Dei cultor. **37** Ideoque sicut rex Asuerus, ut dicit Iosephus (*cf. Cassiod. Ios. antiq. 11, 248sqq. p. 322*), uigiliam noctis †artificialis† nolebat transire in otio, sed expendere in aliquo utili pro regno suo, et ideo fecit coram se legi facta praeterita regni sui, quia mores praeteritorum dirigunt in agendum post futurorum, <et ?> frust<r>auit machinationem per Aman factam contra iustum Mardocheum, taliter noster rex Ladislaus n o c t e m praesentis calamitatis et miseriae in uirtutum exercitatione d u x i t   i n s o m n e m contra inuidi hostis insidias, qui t a m q u a m   l e o   r u g i e n s   c i r c u i t   q u a e - r e n s ,   q u e m   d e u o r e t , ut dicit beatus apostolus Petrus in hodierna epistula 1° Petri 5to (*I Petr. 5, 8*). Huius infestationum uelut latronum obsidet multitudo, quibus per omnes uias subplantatores inuisibiles animarum laqueos extendunt innumerabiles expauescendos. **38** Denique maturus et sobrius in operatione catholica (*cf. uitam Lad. rec. II 5, 4*) 'iugiter eleemosynis insistebat' iuxta apostoli exhortationem (*cf. e. g. Luc. 11, 41*) peruigil in oratione et meditatione sancta. Vnde aperte ei pertinere uidentur uerba praestituta: N o c t e m   i l l a m   d u x i t   r e x   i n s o m n e m , quae fuere uerba thematis in exordio nostrae collationis assumpta et coram dignis uestris conspectibus [principaliter] pueriliter introducta et cetera.

39 Ex serie uerborum thematis tria dinoscuntur consideranda: Primo obscuritas temporis sine remedio luminis, cum dicitur: N o c t e m   i l l a m ; secundo dignitas ducalis sine simulatione iniustitiae, cum dicitur: R e x ; tertio opportunitas laboris sine requie operis, cum dicitur: D u x i t   i n s o m n e m .

40 Dimisso primo breuitatis amore dixi secundo, quod ex serie uerborum thematis clarescit dignitas ducalis sine simulatione iniustitiae, cum subinfertur: R e x . Ipse enimuero (*cf. uitam Lad. rec. II 1, 1-5*) 'ex illustri prosapia <regum> Hungariae progenitus in ipso suo (*sic*) natiuitatis exordio gratiae Dei propositum habitu corporis et animi praeferebat et natus praemonstrabat infantulus, qualis erat (*sic*) rex futurus. **41** Clementia nimirum conditoris, qui speciosus forma prae filiis hominum et innumerabilis sapientiae describitur, sic ad similitudinem suam in operis sui uicario bonae spei ac futurae dignitatis fundamenta coniecit, ut ex prima compositione sui decore corporis et mentis indole puer ostenderet, cuius uicem adultus tenere natus esset. **42** In his itaque gratiae praeuiis donis exortus Ladislaus est uocatus, quod utique nomen non sine praesagio futurorum uidetur eidem esse impositum. Ladislaus nempe laus data populis sonat. Ipse quidem laus populis erat data, quia in nationibus, quibus princeps talis surrexerat, gloriosum nomen exstitit tanto rectore diuinitus concesso uisitari'. **43** Cumque aetatis perfectae attigisset statum, scilicet quia fuit sublimis frater regis, conuenit uniuersa multitudo nobilium et cum communi consensu, pari uoto et conscia uoluntate ad suscipiendum regni gubernacula concorditer elegerunt, immo uere magnis et affectuosissimis precibus compulerunt (*cf. uitam Lad. rec. II 4, 2*). **44** Omnes enim nouerant ipsum esse uestitum conuersatione uirtutum, fide catholicum, pietate praecipuum, largitate mirificum, caritate conspicuum. Emicuit quippe quasi stella matutina in medio nebulae; uelut enim sol refulgens, sic refulsit in populo Dei. **45** Quis enim uitam eius sanctissimam enarrare poterit? Beatus est enim, quia inuentus est sine macula, et qui post terreni lucri aurum non abiit nec sperauit in thesauris pecuniae, laudemus eum. F e c i t   e n i m   m i r a - b i l i a   i n   u i t a   s u a (Ecclesiastici 31 [*Sir. 31, 9*]). **46** Vnde uirtutum opulentia in eo considerata (*cf. Chron. Hung. ed. A. Domanovszky in Scriptoribus rerum Hung., Budapestini a. 1937, vol. I p. 418sq.*), 'Romanorum imperatore mortuo duces et tetrarchae, comites et satrapae Theutonicorum cunctique barones et optimates unanimiter et concorditer rogauerunt eum, ut susciperet imperium. Ipse uero secundum apostolum (*cf. Phil. 2, 21*) non sua, sed quae Iesu Christi sunt quaerebat. Ideo assumere recusabat, illud diuinum oraculum mente sedula reuoluebat, n o n   t r a n s g r e d i a r i s (*sic et Chron. Hung.!*) t e r m i n o s   a n t i q u o s ,   q u o s   p o s u e r u n t   p a t r e s   t u i (Prouerbiorum XXII [*Prou. 22, 28*])'. **47** Victus quippe prece (*cf. uitam Lad. rec. II 4, 2*) 'regni gubernacula suscepit, sine potestatis aut honoris ambitione, sine qualibet saeculari cupiditate'; (*cf. uitam Lad. rec. II 4, 3*) 'regiae dignitatis ministerium non ut praesit, sed ut prosit adimplebat', pia comploratione (*cf. uitam Lad. rec. II 5, 4*) 'peccata populi plangebat et pro eorum iniuria se periculo opponebat'. **48** Adauxit etiam rem publicam Hungariae. Ipse namque primus Dalmatiam atque Croatiam suae monarchiae iure perpetuo subiugauit. Diligenter denique considerabat et ad memoriam reuocabat regalium insigniorum, scilicet purpurae, fibulae, aureae coronae seu diadematis et sceptri, significationem. **49** Vnde Albertus super Lucam illud Lucae (*Luc. 11, 2*) tractans: A d u e n i a t   r e g n u m   t u u m (*Alberti Magni enarr. in Luc. 11, 2 [uol. 23 p. 114sq. ed. Borgnet]*[13]) quintum addens, scilicet thronum, dicit, quod in his signis quinque ostenditur rex quiuis radiare quinque rationis radiis. Nam corona et diadema, oranamentum capitis, significat in eo uirtutum

---

[13] locus ad §§ 49-59 huius sermonis conferendus.

intellectualium excellentiam, purpurea uestis, ornamentum corporis, morum regalium decentiam, fibula aurea, ornamentum pectoris, consilii secretum et latentiam, sceptrum et uirga regalis iustitiae decretum et permanentiam et thronus mentis quietem et persistentiam. Et haec omnia seruant rationem bene ordinatam, ut patebit.

50 Dico primo, quod corona, quae est ornamentum capitis, significat in rege uirtutum intellectualium excellentiam. Sic enim non solum ab humana inuentione, sed etiam a natura et Dei ordinatione corona materialis debetur regibus in signum excellentiae uirtutis super ceteros. **51** Nam et regulus serpentum sic diademate coronatur, ut dicit Isidorus Ethymologiarum libro 12, capitulo 8^{uo} (*locus non inuentus*[14]). Exemplificat etiam Albertus tractatu 2º 2º in Moralium capitulo 1º (*locus non inuentus*), quod ipso existente Venetiis lapis magnus marmoreus scissus fuit et caput pulcherrimi regis coronati in scissura apparuit, quod naturaliter in marmore fuit generatum. **52** Videtur ergo Deus et natura non solum hominem, immo etiam regiam coronam in signum excellentiae super ceteras effigiasse creaturas, maxime autem in signum uirtutum intellectualium. Nam sicut materiale caput regis corona decoratur, ita etiam ratio, quae est caput hominis interioris, uirtutibus intellectualibus debet quasi diademate et corona spirituali insigniri. **53** Haec autem sunt quinque, scilicet sapientia, intellectus, scientia, prudentia et ars, ut dicitur 6º Ethicorum (*Aristot. eth. ad Nicom. 6, 3 p. 1139b; Aristot. Lat. 26, 2, 2, p. 255, 14 et 26, 3 p. 480, 11*): 'Coronam ergo regni in capite portare est quinque ista in capite mentis habere, ut sapientia sit tamquam lapis pretiosus ornans superiora, intellegentia sit in fronte ab anterioribus procedens, scientia in occipite posteriora eliciens, prudentia a dextris eligibilia discernens, et in sinistra ars exteriora bene disponens. Haec est corona, de qua dicitur Ecclesiastici 45 (*Sirach 45, 9*): C o r o n a u i t   e u m   i n   u a s i s   u i r t u t u m '[15]. **54** O quam sanctus, quam praeclarus es, gloriosissime rex Ladislae, qui has et aliarum uirtutum in tua corona gemmas posuisti pensans illud scriptum in libro Apulei De deo Socratis (*Apul. Socr. 20 p. 167*): 'Magna est sapientiae dignitas, quae Socratem summo coaequabat', et paulo infra (*ibid.*): 'Nihil est Deo gratiosius et similius quam uir animo perfectus'. **55** Vere enim beatissima dicta sunt de te et erit nomen tuum celebre in uniuersis nationibus. 'Erat enim consolator afflictorum, subleuator oppressorum, pius pater pupillorum et protector orphanorum' (*cf. uitam Lad. recc. I 2, 2 et III 3, 6*). O uere felix rex et felicissimus; qui 'regiae dignitatis officio dignissime accepto quantum se ac qualem exhibuerit, plus est, quam uerbis queat explicari' (*cf. uitam Lad. rec. II 4, 3*). **56** 'Erat itaque benignus <in> affatu, prouidus in consilio, uerax in sermone, constans in promissione, seuerus in corripiendo' (*cf. uitam Lad. rec. II 5, 3*). De quo etiam sancta mater canit ecclesia (*cf. Vetus hymnarium ecclesiasticum Hungariae, ed. I. Dankó Budapestini a. 1893, p. 174*): 'Fons

---

[14] cf. tamen Isid. orig. 12, 4, 6: *basiliscus Graece, Latine interpretatur regulus, eo quod rex serpentium sit.*
[15] fere uerbatim ex Alberto Magno (cf. supra sub nota 13) exscripta

aeternae pietatis, lux supernae ueritatis, tibi, Christe, complacente, Ladislao nos tuente, fac consortes aeternorum te laudantes gaudiorum.' Et his ergo patet, quomodo primum insigne regale, scilicet corona in rege, significat (*sic*) typice habere uirtutum intellectualium excellentiam.

57 Sed qui coronam regni habet in capite, congrue uestimentum regale induit, quod est purpura, quia secundum Gothum (*?*) 3º Contra gentiles capitulo 148 (*locus non inuentus*) bene moraliter est purpura uestitus et est b y s s u s   e t   p u r p u r a   i n d u m e n t u m   e i u s (*Prou. 31, 22*). **58** Merito etiam fibula non ei deneganda, 'quae omni decore munit pectus'. Nam et Alexander dedit f i b u l a m   a u r e a m Ionathae s i c u t   e s t   c o n s u e - t u d o   d a r e   c o g n a t i s   r e g u m (*I Macc. 10, 88sq.*). **59** Et quia iustitiae directionem atque permanentiam dilexit sicut decet reges quadruplici ratione secundum Aegidium, De regimine principum libro primo, parte 2ª, capitulo 12 (*Aegidii Columnae de reg. princ. 1, 2, 12, Romae 1607, p. 79*), ex personae regalis dignitate, ex iustitiae claritate, ex perfectionis bonitate et ex iniustitiae oppositae prauitate[16], merito sceptrum in manu tenuit, per quod iustitia designatur. **60** Tum quia requies eius in saeculum saeculi, tum quia auditum faciet iudicium, quia h o n o r   r e g i s   i u d i c i u m   d i l i g i t (*Psalm. 98, 4*) et iustitiam omnibus iniuriam patientibus <...?>, gloria super gloriam est addenda sibi, et thronus locetur ei fulgens ut sol. Ecce quam gloriosus fuit rex noster hodie coram eo, qui electos suos mirifice exaltat et honorifice coronat: C o r o n a   a u r e a   s u p e r   c a p u t   e i u s   e x p r e s s a   s i g n o   s a n c t i - t a t i s ,   g l o r i a   h o n o r i s   e t   o p u s   f o r t i t u d i n i s (*Sirach 45, 14*). **61** Venite ergo et uidete regem cum corona, qua coronauit eum Dominus in hac die sollemnitatis et laetitiae ipsius, f e c i t q u e   e i   n o m e n   g r a n d e   i u x t a   n o m e n   m a g n o r u m ,   q u i   s u n t   i n   t e r r i s (2º Regum 7mo [*II Reg. 7, 9*]). Et tantum de secundo.

62 Tertio dico et breuius, quod beatissimus noster patronus Ladislaus commendatur ab opportunitate laboris sine requie operis, cum sequitur in themate d u x i t   i n s o m n e m , secundum apostolum 1ª ad Corinthios 9no (*I Cor. 9, 24*) uolentem apprehendere uitae brauium: Sataget, ut stadii impleat officium in hoc mundo †pressuram in Christo autem pacem†, in quo diuersorum inimicorum fatigamur insidiis. **63** M i l i t i a   e s t   e n i m   u i t a   h o m i n i s   s u p e r   t e r r a m (Iob 7º [*Iob 7, 1*]). Super quo uerbo dicit beatus Gregorius VIIIº Moralium (*Greg. M. moral. 8, 8*): Homo, 'cum contra malorum spirituum insidias uigilat, in bellorum procinctu procul dubio exsudat'. Vnde quiuis quamdiu est in uita praesenti, habet intra se hostem domesticum carnem, scilicet ad illicita trahentem, habet etiam aduersarium iuxta se mundum, scilicet ad honores et diuitias prouocantem, habet etiam inimicum circa se diabolum, scilicet ad omnia facinora stimulantem. **64** Bene

---

[16]Aegidius: *prima uia* (sc. ueritatis uenerandi) *sumitur ex parte personae regiae, secunda ex parte ipsius iustitiae, tertia ex perfectione bonitatis, quae e iustitia innotescit et quarta ex ipsa malitia, quae ex iniustitia consurgit.*

dicitur prophetico sermone (Ieremiae 5<0>mo [*Ier. 50, 22*]): V o x b e l l i
i n t e r r a. Vnde ista est t e r r a m a l e d i c t a, quae non generat nisi
s p i n a s e t t r i b u l o s (Genesis 3º [*Gen. 3, 17sq.*]). **65** Vnde Bernardus in
quodam sermone de ieiunio (*Bernardi Claraeu. medit. piiss., Migne 184 p.
504A-B*17) dicit: 'Heu mihi, Domine, quia undique mihi bella, undique tela
uolant, undique temptamenta, undique pericula! quocumque me uertam, nulla
securitas. Et quae mulce<n>t et quae molesta<n>t, timeo: Esuries et refectio,
somnus et uigiliae, labor et requies militant contra me; non minus suspectus est
mihi iocus quam ira, multos siquidem iocando scandalizaui, nec minus uereor
prospera quam aduersa. **66** Prospera namque suauitate sua tantum decipiunt,
aduersa uero, quia aliquid amaritudinis habent, uelut peccati ponderositas, me
suspectum et timidum reddunt. Magis timeo malum, quod facio in abscondito,
quam in aperto. Malum namque, quod nemo uidet, nullus reprehendit et, ubi
non timetur reprehensor, secure accedit temptator et iniquitas facilius
perpetratur.' Et ideo uita praesens non reputatur, sed exilium, non domus sed
carcer, non uita sed mors. Haec beatus Bernardus. **67** Et beatus Augustinus in
libro, qui dicitur Manuale siue Speculum (*Ps. Aug. spec. 30 Migne 40 p. 981*),
dicit: Sic ueniat 'desinat et quam cito finiatur uita ista, uita dubia, uita caeca,
uita aerumnosa, quam humores tumidant, dolores exterminant, ardores
exsiccant, aer{e}a morbidant, escae inflant, ieiunia macerant, ioci soluunt,
tristitiae consumunt, sollicitudo coartat, securitas hebetat, diuitiae iactant,
paupertas deicit, iuuentus extollit, senectus incuruat, infirmitas frangit, maeror
deprimit.' **68** Et postremo, beatus Bernardus sermone 38 super Cantica
(*Bernardi Claraeu. in psalm. 'qui habitat' serm. 6, 4* [*uol. 4, p. 407, 9-13
Leclerq/Rochais*]) de antiquo aduersario dicit: 'Hic proditor, plane
cupidita{ti}s, radix iniquitatis, ambitio mali18, secretum uirus, pestis occulta,
doli artifex, pater hypocrisis, liuoris parens, uitiorum origo, criminum fomes,
uirtutum aerugo, tinea sanctitatis, excaecator cordium, ex remediis morbos
creans, generans ex medicina languorem'. **69** O m n e e n i m , q u o d e s t
i n m u n d o , a u t e s t c o n c u p i s c e n t i a c a r n i s a u t c o n c u -
p i s c e n t i a o c u l o r u m , a u t s u p e r b i a u i t a e (1ª Iohaniis 2º [*I
Ioh. 2, 16*]). **70** Aduersus ergo horum machinam(enta?) †c(?)ai(?)†
temptamenta, ut dicit Chrysostomus primae dominicae XLmae (*locus non
inuentus*): Christiane, delicatus es miles, si putes te posse sine pugna uincere,
sine certamine triumphare, fortiter dimicare. Atrociter in proelio concerta,
considera pactum, condicionem attende, militiam agnosce, pactum, quod
spopondisti, condicionem, quam accepisti, militiam, cui nomen dedisti. Hoc
enim pacto cuncti pugnauerunt sancti, hac condicione uniuersi uicerunt ac
militia triumphauerunt et cetera. **71** Aggrediamur ergo inpugnantes cum magna
audacia et fortitudine, congrediamur cum magna prudentia et certitudine,
egrediamur cum magna uictoria et laudis magnitudine!

17*cf. Bernardi Claraeu. serm. de uoluntate diuina 3* (*uol. 6, 1, p. 38, 17-20 Leclerq/Rochais*)
18Bernardus: *ambitio, subtile malum.*

72 Propter primum accipit miles gladium inuasiuum. Vnde 2º Macchabaeorum ultimo (*II Macc. 15, 16*) illi optimo militi Iudae Macchabaeo forti uiribus dictum est: Accipe gladium sanctum, munus a Deo, in quo deicias aduersarios populi mei Israel. 73 Et Dauid Sauli et Ionathae[19], strenuis militibus, dicebat, quod essent leonibus fortiores (2º Regum 1º [*II Reg. 1, 23*]). Et beatus Bernardus De laude nouae militiae templi (*Bernardi Claraeu. de laude nouae mil. 4, 8 [uol. 3, p. 221, 17sq. Leclerq/Rochais]*) sic inquit, quod boni milites in conuictu dicunt<ur> esse 'agnis mitiores', in conflictu 'leonibus fortiores[20]' et cetera. 74 Propter secundum portat miles clipeum defensiuum. Vnde illi fortissimo militi Iosuae dictum est eiusdem 8^{uo} (*Ios. 8, 18*): Leua clipeum, qui in manu tua est, contra urbem, quia tradam eam tibi. Vnde pugnanti non sufficit, quod habeat gladium inuasiuum, nisi etiam habeat clipeum defensiuum, quia non sufficit ei, quod aggrediatur cum audacia et fortitudine, nisi etiam congrediatur cum prudentia et certitudine. 75 Ecclesiastes IX (*Eccl. 9, 16*): Melior est sapientia fortitudine. Ibidem (*Eccl. 9, 18*): Melior est scientia quam arma bellica. Tali defensione munitus erat apostolus Paulus, cum dicebat 1ª ad Corinthios IXº (*I Cor. 9, 26*): Sic pugno non quasi aerem uerberans et cetera. 76 Propter tertium portat pugnans de bello brauium coronatum. Non enim coronatur, nisi qui legitime certauerit (2ª ad Timotheum 2º [*II Tim. 2, 5*]). Bonum enim certamen certauit apostolus, cum ei reposita est corona iustitiae (*II Tim. 4, 7sq.*).

77 Sed, reuerendissimi patres et domini, cum nos simus, in quos fines saeculorum deuenerunt (1ª <ad> Corinthios Xº [*I Cor. 10, 11*]), et in nouissimis illis temporibus diuersa inimicorum insurgunt bella, arripiamus gladium diuini uerbi et dilectionis, scutum fidei infatigabiliter teneamus, ut uitae aeternae brauium accipere ualeamus. 78 Armemus nos iuxta consilium apostoli ad Ephesios 6to (*Eph. 6, 11-17*) dicentis: Induite uos armatura Dei, ut possitis stare aduersus insidias diaboli, quoniam non est nobis colluctacio aduersus carnem et sanguinem, sed aduersus principes et potestates, aduersus mundi rectores tenebrarum harum, <contra> spiritualia nequitiae in caelestibus; propterea accipite armaturam Dei, ut possitis resistere in die malo et in omnibus perfecti stare. 79 State ergo succincti lumbos uestros in ueritate et induti lorica iustitiae et calciati pedes in praeparatione euangelii pacis, in omnibus sumentes scutum fidei, in quo possitis omnia tela nequissimi ignea

---

[19]sc. de Saule et Ionatha mortuis.
[20]Bernardus: *ferociores*.

extinguere, et galeam salutis assumite et gladium spiritus, quod est uerbum Dei. 80 Arma enim militiae nostrae, ut dicit apostolus 2º ad Corinthios Xº (*II Cor. 10, 4*), non carnalia, sed potentia Deo ad destructionem munitionum. 81 Haec enim arma beatissimus noster patronus curiosa sollicitudine iugiter excoluit, circa illas nocturnas diurnasque excubias uigili et insomni sedulitate dependit. Quisquis itaque solio recti examinis ita praeest, <ut> omnes suae carnis illecebras uiciorumque barbariem uiolento imperio mortificare festinet, hic rex digne censendus est. 82 Ideo uocatus est in hereditatem incorruptibilem, incontaminatam, inmarcescibilem conseruatam in caelis (1ª Petri 1º [*I Petr. 1, 4*]). In illa habet anulum fidei, armillas perfectionis propter actiuae uitae perfectionem, dextralia etiam speculatiuae contemplationis; Apokalipsis VI (*Apoc. 6, 2*): Data est ei corona et exiuit uincens ut uinceret. 83 Exstitit enim uictor gloriosus. Non enim hoc, quod de eo eius refert historia, silentio praetereundum est. Fuit enim decenter et onuste uirtutibus animi adornatus. 84 'Corporis etiam uiribus et uenustate Deum in se laudabilem exhibebat. Erat enim manu robustus et reuerendi admodum uultus, statura procerus et ceteris hominibus ab humero supra praeeminens, ut exuberantem in ipso donorum plenitudinem ipsa corporis species imperio digna declararet' (*cf. uitam Lad. rec. II 3, 1sq.*). 'Erat deuotus in creatorem, beniuolus in homines, liberalis in extraneos, misericors in afflictos, munificus in subiectos, ualidissimus oppressorum liberator' (*cf. uitam Lad. rec. II 2, 6*).

85 Sed, patres peroptimi, quid honoris, quid laudis, quid rei publicae boni referam de nostris principibus nunc residentibus in plebis culmine? Dolorosum et lugubre est me narrare. Effusa est enim contentio super principes (Psalmo Cº6º [*Psalm. 106, 40*]). 86 Omnes amici et omnes inimici, omnes necessarii et omnes aduersarii, omnes domestici Christianae religionis et nulli pacifici, omnes Christiani et omnes, quae sua sunt, quaerunt, ministri Christi sunt et seruiunt Antichristo, honorati incedunt de bonis Domini, honorem Deo non deferunt. 87 Inde aurum in frenis et sellis, et plus calcaria quam altaria fulgent, promptuaria eorum plena eructantia ex hoc in illud; inde referta marsubia. Per haec et huiusmodi uolunt esse ecclesiae principes, cum omnes declinauerunt a uia ueritatis et simul inutiles facti sunt non attendentes innocentium effusionem sanguinis per omnes partes Noricas et quasi ubique terrarum. 88 O sancta mater Ecclesia, quanta nunc est tribulatio tua, cum ii, qui exempla praeferre deberent, diuisionibus nescio qualibus ab inuicem separantur. Sed siqui in huiusmodi calamitatibus reprehensibiles sunt, inpunes sine ambiguitate non transibunt. Omnis enim potentatus breuis uita (Ecclesiastici Xº [*Sirach 10, 11*]); sequitur (*Sirach 10, 12*): hodie rex, cras enim morietur. 89 Sed ue eis, quia potentes potenter tormenta patientur. Durissimum enim iudicium fiet iis, qui praesunt (Sapientiae 6to [*Sap. 6, 6sq.*]). Quoniam (*Psalm. 57, 11*), cum laetabitur iustus, <cum uiderit> uindictam lauando manus in sanguine pecca-

torum, tunc triumphabit Dominus de regibus, et tyranni ridiculi eius erunt (Habacuc 1º [*Hab. 1, 10*]). **90** Non erit eis pax, quia pacifici non sunt, erit pax eorum amaritudo amarissima. Est enim nunc pax ab haereticis publice nobis insultantibus, est pax a paganis insidias nobis ponentibus, est pax a Iudaeis, fidem nostram negantibus? **91** Sed non a fidei filiis uox plangentis in tempore isto Isaiae 1º (*Is. 1, 2*): Filios enutriui et exaltaui, ipsi autem spreuerunt me, maculauerunt me a turpi quaestu, a turpi uictu, a turpi commercio, a negotio denique perambulante in tenebris (*Psalm. 90, 6*)? **92** Armemus ergo nos iuxta apostoli documentum (*Hebr. 12, 1sq.*) et curramus ad propositum nobis certamen aspicientes in auctorem fidei et consummatorem Iesum, quia Iacobi 1º (*Iac. 1, 12*) dicitur: Beatus uir, qui suffert temptationem, quoniam cum probatus fuerit, accipiet coronam uitae, quam repromisit Deus diligentibus se; quam nobis ipse concedat, qui est benedictus in cunctis saeculorum saeculis. Amen. Deo gratias.

Apparatus criticus ad sermonem Leonardi pertinens

codd. VI

tit. *om.* I
1 cum I: t(ame)n V ‖ sinceri(us) V   3 fuerunt I   5 intellectum I ‖ obscuratum VI   6 inde¹ V: sine I   7 incertitudine I   8 multiforma I
11 gr(atia)e ... obtentu(m) VI   12 in³ *om. et* s(er)mo(n)e *s. l. add.* V   13 et que I
16 in manu *add. s. l.* V ‖ concordia *post* indigent *add. et postea del.* V   17 duci *om.* I   18 rex ... X⁰ *add. i. m. eadem manu eodemque atramento* V
21 dicit *post* Philosophus *add. et ait om.* I ‖ pelipone(n)siu(m) V polip- I ‖ dicit *om.* I   22 (commu)ni V^corr.: (con)uenie(n)t(er) V^a.c. I ‖ scribi I ‖ amore I ‖ commilitonis I   23 IIII⁰ I ‖ stare *del. perperam,* sca(n)de(re) *add. i. m.* V ‖ corpore V^a.c.: capite V^p.c. I
24 esse *add.* V^s.l. *om.* I   25 uindicta(m) I   26 Gregorius V Augustinus I
28 Romani I ‖ in gerendis V: iungendis I ‖ prosperatus V: prostratus I
29 elegi V ‖ reges: regi VI ‖ quibus solum uixi *add.* V^i. m.; *signo ante* illustres *rubro atramento facto locus indicari uidetur, quo inscribatur*   30 ad exemplum ... regis *om.* I, *sc. saltum ab eodem ad idem, qui dicitur, faciens* ‖ III I: 4⁰ V
31 largos V^a.c. I ‖ nullis V^a.c. I ‖ regius ... scribebat *deletum nigro atramento,* offerent ... 67 *rubro aut erasum aut notatum* V   32 sit I: set V ‖ allatum: ablatum VI ‖ destrui: destruere VI   33 de² *om.* I ‖ pudicicia V: prudencia I
35 uarietatem I   36 dice(n)s VI ‖ ut et I: uel V   37 sicut I: ipse V ‖ in aliquo V^p.c. I: pro aliquo V^a.c. ‖ dirigit VI ‖ Petrus V^p.c. I: Paulus V^a.c. ‖ Petri V^p.c. I: ad Ephesios V^a.c.   38 pueriliter V^p.c. I: principaliter V^a.c.
39 consideranda *om.* I
40 proposita I ‖ habitum V   41 qui: q(ue) VI ‖ ut *om.* V ‖ decori V decoris I ‖ natus tenere I   46 q(uae) V: q(ui) I ‖ diuinum V: dominum I ‖ resoluebat I ‖ transgrediatis VI   48 iuri I ‖ considerauit V^a.c.   49 radicys VI ‖ quietam I ‖ hec omnia V: hoc omnino I ‖ ut patebit *scripsi:* ut(et?)bit VI
51 2⁰ 2⁰ V 3⁰ 2ⁱ I   53 uirtutis I   54 Socratem V: societatem I   55 protectoris V -um I ‖ ac I: aut V ‖ exhibuerat I   56 corripiendo V: corigendo I ‖ insigne V^p.c.: insignium V^a.c. I
57 Goth(?)us V Githo(n) I ‖ uestibus I   58 munit *scripsi coll. Alberti M. enarr. (cf. § 49 huius sermonis):* mo(?)it V inuitus I   59 et V: est I   61 secundo V^p.c.: primo V^a.c. I
65 uolant *Bernardus:* uolant(is) VI   66 reddunt *add. i. m.* V *om.* I   67 humores V: honores I   68 fomes *Bernardus:* fames VI   69 concupiscentia² *add. s. l.* V *om.* I ‖ uite *add. s. l.* V ‖ 1ᵃ *om.* V   70 c(?)ai(?) I co(m?)item V^p.c. ‖ temptamenta I: p(ec?)came(n)ta V ‖ putes V^p.c.: potes V^a.c. I   71 egrediemur V
72 in uasinu(m) V ‖ optimi V   73 Saul I ‖ mitiores V mentores I ‖ illo I
78 state VI   80 munitionum V^p.c.: inimicorum V^a.c. I ‖ illa V ‖ inmarcessibilem VI   82 contemplationis V^p.c.: -em V^a.c. I   83 affuit V   84 benemuolus V
89 qui: q(ue) VI ‖ laetabitur: latibitur VI ‖ uindictam: uindictime VI ‖ triumphauit VI   90 insaltantibus VI

A critical edition of Stephen Langton's († 1228) theological question *De persona*

Magdalena Bieniak

I. Introduction.¹

Over twenty five years have passed since Sten Ebbesen and Lars Boje Mortensen offered in this journal a partial edition of Stephen Langton's *Summa* and of some of his theological questions.² A further step in the "Langton rediscovery" was taken in the same journal with Riccardo Quinto's critical edition of three questions on fear of God.³ Next,⁴ Quinto laid a solid foundation for studies of the transmission of Langton's writings by publishing a catalogue of all his questions and a description of the manuscripts that contain them.⁵ However, most of the questions remain unpublished.⁶ The

---

¹This paper is a fruit of researches carried on in the frame of a PhD dissertation in Philosophy on «The psychology of Hugh of St.-Cher and its theological background in Paris (1200-1240)» cotutored by Riccardo Quinto at the University of Padua and Ruedy Imbach at the University of Paris Sorbonne.

²S. Ebbesen - L. B. Mortensen, *A Partial Edition of Stephen Langton's Summa and Quaestiones with Parallels from Andrew Sunesen's Hexaemeron*, «Cahiers de l'Institut du Moyen-Âge Grec et Latin» 49 (1985), 25-26.

³R. Quinto, *Die Quaestiones des Stephan Langton über die Gottesfurcht (eingeleitet und herausgegeben von R. Q.)*, «Cahiers de l'Institut du Moyen-Âge Grec et Latin» 62 (1992), 77-165.

⁴As to the history of intense research on Langton's writings carried on in the Thirties and Forties of the Twentieth Century, which lead anyway to almost no edition, see the recent paper of Kent Emery, *Quaestiones, Sententiae and Summae from the Later Twelfth end Early Thiteenth Centuries: The Joseph N. Garvin Papers (I)*, «Bulletin de Philosophie Médiévale» 47 (2005), 11-68.

⁵R. Quinto, *"Doctor Nominatissimus". Stefano Langton († 1228) e la tradizione delle sue opere*, Aschendorff, Münster 1994 (BGPTM, N.F. 39).

⁶Since the publication of the catalogue the following questions have been edited: *De homine assumpto* (CAMB059), L. O. Nielsen - S. Ebbesen, *Texts Illustrating the Debate about Christology in the Wake of Alexander III's 1177 Condemnation*, «Cahiers de l'Institut du Moyen-Âge Grec et Latin» 66 (1996), 217-251; *De relaxationibus que fiunt in ecclesia* (CAMB160), R. Quinto, *Giubileo e attesa escatologica negli autori monastici e nei maestri della "sacra pagina"*, «Medioevo» 26 (2001), 25-109; I. P. Bejczy, *Two Questions of Stephen Langton on the Cardinal Virtues*, «Medioevo» 31 (2006), 299-335, (CAMB088-133); *De praeceptis decalogi* and *De additionibus* (CAMB098-099a) edited by Lauge Lielsen (proceedings in preparation) and *De raptu Pauli* (CAMB118) edited by Barbara Faes de Mottoni (proceedings in preparation). See also R. Quinto, *Stephen Langton. Theology and Literature of Pastoral Care* in *"In principio erat uerbum". Mélanges offerts en hommage à Paul Tombeur*, ed. B.-M. Tock, Brepols, Turnhout 2005 (Textes et études du moyen âge, 25), 301, adn. 2.

present edition is meant as a modest contribution to the task of filling this gap, while we are waiting for the comprehensive edition of Langton's *Quaestiones* that is to appear in "Auctores Britannici Medii Aevi".

The theological questions occupy an important position among the writings of the Paris secular master, later archbishop of Canterbury. They discuss, in fact, the most characteristic points of Langton's doctrine by presenting an exhaustive explanation of every statement and by studying a wide range of possible objections. The question *De persona* fully supports this evaluation. Langton also treats the problem of *persona* in his *Commentary on the Sentences* and in his *Summa*, but the argumentation offered by the question is both more systematic and more complete than that found in the two other works.

Thanks to the comparison between the three writings on the notion of 'person' it is possible, as well, to make a hypothesis concerning their relative chronology. The theological question was probably written when the *Commentary* was ready.[7] On the contrary, at least the first redaction of the question[8] was prepared before the composition of Langton's *Summa*, which refers twice to the question's text in a chapter concerning the subject of person.[9]

The *quaestio* was most likely composed before 1207.[10]

---

[7] As to the recent hypothesis regarding the date of *Commentary*'s composition, see C. Angotti, *Étienne Langton commentateur des Sentences* in *Étienne Langton. Predicateur, bibliste et théologien*, Colloque international 13-15 septembre 2006, Paris, Centre d'études du Saulchoir, EPHE-CNRS, cur. N. Bériou, F. Morenzoni, Brepols, Turnholt (Bibliothèque d'histoire culturelle du moyen âge), proceedings in preparation. See also R. Quinto, *Hugh of St.-Cher's Use of Stephen Langton*, in *Medieval Analyses in Language and Cognition. Acts of the Symposium 'The Copenhagen School of Medieval Philosophy', January 10-13, 1996*, cur. S. Ebbesen - R. L. Friedman, The Royal Danish Academy of Sciences and Letters, Copenhagen 1999, 284 (Historisk-filosofiske Meddelelser, 77). Regarding the relative chronology of the Langton's question, Commentary and Summa, see M. Bieniak, *La définition de 'persona', d'Étienne Langton à Hugues de Saint-Cher*, in *Étienne Langton. Predicateur*, proceedings in preparation.

[8] See below, p. 89.

[9] See «*De persona* in Ebbesen - Mortensen, A Partial Edition, 124; 129.

[10] The problem of the date of the theological questions' composition has been recently treated by Riccardo Quinto, who maintains that at least one of the manuscript families of the *Quaestiones* (namely the one which contains our question on the person) must have existed before Langton's appointment as Archbishop (june 1207): see *La constitution du texte des Questiones* in *Étienne Langton. Predicateur*, proceedings in preparation. See also L. Antl, *An Introduction to the "Quaestiones Theologicae" of Stephen Langton*, «Franciscan Studies» 12 (1952), 170 and S. Ebbesen - L. B. Mortensen, *A Partial Edition of Stephens Langton's Summa and Quaestiones with Parallels from Andrew Sunesen's Hexaemeron*, «Cahiers de l'Institut du Moyen-Âge Grec et Latin» 49 (1985), 25-26. Ebbesen-Mortensen observe that some version of the *Quaestiones* must have existed in time to be used by Anders Sunesen when composing his *Hexaemeron* (probably before 1195).

II. The manuscripts

Following manuscripts contain our question:

A   – Avranches, Bibl. Mun., 230 (XIII sec.), f. 237vb-239rb;
Ca – Cambridge, St. John's College Libr., 57 (XIII sec.), f. 187vb-189rb;
Cb – Cambridge, St. John's College Libr., 57 (XIII sec.), f. 270rb-271va;
E   – Erlangen, Universitätsbibliothek, ms. 260 (XIII sec.), f. 100vb-102rb;
P   – Paris, Bibl. Nat., lat. 14526 (XIII sec.), f. 142ra-143rb;
R   – Città del Vaticano, Bibl. Ap. Vat., Vat. lat. 4297 (XIII sec.), f. 31ra-32va.
S   – Paris, Bibl. Nat., lat. 16385 (XIII sec.), f. 34vb-36va.[11]

In the general catalogue of Langton's *Quaestiones theologiae*, the *Quaestio de persona* is listed among the *Quaestiones extra indicem*, as it can be found twice in the manuscript 57 of Cambridge (namely in its first and second parts, Ca and Cb),[12] but it is absent from the so-called "first index" contained by the same manuscript. In the catalogue the question receives the numbers 219/ 13 EB 83/ 11 PP 2.[13]

Thanks to the collation of seven witnesses and to the analysis of the variants, it has been possible to make some hypothesis regarding the history of the text's transmission.

1) First of all, manuscripts A, S and R clearly belong to one family, as already stated by Riccardo Quinto,[14] following whom we shall call their common ancestor 'β'. The common readings of β, which are not confirmed by the remaining manuscripts, are numerous, e. g.:

l. 9: eius *om.* β

l. 10: subsistentia] substantia β

l. 12: dicitur *om.* β

l. 48: creata] increata β

l. 55: theatralibus] naturalibus β

l. 104: descriptum] descriptio β

l. 128: substantiuatum] subiectum β

l. 256: omne] esse β

---

[11] As to the description of all the manuscripts, see Quinto, *"Doctor Nominatissimus"*, 93-116; 161-165.

[12] See Quinto, *"Doctor Nominatissimus"*, 128-140.

[13] In the entry 219 is indicated as witness of the Quaestio also the chapter of the *Summa* we have spoken of (01C$ 039), in accordance with the policy which Quinto followed in the book, but later abandoned, of treating Langton's *Summa* and *Quaestiones* as a unity.

[14] Cf. Quinto, *"Doctor Nominatissimus"*, 116.

Most of the β-readings are less plausible than those offered by CaCbEP. The variants of the β-family, in fact, often make the text incomprehensible or incoherent (e. g. l. 10: subsistentia] substantia β; l. 32: natura] nomina β).

Concerning the features of the single members of this family, the greatest number of individual variants is offered by R. This manuscript also omits an extensive section, which is about one column long (l. 164: filium dei assumere... ...hoc nomen persona secundum quod dicitur tantum de personis *om.* R). On the contrary, A and S contain very similar texts, with the only difference that A presents a greater number of omissions.

Some readings of the β-family are shared by another manuscript, namely by P. Its text usually accords with the version offered by CaCbE; in some significant cases, however, P confirms the readings of β, e. g.:

l. 25: naturales] naturaliter βP
l. 35: ergo] enim βP
l. 46: inproprie] proprie βP
l. 172: quod non concedimus, quia hoc nomen *om.* βP
l. 436: set cum] sicut βP

The correlations between the β-family and P imply the existence of a common ancestor. We shall use the siglum δ for the consensus of β and P.

Considering all the manuscripts which contain our question, the δ-family occupies a relatively low position. Some elements evidently confirm this:

l. 77: an obvious repetition is presented by all the manuscripts except E; however, only Ca contains the whole passage: «potest demonstrari per orationem constantem ex descriptione et pronomine demonstratiuo».[15] In all probability the copyist of δ finds in his exemplar the entire repetition, but he abbreviates it with an 'etc.', as he does not realize that he is facing an error. Consequently, in ARSP we find: «potest demonstrari per etc.».

l. 409: hoc et hec est uera Christus est factus *om. hom.* δ
l. 436: set cum] sicut δ. In this case, from a paleographical point of view, it seems easier to derive 'sicut' (sic̄) from "set cum" (s;c̄) than the converse.

To conclude, the δ-family offers a rather corrupt text and it probably represents a low branch of the *stemma codicum*.[16]

2) The Ca manuscript is independent of the δ-family. Furthermore, it offers some additions which are absent from all the other manuscripts. These

---

[15] For unclear reasons, Cb repeats only a part of the passage: «potest demonstrari per orationem constantem».

[16] The position in a *stemma* does not imply any conclusion regarding the actual age of the four manuscripts. In fact, APRS could have been copied earlier than CaCbE. As to the age of the manuscripts, see Quinto, *"Doctor Nominatissimus"*, 136.

short supplementary passages are present above all in the introductory part of the text, which is concerned with the meaning of four notions, *usia*, *usiosis*, *ypostasis* and *prosopon*. Undoubtedly, these portions of text did not belong to the original version of the *quaestio*. Moreover, it is possible to indicate their provenance. The first three added passages, which are situated in the second paragraph, clearly derive from the distinction 26 of Stephen Langton's *Commentary* on the *Sentences*,[17] while the fourth passage adds a well-known etymology of the term 'person'.[18] Finally, the only addition which is not placed in the introductory part of the *quaestio* does not introduce any new argument, but it simply repeats the preceding phrase in a symmetric way.

The presence of these individual additions in Ca is useful to establish the date of composition of the manuscript. Considering the origin of the added passages, the Cambridge manuscript must have been written after the composition of Langton's *Commentary* on the *Sentences*.

The portions of text included only by Ca are are placed in the present edition in the first-level apparatus, separately from the critical notes.

3) The second section of the Cambridge manuscript, namely Cb, contains a text which is shorter than the one offered by the other manuscripts. Cb presents only 60 percent of the longer text. However, it is evident that this version is not less comprehensible or fluent than the longer one: on the contrary, in several cases the lack of certain passages (e. g. l. 115 – l. 149ss; l. 239 – l. 243) seems to contribute to a major coherence of the text. In all probability, then, the Ca, E and δ versions were composed after Cb. In other words, manuscript Cb seems to be the one closest to the first redaction of the question. It is difficult to determine the origin and paternity of the additional portions of the text. However, it is plausible to suppose the existence of an exemplar with marginal glosses which were subsequently incorporated into the main

---

[17] See below, l. 7: natura] idest sine nota alicuius forme, unde satis conuenit diuine essentie; l. 8: subsistit] scilicet substantialem formam; l. 13: accidentibus] ergo secundum hoc non sumitur substantia prout est genus generalissimum; see also Stephanus Langton, *Commentarius in Sententias* I, dist. 26 in A. M. Landgraf (Hg.), *Der Sentenzenkommentar des Kardinals Stephan Langton*, Aschendorff, Münster 1952 (BGPhThM, 37.1), 25-26: «Hoc nomen essentia naturam rei existentis per se generalissime significat; sine nota forme alicuius conuenit satis proprie essentie divine. Hoc nomen substantia equivocum est et ad formam substantialem et ad substantiam existentem per illam formam; hoc quo subsistit , hoc quod subsistit, scilicet per substantialem formam substantia quod subsistit accidentibus. Duo media non conueniunt proprie divine essentie, quia nec participant formam substantialem nec in illa cadunt accidentia».

[18] See below, l. 20: personando] uel persona quasi per se una; this etymology can be found, for instance, in the *Sententiae* of Simon of Tournai (ed. M. Schmaus in *Die Trinitatslehre des Simon von Tournai*, «Rech. Theol. Anc. Méd.» 3 (1931), 62^{36}-63^{53}).

text.¹⁹ As a result, in our stemma 'γ' represents the sub-archetype of Ca and δ, which contained the marginal notes already integrated into the text of the question.

The existence of two different versions imposes upon the editor the duty to signal in some way their differences. In the present case, considering the fact that the passages shared by all the manuscripts can be easily collated, we have decided to present a single text and to place the additional sections in between double square brackets ('[[ ]]'). This method offers two main advantages: on the one hand, it helps to recognize immediately the passages which did not belong to the first redaction of the *quaestio*; on the other hand, it offers the possibility to identify the individual errors of Cb (e. g. l. 38: ypostasis hoc nomen] *om.* Cb; l. 94: condeclinabiliter] indeclinabiliter Cb; l. 195: uera diuina essentia est indiuidua] natura diuina essentia est diuidua Cb). Due to its particular position in the *stemma*, all the rejected Cb - readings have been mentioned in the critical apparatus.

4) Manuscript E in several cases supports Cb in a significant way. For instance, it omits the second of the long interpolations which are present in Ca and δ (see l. 106 – l. 115); as to the first of the additional passages (l. 85 – l. 93) it is reported in a subsequent part of the text, namely at the end of the third of the extended integrations (l. 149). Furthermore, in one case an individual error of Cb is first reported, then corrected by E (l. 177: rationalis *s*ECaδ : generalis Cb*p*E). Thanks to these elements it is possible to advance a hypothesis regarding the position of E in the *stemma*. The copyist of this manuscript probably had at his disposal an exemplar which was very similar to the model of Cb. However, he had also access to a second exemplar, which contained the longer version of the question. It seems that he realized that some passages were absent from the first model. As a result, he probably decided to complete his text by means of his other manuscript. This contamination helps to explain why E often follows Cb (e. g. l. 8: subsistat CbE] subsistit Caδ; l. 13: substat accidentibus CbE] accidentibus substat Caδ; l. 97: rationalis Caδ] rationales CbE), even though it generally presents a longer version of the question, which resembles the one of Ca.

Finally, a peculiar feature of E consists in the fact that many of its individual omissions have been rectified by marginal additions.

---

¹⁹ A similar case has been studied by A. Gregory, *The Cambridge Manuscript of the Quaestiones of Stephen Langton*, «The New Scholasticism» 4 (1930), 190-204.

5) *Stemma Codicum.*

The relations between the manuscripts can be illustrated in the following way:

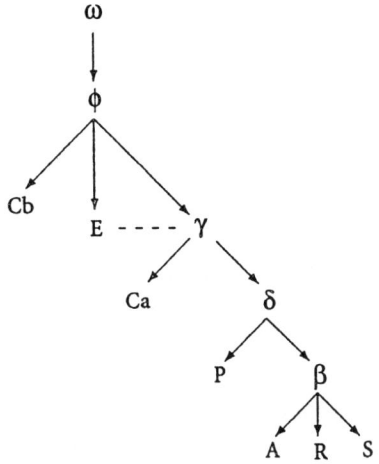

III. Abbreviations.

Alan. – Alanus ab Insulis
Quoniam hom. – *Summa «Quoniam homines»* in P. Glorieux, *La somme «Quoniam homines» d'Alain de Lille*, «Archives d'histoire doctrinaire et littéraire du moyen âge» 20 (1953), 113-364.

Aug. – Augustinus Hipponensis
Trin. – *De Trinitate*, ed. W. J. Mountain, Brepols, Turnholt 1968 (CCSL 50-50A), PL 42, 819-1098.
Tract. in Ioh. – *Tractatus in Iohannis Euangelium* CXXIV, ed. R. Willelms, Brepols, Turnholt 1954 (CCSL 36), PL 35, 1379-1976.

Boeth. – Boethius
C. Eut. – *Contra Eutychen et Nestorium*, ed. H. F. Stewart - E. K. Rand, W. Heinemann, London 1953, 72-127 (The Loeb Classical Library); PL 64, 1337 - 1354.

Gilb. Porret. – Gilbertus Porretanus
In c. Eut. – *Expositio in Boecii librum Contra Euticen et Nestorium* in *The Commentaries on Boethius by Gilbert of Poitiers*, ed. N. M. Häring, Pontifical Institute of Mediaeval Studies, Toronto 1966, 233-364 (Studies and Texts 13), PL 64, 1355–1412.

Ioh. Dam. – Iohannes Damascenus
Fid. orth. – *De fide orthodoxa*, Translatio Burgundionis, ed. E. M. Buytaert, Franciscan Institute Publications, Louvain- New York- Padeborn 1955; PG 94, 789-1228 (The Franciscan Institute Publication, Text Series, 8).

Petr. Lomb. – Petrus Lombardus
Sent. – *Sententiae in IV libris distinctae*, ed. Collegii S. Bonaventurae ad Claras Aquas, Roma 1971-1981.

Prisc. – Priscianus
Inst. – *Prisciani grammatici Caesariensis institutionum grammaticarum libri XVIII*, ed. M. Hertz - H. Keil in Grammatici Latini, t. 2-3, Teubner, Leipzig 1855-1859 (repr. Olms, Hildesheim 1961).

Steph. Lang. – Stephanus Langton
Comm. in Sent. – *Commentarius in Sententias*, ed. A. M. Landgraf, Aschendorff, Münster 1952 (B.G.Ph.Th.M., 37.1).
Summa – *Summa*, ed. S. Ebbesen - L. B. Mortensen, «Cahiers de l'Institut du Moyen-Âge Grec et Latin» 49 (1985), 37-224.

BGPhThM – Beiträge zur Geschichte der Philosophie (und Theologie) des Mittelalters, Münster 1891 ss.
CCSL – Corpus Christianorum, Series Latina
PG – J.-P. Migne, Patrologiae Cursus Completus, Series Graeca
PL – J.-P. Migne, Patrologiae Cursus Completus, Series Latina

add. – addidit
inf. – inferior
iter. – iterauit
ms. – codex manu scriptus
mss. – codices manu scripti
om. – omisit
p – (ante siglum alicuius codicis) forma pristina textus
s – (ante siglum alicuius codicis) secundus status textus
〚 〛 – deest in Cb

<Stephanus Langton>

De persona

<I De quatuor nominibus>

Quatuor sunt nomina apud Grecos, scilicet 'usia', 'usiosis', 'ypostasis', 'prosopon', quibus equipollent per ordinem alia quatuor apud Latinos, scilicet 'essentia', 'subsistentia', 'substantia', 'persona'.

Ista enim sic accipiuntur in creaturis, ut 'usia' siue 'essentia' dicatur 'natura' intellecta ut natura. 'Subsistentia' uero equiuoca est ad "id quod substat" siue subsistit et ad "id quo subsistit". "Id quod subsistit" est ipsa res forme subiecta; "id quo res subsistit" est eius substantialis proprietas. Dicitur ergo 'usiosis' siue 'subsistentia' "id quod subsistit", et 'ypostasis' siue 'substantia' dicitur "id quod substat" siue subsistit. Et ita idem dicitur 'subsistentia' quod 'substantia', set alia et alia ratione: 'subsistentia' enim dicitur quia substat forme substantiali, 'substantia' quia substat accidentibus.

Ista nomina 'prosopon' – 'persona' sunt paria et sunt sumpta a personis theatralibus, set diuersis de causis. Persone enim theatrales laruate sunt et sonore, quia laruas habent in facie et uocem per larue concauitatem emittunt. Hoc nomen 'prosopon' sumitur ab eo quod persona est laruata, unde dicitur a 'pro' quod est 'in' uel 'ante', et 'sopos' quod est 'facies', unde 'prosopon' quasi 'in facie' uel 'ante faciem'. || Hoc nomen uero 'persona' sumitur ab eo quod persona || theatralis est sonora et ita dicitur a 'personando', unde dicendum esset 'persona' acuto accentu posito super primam sillabam,

---

7 natura] idest sine nota alicuius forme, unde satis conuenit diuine essentie *add.* Ca   8 subsistit] scilicet substantialem formam *add.* Ca   13 accidentibus] ergo secundum hoc non sumitur substantia prout est genus generalissimum *add.* Ca   20 personando] uel persona quasi per se una *add.* Ca

---

1 De persona Ca : De quatuor nominibus A De usia, usiosis, ypostasis, prosopa; de essentia, subsistentia, substantia et persona Cb *om.* EPR Ypostasis est notio S   4 equipollent per ordinem E : equipollent per ordinem et respondent Cb equipollent et per ordinem respondent P equipollent per ordinem respondent AR equipollenter per ordinem respondent CaS   8 subsistit γ : subsistat CbE   10 subsistentia] substantia β   19 E 101ra 20 P 142rb 21 acuto accentu posito super primam sillabam *om.* Cb

---

2 De quatuor nominibus : Cf. Steph. Lang., *Com. in Sent.* I, 26, ed. A. M. Landgraf, 25-26; id., *Sum.*, ed. S. Ebbesen – L. B. Mortensen, 124-125.   3 Quatuor... ...substantia persona : cf. Boeth., *c. Eut.*, c. 3, ed. Stewart-Rand-Tester, 88$^{59-62}$, PL 64, 1344 C.   14 Ista nomina... ...persono personas : cf. Boeth., *c. Eut.*, c. 3, ed. Stewart-Rand-Tester, 86$^{7-16}$, PL 64, 1343 D.

nisi propter differentiam secunde persone imperatiui huius uerbi 'persono', 'personas'.

Ab hac significatione personarum theatralium sunt translata predicta duo nomina ad personas naturales creatas, scilicet ad homines quadam similitudine. Persone enim laruate siue theatrales discrete sunt et discernentes, discrete siue distincte per laruas, discernentes per diuersas uocum modulationes et per alia. Similiter homines discreti sunt et discernentes: discreti suis singularibus || proprietatibus, discernentes quia sunt rationales.

Ab hiis creaturarum significationibus transferuntur predicta nomina ad trinitatem. Et dicitur 'usia' siue 'essentia' ipsa diuina essentia et satis competenter: ipsa enim est summa natura. Set hoc nomen 'usiosis' iuxta aliquam similitudinem non est translatum, quia nihil est in trinitate quod substet forme substantiali, nec aliqua est ibi forma substantialis, nec habemus respectum ad humanitatem Christi. Non ergo utimur in trinitate hoc nomine 'usiosis', tamen eius equipollens, scilicet 'subsistentia', transferimus ad idem ad quod hoc nomen 'ypostasis'.

Hoc nomen 'substantia' sumitur in trinitate dupliciter, ualde inproprie et quodam medio modo. Cum enim in creaturis dicatur 'substantia' res que accidentibus substat, ibi sumitur inproprie hoc nomen 'substantia' ad significandum idem quod hoc nomen 'essentia', et ita supponit diuinam essentiam que nullis accidentibus substat; quodam modo medio, scilicet partim proprie, partim inproprie, significat hoc nomen 'substantia' in trinitate sicut hoc || nomen 'ypostasis'. Et sumitur ad supponendum ypostasim in hoc proprie, quia sicut in creaturis substantia accidentibus substat, sic in trinitate ypostasis siue persona sue notioni substat. Set in hoc inproprie, quia ea quibus substat substantia creata, sunt accidentia et inherent, set nulla notio est accidens uel inherens. Item, in hoc inproprie, quia substantia creata non est id cui substat, set ypostasis est notio cui substat, et ita substantia est notio cui substat.

Item. Ista nomina 'prosopon' – 'persona' transferuntur a personis creatis ad increatas quadam similitudine. Sicut enim persone create discrete sunt et discernentes, sic et increate. Discernuntur enim et distinguntur suis notionibus et discernunt quia sunt rationales.

Item. Sicut in personis theatralibus eadem res est diuerse persone, quia modo est Dauus, modo Gnato et similia, sic in trinitate eadem res, scilicet diuina essentia, est plures persone.

---

28 suis Cb : sunt Eγ   29 A 238ra   36 subsistentia CaCbASP : substantia ER   38 ypostasis hoc nomen *om.* Cb   42 scilicet *scripsi cum* P : set CaCbEβ   44 Cb 270va   46 sue Cb : siue Caβ *om.* EP   55 theatralibus] naturalibus β

De persona

⟦ Istud planius patet nominali assignato qualiter quatuor nomina latina respondeant quatur nominibus grecis. ⟧

◁II De persona ⟩

⟦ Primum est querere in hac questione de significatione huius nominis 'persona', utrum sit essentiale aut personale. ⟧

◁1⟩ ‖ Persona sic describitur a Boetio in libro De trinitate: «Persona est substantia rationalis nature indiuidua». Set queritur in qua significatione ponatur hoc nomen 'substantia' in predicta descriptione: aut enim ponitur ibi pro 'usia', aut pro 'ypostasi'. Ista enim sunt inmediata, quia sic non solum describitur persona creata, set etiam increata. Et hoc nomen 'substantia' non accipitur in trinitate nisi pro 'usia' uel 'ypostasi', ergo in predicta descriptione ponitur alterutro istorum modorum. Si pro 'usia', ergo supponit pro diuina essentia, ergo et totalis descriptio. Set descriptum, scilicet hoc nomen 'persona', supponit pro persona; set supposita essentia non supponitur persona nec e contrario, ergo descriptio et descriptum non supponunt pro eodem, et ita descriptio non est conueniens.

Item. Descriptio et descriptum dicuntur cum demonstratione, idest quicquid uel quisquis potest demonstrari per orationem constantem ex descriptione et pronomine demonstratiuo. Set per hunc terminum "hec persona" demonstratur pater, ergo et per hunc "hec substantia rationalis nature indiuidua" est demonstrato patre, ergo "hec substantia" est demonstrato patre, quia si descriptio supponit pro patre, et principalis pars descriptionis. Et ita hec est uera "hec substantia est demonstrato patre", eadem ratione et "hec essentia est demonstrato patre", quod falsum est. Immo est incongrua, quia nunquam per terminum essentialem demonstratur persona, nec per personalem essentia.

⟦ Item. Aut ponitur ibi 'substantia' prout est uel significat "genus generalissimum in primo predicamento", aut prout parificatur huic termino "res per se existens". Si prout est genus generalissimum, non conuenit personis increatis, quod est contra Boetium qui ibi intendit ostendere quod Christus sit

---

59 respondeant CaAS: respondent ER 61 De persona R: Descriptio persone E *om.* CaCbA-SP 64 Ca 188ra 76-77 descriptione *p*CaEδ: descripto *s*CaCb 77 potest demonstrari per orationem constantem ex descriptione et pronomine demonstratiuo *iter.* Ca potest demonstrari per orationem constantem *add.* Cb potest demonstrari per etc. *add.* δ 78-79 ergo hec substantia rationalis nature indiuidua est demonstrato patre *iter.* CaCbEP 85 Item. Aut ponitur ibi... ...ergo superfluunt alie partes descriptionis *inf.* E

---

64 De trinitate : Boeth., *c. Eut.*, c. 3, ed. Stewart-Rand-Tester, 84$^{4-5}$, PL 64, 1343 C-D.
88 Contra Boetium : cf. Boeth., *c. Eut.*, ed. Stewart-Rand-Tester, 72-76, PL 64, 1338 C-1341 A.

persona. Si prout parificatur predicto termino, ergo conuenit diuine essentie; similiter et alie partes descriptionis, ergo et descriptio conuenit diuine essentie ita quod supponit pro ea; ergo et descriptum quod absit. Si uero sumitur hic hoc nomen 'substantia' ita quod parificetur huic nomini 'persona', ergo superfluunt alie partes descriptionis.]

Item. Descriptio et descriptum dicuntur condeclinabiliter, idest si descriptio singulariter, et descriptum, et e contrario; et si hoc in nominatiuo casu, et illud, et e contrario, et sic de aliis casibus. Set pater et filius et spiritus sanctus sunt tres persone, ergo sunt tres substantie rationalis nature indiuidue, ergo sunt tres substantie, ergo tres essentie, quod est impossibile.

Si hoc nomen 'substantia' in predicta descriptione supponit pro ypostasi, ergo ponitur ibi pro hoc nomine 'ypostasis', ergo ualet ibi idem quod hoc 'nomen' persona, ergo est sensus "persona est substantia rationalis nature indiuidua", idest persona est rationalis nature indiuidua. Set secundum hoc omnes partes ‖ descriptionis preter hoc nomen 'substantia' superfluunt, et descriptum siue eius equipollens ponitur in descriptione, et ita est omnino ‖ superflua et inconueniens.

[Item. Queritur quomodo ponatur hoc nomen 'indiuidua' ‖ in illa descriptione, si secundum quod species dicitur habere indiuidua. Quod uidetur uelle Boetius assignans quare in descriptione ponatur, et dicit quod ad differentiam speciei que non est indiuidua, idest discreta et distincta, immo est diuidua. Ergo anima est indiuidua, quia distincta et discreta et per se existens; et est substantia rationalis nature, ergo ei conuenit descriptio, ergo est persona. Si sumitur ibi 'indiuidua', idest incommunicabilis ut pars, ergo diuina essentia est indiuidua; et est substantia rationalis nature, ergo ei conuenit descriptio directe, ergo et descriptum, ergo supposita diuina essentia supponitur et persona.]

Ad hoc dicimus quod hoc nomen 'substantia' ‖ ponitur in predicta descriptione pro hoc nomine 'ypostasis', nec tamen hoc nomen 'ypostasis' equipollet huic nomini 'persona', immo est superius. Pertinet enim hoc nomen 'ypostasis' in creaturis ad omnes res primi predicamenti, quia omnis res primi predicamenti est ypostasis.

---

95 e contrario] et si descriptum pluraliter, et descriptio, et e contrario *add.* Ca

---

94 condeclinabiliter] indeclinabiliter Cb   97 rationalis *scripsi cum* γ: rationales CbE   99 si CaEPAS: set CbR   101 substantia] essentia E   102 persona] cum persona *add.* P   103 R 31va 104 A 238rb 106 S 35rb 112 ut pars CaP] compositione β   116 Cb 270vb 120 quia omnis res primi predicamenti est ypostasis *om.* δ

---

108 Boetius: cf. Boeth., *c. Eut.*, c. 3, ed. Stewart-Rand-Tester, 88$^{49\text{-}55}$, PL 64, 1344 C.

De persona

⟦ Et in eadem significatione conuenit comuniter hoc nomen 'ypostasis' personis increatis. Ista enim tria nomina: 'substantia' (prout ibi ponitur), 'ypostasis', 'quis' (prout Priscianus querit «quis natat in mari?», et respondetur «piscis»), equipollent et possunt dici personalia, non quia semper supponant personam, immo quandoque essentiam, ut lignum et asinum, ∥ set quia quicquid supponunt ut personam supponunt. ∥ Hoc quidem nomen 'quis' in nostro usu restringitur tantum ad rationalia, et secundum hoc continet sub se hoc pronomen 'iste' substantiuatum in masculino genere, ∥ quod demonstrat tantum rationalia. Set secundum Priscianum largius sumitur, ita scilicet quod parificatur huic nomini 'ypostasis' et huic nomini 'substantia' posito in descriptione. Et secundum hoc nihil impedit quin possit subsumi et inueniri hoc pronomen 'iste' substantiuatum in masculino genere, et largius sumptum quam sumatur in usu nostro, quo inuento, per illud supponetur 'asinus'; similiter per hoc neutrum 'hoc': non tamen, asino demonstrato, 'istum esse' est 'hoc esse', sicut nec 'quem esse' siue 'esse quem' est 'esse quid', quia hoc pronomen 'iste' et hoc nomen 'quis' supponit personaliter, idest quod supponit, supponit ut personam, set et hoc pronomen 'hoc' et hoc nomen 'quid' est essentiale et supponit essentialiter.

Sunt enim in hac facultate tres modi supponendi, scilicet essentialiter, ut 'esse quid' est 'esse essentiam'; personaliter, ut 'esse quem' est 'esse personam', et notionaliter, ut 'esse quam' est 'esse notionem'. Sumitur ergo hoc nomen 'substantia' in predicta descriptione equipollenter cum hoc nomine 'quis' uel cum hoc nomine 'ypostasis', unde non conuenit diuine essentie supposite, quia supposita diuina essentia non supponitur substantia in illa significatione, nec qui loquitur de essentia loquitur de substantia nec e contrario. Immo secundum hanc significationem huius nominis 'substantia' concedimus quod pater et filius et spiritus sanctus sunt tres substantie et tres

---

123 prout Priscianus Ca : pro personis δ prout personis E   125 P 142ᵛᵃ   126 E 101ʳᵇ
128 substantiuatum] subiectum β   128 Ca 188ʳᵇ   129 Priscianum] personis E   134 asino etiam *add*. APSCa   136 nomen CaPAS : pronomen ER   140 est E : et γ

---

123 Priscianus : Prisc., *Inst.* XVII, 43, ed. M. Hertz – H. Keil, t. 3.2, 134¹⁹⁻²³: «Appellativa quoque nomini infinito, quod est 'quis' solent subiungi, sed magis generalia aut specialia, ut 'quis inuenit literas?', 'homo', 'quis utilis aratro?' 'bos'; 'quis natat in mari?' 'piscis'; sed videtur hic quoque res individua esse, cum de ipso generaliter animali est interrogatio».   129 Secundum Priscianum : Prisc., *Inst.* XVII, 41, ed. M. Hertz – H. Keil, t. 3.2, 133¹³⁻¹⁸: «Supra dictis vero nominibus vel adverbiis, quia generaliter omnes in se species comprehendunt, omnibus sibi subiectis speciebus bene respondetur, ut si dicam 'quis est ille?', potest ad hoc omnis substantie species responderi, quae est supposita interrogationi, ut 'homo', 'equus', 'corvus', 'piscis'».

ypostases sicut et tres persone: hoc enim sepe dicit Augustinus in libro De trinitate.]

150 Set in predicta descriptione restringitur hoc nomen 'substantia' per hoc adiunctum "rationalis nature" tantum ad rationalia primi predicamenti. Set quia non omne rationale est persona, additur 'indiuidua', ut per hoc excludantur illa rationalia, scilicet anime que non sunt persone. Dicitur enim 'indiuidua' illa sola substantia que est incommunicabilis compositione, idest
155 que non potest uenire in compositionem alicuius rei. Et ita cum anima ueniat in compositionem hominis, non est persona, quia non est substantia indiuidua, idest incommunicabilis compositione. Set angelus est persona, unde impossibile fuit et est filium dei assumpsisse angelum, quia si angelus assumeretur, ueniret in alicuius rei compositionem, quod fuit et est impossibile.
160 Set possibile fuit eum assumpsisse angelicam naturam. Si enim assumpsisset angelum, non esset angelus, quia nunquam assumens || est assumptum, et ita oporteret quod angelus ueniret in compositionem || alicuius rei que esset filius dei. Set hoc impossibile. Set si assumeret angelicam naturam, esset angelus, quod possibile fuit eum esse; e contrario, possibile fuit filium dei
165 assumere animam; set impossibile eum fuit assumere naturam anime, quia si assumeret naturam anime, esset anima, et ita ueniret in alicuius compositionem, et esset pars alicuius rei, et ita non esset substantia indiuidua, immo diuidua, et ita non esset persona, quod est impossibile. Pars enim alicuius rei non potest esse persona.
170 Magister tamen in Sententiis dicit quod anima dum est in corpore non est persona, set dum est extra corpus est persona, quia tunc, ut dicit, est substantia indiuidua; quod non concedimus, quia hoc nomen 'indiuidua' in illa descriptione non solum priuat actum componendi, set etiam aptitudinem, et

---

148 enim EPS : nomen CaAR   151 predicamenti] et ad personas increatas add. Eγ   154 indiuidua illa sola substantia scripsi : illa sola substantia indiuidua mss.   160 eum Cb : enim Eγ   161 R 31vb 162 S 35va 164 eum CbE : enim γ   164 esse] angelum add. β   164-165 filium dei assumere... ...hoc nomen persona secundum quod dicitur tantum de personis om. R

148 Augustinus in libro De trinitate : cf. Aug., trin. VII, c. 4, 7-8, CCSL 50, 255-259 (PL 42, 939-941): «Quod enim de personis secundum nostram, hoc de substantiis secundum Graecorum consuetudinem, ea quae diximus, oportet intelligi. Sic enim dicunt illi tres substantias, unam essentiam, quemadmodum nos dicimus tres personas, unam essentiam vel substantiam».   154 incommunicabilis compositione : cf. Alan., Quoniam hom., n. 34-35, ed. P. Glorieux, 172-174.   169 Pars enim alicuius rei non potest esse persona : cf. Gilb. Porret., In c. Eut., 3, 5, ed. Häring, 272$^{27\text{-}28}$ (PL 64, 1371 D).   170 Magister tamen in Sententiis : cf. Petr. Lomb., Sent. III, 5, 3.2, ed. Collegii S. Bonaventurae ad Claras Aquas, 48$^{1\text{-}5}$: «Persona enim est substantia rationalis individuae naturae, hoc autem est anima. Ergo si animam assumpsit, et personam; quod ideo non sequitur quia anima non est persona quando alii rei unita est personaliter, sed quando per se est, absoluta enim a corpore persona est, sicuti angelus».

De persona

ita cum anima extra corpus posita sit apta uenire in compositionem, non est tunc substantia indiuidua, quare nec || persona, nec esse potest.

Vt ergo breuiter concludamus: hoc nomen 'substantia' ponitur in predicta descriptione prout designat generaliter ypostasim, set additur 'rationalis nature' ad excludendum omnia non rationalia primi predicamenti. Item, quia quedam rationalia, scilicet anime, non sunt persone, additur 'indiuidua' quod priuat communicabilitatem compositionis. Et preterea notat rem uel personam de qua dicitur singulari proprietate ab aliis rebus et personis discretam et distinctam, quod bene conuenit omnibus personis, scilicet creatis et increatis.

〚 Et ita Boetius incipit assignare rationem quare hoc nomen 'indiuidua' ponatur in descriptione, set non perficit assignationem rationis: non enim ponitur ibi prout species dicitur habere indiuidua, set prout notat incomunicabilitatem que duplex est, scilicet per singularem et discretam ab aliis rebus; et sic species, que comunicabilis est, excluditur ab illa descriptione. Et est incomunicabilitas || compositionis; et hoc nomen 'indiuidua' positum in descriptione notat utramque incomunicabilitatem, idest notat quod res de qua dicitur sit incomunicabilis utroque modo, et ita excludit a descriptione et speciem || et animam, quia una est comunicabilis uno modo, et altera altero modo. 〛

◁2▷ Set queritur utrum hoc nomen 'indiuidua' dicatur de diuina essentia, utrum scilicet hec sit uera: "diuina essentia est indiuidua".

Ad hoc dicimus quod hoc nomen 'indiuidua' potest sumi dupliciter, scilicet ut dicatur 'indiuidua', idest incomunicabilis compositione ita quod nihil aliud notatur per illud nomen, et secundum hoc diuina essentia est indiuidua, idest incomunicabilis compositione, uel potest sumi 'indiuidua', idest incomunicabilis compositione; et singulari proprietate ab aliis rebus et personis discreta et distincta, et secundum hoc diuina essentia non est indiuidua, quia nulla proprietate distinguitur. Et utroque istorum modorum conuenienter ponitur hoc nomen 'indiuidua' in predicta descriptione.

◁3▷ || Item. Queritur utrum predicta descriptio conueniat diuine essentie.

Ad hoc dicimus quod non conuenit ei suppositione, set assignatione, scilicet ex parte predicati. Hec enim est uera: "diuina essentia est substantia rationalis nature indiuidua".

---

175 A 238ᵛᵃ   177-178 rationalis sEγ : generalis CbpE   181 singulari] singularitate Cb 189 E 101ᵛᵃ   192 Ca 188ᵛᵃ   195 uera diuina essentia est indiuidua] natura diuina essentia est diuidua Cb   196 indiuidua] diuidua Cb   200 uel potest sumi indiuidua, idest incomunicabilis compositione CaCb : *om*. Eδ   203 hoc nomen indiuidua *om*. Cb   204 Cb 271ʳᵃ

---

184 Boetius : cf. supra, p. 103, l. 245.

Set contra. Sumatur hoc nomen 'indiuidua' secundum quod notat predicta duo – "diuina essentia est substantia rationalis nature indiuidua", ergo diuina essentia est indiuidua, et ita proprietate distincta: non ualet argumentatio. Instantia: diuina essentia est persona genita, ergo diuina essentia est genita. Set nonne dicitur in quadam prefatione "indiuide unitatis || confessio", et ita unitas siue diuina essentia est indiuidua.

Ad hoc dicimus quod in illa prefatione sumitur hoc nomen 'indiuidua' pro hoc nomine 'simplex', et ita non est obiectio.

◁4▷ Item. Queritur utrum predicta descriptio conueniat tam creatis quam increatis personis. Quod autem conueniat creatis patet per eius partes. Item. Quod conueniat increatis patet per intentionem Boetii de personis contra hereticos disputantis. Et ita conuenit tam creatis quam increatis, quod concedimus in quadam communi significatione huius nominis 'substantia'. Est enim ibi commune ad omnes ypostases primi predicamenti et ad ypostases increatas. Similiter et alie partes descriptionis sunt communes ad personas creatas et personas increatas. Similiter hoc nomen 'persona' ibi, licet enim in quadam speciali significatione dicatur de || personis increatis, et in alia speciali tantum de creatis; nihilominus tamen in quadam comuni significatione dicitur tam de personis creatis quam de increatis.

Set nota quod licet in quadam significatione dicatur hoc nomen 'persona' tantum de personis creatis, non tamen in illa significatione conuenit omni persone create. Christus enim est persona creata, non tamen conuenit ei hoc nomen 'persona' secundum quod dicitur tantum de personis creatis, quia Christus non est persona secundum quod homo; unde in nulla significatione conuenit ei hoc nomen persona, in qua non conueniret ei cum uerbo presentis temporis ante incarnationem. Vnde hec descriptio "substantia rationalis nature indiuidua", prout parificatur huic nomini 'persona' secundum quod dicitur de personis creatis non conuenit Christo, quia Christus non est substantia secundum quod homo, secundum quod hoc nomen 'substantia' ibi ponitur, et supponit 'ypostasim', siue 'quem' et non 'quid'. Set Christus secundum quod homo non est 'quis', set 'quid'.

◁5▷ De significatione persone.

Set cum Augustinus dicat quod "personam esse est essentiam esse" et e contrario, ⟦ dicit enim quod «idem est deo esse personam et esse essentiam»,

---

212 S 35vb 224 dicatur] hoc nomen 'persona' *add.* CaEAS   224 P 142vb 236 homo secundum quod *om.* δ   239 de significatione persone γ: *om.* Cb in designatione persone E

---

218 Per intentionem Boetii: cf. supra, p. 97, l. 88 et adnot.   240 Augustinus: Aug., *trin.* VII, c. 6, 11, CCSL 50, 261 (PL 42, 943).

De persona

sicut habemus in primo Sententiarum,]] queritur quid predicet siue significet hoc nomen 'persona' cum dicitur "pater est persona".

[[Videtur per predicta uerba Augustini quod sit nomen essentiale.]]

Item. Dicit Augustinus quod quicquid dicitur de tribus personis secundum essentiam, dicitur sigillatim de qualibet illarum et in summa, scilicet singulariter de illis insimul, excepto hoc nomine 'persona'. Nulla esset ista exceptio, nisi hoc nomen 'persona' secundum essentiam diceretur de personis, et ita est essentiale.

Item. Dicitur quod cum christiani dicerent patrem et filium et spiritum sanctum esse tres, heretici instarent eis querendo "quid tres". Vt satisfieret instantie hereticorum, inuentum est hoc nomen 'persona', quod respondetur || ad illam questionem. Ergo inuentum est hoc nomen 'persona' ad respondendum questioni per 'quid'. Set 'quid' non querit nisi de essentia, ergo 'persona' est essentiale nomen.

Set contra. Omne nomen dictum de trinitate est essentiale aut relatiuum. Set hoc nomen 'persona' dicitur de trinitate, ergo est tale uel tale.

Item. Hoc nomen 'persona' dicitur de patre, ergo essentialiter uel relatiue. Si essentialiter, ergo est essentiale, et ita suppo || sita diuina essentia supponitur persona; ergo sicut hec est uera "tres persone sunt una essentia", ita et hec "tres persone sunt una persona", quod falsum est. Si relatiue, ergo supponit aut copulat notionem. Si supponit notionem, non ergo personam, uel ergo "esse personam" non est "esse quem". Si copulat notionem, ergo dicitur in respectu, ut scilicet dicatur || "pater est persona" ad filium quod nihil est dictu.]]

Ad hoc dixerunt quidam quod hoc nomen 'persona' in singulari est essentiale, et in plurali est personale, et ideo dixit Augustinus, ut dicunt, quod "personam esse est essentiam esse". Set sicut ipsi concedunt quod pater et filius et spiritus sanctus sunt una essentia, debent dicere quod sunt una persona. Istam opinionem tanquam antiquatam re || linquimus.

Alii uero dicunt quod hoc nomen 'persona' significatione est essentiale, set suppositione est personale, sicut hoc nomen 'missus' substantiuatum; unde dicunt quod Augustinus habens respectum ad significationem nominis dixit

---

253 A 238vb 259 Ca 188vb 264 S 36ra 270 E 101vb

242 In primo Sententiarum : Petr. Lomb., *Sent.* I, 23, 2, 2, ed. Collegii S. Bonaventurae ad Claras Aquas, 181$^{16-19}$; I, 25, 1, 2, 190$^{17-18}$.   245 Augustinus : Aug., *trin.* V, c. 8, 9, CCSL 50, 215-216 (PL 42, 917); cf. Petr. Lomb., *Sent.* I, 23, 1, 1, ed. Collegii S. Bonaventurae ad Claras Aquas, 181$^{4-9}$.   250 dicitur : cf. Aug., *trin.* VII, c. 4, 7, CCSL 50, 255 (PL 42, 939); cf. Petr. Lomb., *Sent.* I, 23, 2, 2, ed. Collegii S. Bonaventurae ad Claras Aquas, 183$^{4-5}$; I, 25, 1, 4, 191$^{15-25}$.   256 omne nomen... ...relatiuum : cf. Aug., *trin.* V, c.8, 9, CCSL 50, 215 (PL 42, 916); cf. Petr. Lomb., *Sent.* I, 26, 3, 1, ed. Collegii S. Bonaventurae ad Claras Aquas, 198$^{20-22}$.

quod "personam esse" est "esse essentiam". Set qua ratione concedunt isti quod pater est una persona et filius est alia persona, debent dicere quod deus genuit alium deum; uel sicut concedunt quod persone sunt, debent dicere quod dii procedunt. Set forte dicent quod non est simile, quia hoc nomen 'persona' ubique supponit personam, set hoc nomen 'deus' non nisi ex restrictione. || Set si hoc dicant, debent dicere ad minus quod filius et spiritus sanctus sunt duo missi, quia hoc nomen 'missi' substantiuatum non supponit nisi personam.

Alii uero, quibus consentimus, dicunt quod hoc nomen 'persona' nec significatione, nec suppositione est essentiale modo, set tantum personale; set antiquitus in quadam significatione, modo inusitata, erat essentiale significatione et suppositione. Set postea urgentibus hereticis institutum fuit in alia significatione, in qua fuit et est personale. Vnde quidam sustinentes hanc opinionem dicunt quod Augustinus secundum priorem significationem || huius nominis persona dixit quod "esse personam est esse essentiam", et secundum posteriorem significationem dixit quod "pater et filius et spiritus sanctus sunt tres persone". Set auctoritates Augustini que sunt in primo Sententiarum manifeste uolunt quod etiam secundum posteriorem significationem huius nominis persona "personam esse sit essentiam esse". Et ideo paulo aliter procedimus, dicentes quod hoc nomen 'persona' secundum quod illo in trinitate utimur, non datur ab aliqua proprietate essentiali uel notionali, set supponit personam sicut hoc nomen 'aliquis' et significat intellectum, et significat personam.

⟦ Nec tamen significat predicabile uel quasi predicabile, ut ista nomina 'deus', 'deitas', 'pater', 'paternitas' signifacant quasi predicabilia, unde realiter predicant essentiam uel notionem; set hoc nomen 'persona' significat intellectum, quo mediante significat et supponit suppositum siue personam, set nec ut proprietatem, nec ut essentiam; unde nihil predicat realiter, quia nichil dat intelligi ad modum predicabilis. Supponit ergo personam, set non predicat eam, quia sicut nullus homo predicatur, sic nec filius dei, nec alia persona.

Ad sequens dicimus quod cum Augustinus dicit quod "quicquid dicitur de tribus personis secundum essentiam" etc., large sumit "dicitur secundum essentiam", ut scilicet illud nomen dicatur dei secundum essentiam quod connotat essentiam, et ideo excipitur bene hoc nomen 'persona'.

---

279 Cb 271rb 287 R 32ra 298–299 realiter] rationabiliter β rationaliter P

---

290 Auctoritates Augustini : cf. Aug., *trin.* VII, c.4-6, CCSL 50, 256-262 (PL 42, 941-943). 290-291 In primo Sententiarum : cf. Petr. Lomb., *Sent.* I, 23, 1-5, ed. Collegii S. Bonauenturae ad Claras Aquas, 181^{16}-185^{21}.   305 Augustinus : cf. supra, p. 103, l. 245 et adnot.

De persona

Ad sequens dicimus quod non omne nomen in trinitate est essentiale uel relatiuum. Duo enim sunt principalia genera nominum que dicuntur de trinitate, scilicet essentiale et relatiuum, et iuxta utrumque genus sumitur aliquod genus secundarium, quia iuxta nomen relatiuum sumitur quoddam nomen quod non est relatiuum, set quasi relatiuum, quale est hoc nomen 'duo': non est enim relatiuum, quia nec copulat nec supponit notionem, alioquin plures quam quinque essent notiones, set est quasi relatiuum quia distinguit || sicut et nomen relatiuum. Similiter iuxta nomen essentiale sumitur quoddam nomen quod non est relatiuum nec essentiale, set quasi essentiale, quale est hoc nomen 'persona': non enim est relatiuum, quia non supponit nec copulat notionem; nec est essentiale, quia nec supponit, nec copulat essentiam; set est quasi essentiale, quia supponit ad modum essentialis.]

Vnde pater nullo est persona, nec filius aliquo est persona, nec spiritus sanctus; unde hec locutio "filius in eo quod est persona conuenit cum patre" potest esse incongrua uel congrua, quia hec uox "in eo quod" potest respicere proprietatem (uelut cum dicitur "iste in eo quod est homo, est animal"), et secundum hoc est incongrua, quia nulla proprietas notatur per hoc nomen 'persona'; uel potest respicere attributum. Et est uera sub hoc sensu: "filius in hoc", scilicet esse personam, "conuenit cum patre". [Set inde non sequitur "ergo aliquo est persona".]

Innuit tamen hoc nomen 'persona' essentiam siue || substantiam diuinam sub illo tropo loquendi quo dicitur in alia facultate || quod hoc nomen 'albus' significat substantiam cum qualiate, quia notat rem termini, de quo dicitur, esse substantiam. Similiter hoc nomen 'persona' notat rem de qua dicitur esse substantiam. Vnde hec argumentatio est uera : "pater est persona, ergo est essentia siue substantia", similiter hec est uera: "persona est, ergo substantia est", sicut hoc nomen 'incarnatus' uel 'humanatus' significat et copulat diuinam essentiam et nullam connotat proprietatem nec effectum aliquem in creatura, set notat quod res siue persona de qua dicitur sit facta homo. Vnde hec || est uera: "diuina essentia est incarnata", "filius dei est incarnatus"; hec autem falsa: "pater uel spiritus sanctus est incarnatus", non propter adiectiui copulationem, set propter eius innuitionem. Innuit enim quod pater uel spiritus sanctus sit factus homo. Et Augustinus, more suo habens respectum ad innuitionem huius nominis 'persona', dixit quod "personam esse est substantiam siue essentiam esse". Est enim mos Augustini quod quando aliqua uox significat unum et connotat aliud, modo utitur illa uoce pro principali signi-

---

316 S 36rb 329 Ca 189ra 330 A 239ra 333 Similiter hoc nomen 'persona' notat rem de qua dicitur esse substantiam *om.* δ   333 uera Cb : necessaria Eγ   334 uera Cb : necessaria Eγ   338 P 143ra

ficato, modo pro connotato, unde dicit super Iohannem quod filium audire patrem est filium generari a patre, et tamen hoc uerbum 'audire' non significat || notionem, immo diuinam essentiam, et connotat notionem, et ideo dicit Augustinus quod audire patrem est generari a patre. Quandoque uero Augustinus habens respectum ad principalem significationem huius uerbi 'audire', dicit quod 'filium audire est || filium esse'. Respiciens igitur Augustinus principalem significationem et suppositionem huius nominis 'persona', dicit in primo Sententiarum: "patrem et filium et spiritum sanctum dicimus esse tres personas", set respiciens innuitionem eiusdem nominis, subiungit || quod "commune est eis id quod est persona", scilicet substantia.

◁6▷ Item. Caue quod dicit magister in Sententiis, quod cum dicimus tres personas esse, dicimus quod tres persone sunt, idest tres subsistentes, scilicet tres entes pro quo Greci dicunt "tres ypostases". Et postea in vii uel viii capitulo inducit ad idem auctoritatem Iohannis Damasceni; set non est mirum quod dicit magister nisi hoc nomen 'tres' ubique teneatur adiectiue, quod si est, ergo pater et filius et spiritus sanctus sunt tres entes, ita quod hec dictio 'entes' teneatur substantiue. Eadem ratione pater et filius et spiritus sanctus sunt tres dii, quia sicut hoc nomen 'deus' est essentiale, ita hec dictio 'ens' siue teneatur adiectiue, siue substantiue.

Ad hoc dicimus quod nichil cogit nos ut dicamus hanc dictionem 'entes' teneri substantiue in predictis uerbis magistri. || Potest enim teneri adiectiue, et hoc nomen 'tres' substantiue, et nullus erit scrupulus. Dicamus tamen e contrario secundum quod dicitur in alia facultate, quod participium presentis temporis ponitur pro suo uerbo et hoc nomine "qui est", ergo hic sensus "tres entes", idest "tres qui sunt". Set locutio est multum inpropria, unde in communi usu loquendi non esset concedendum quod pater et filius et spi-

---

346 audire] generari Cb   347 R 32rb 348 Augustinus Eγ: *om.* Cb   350 Cb 271va 354 E 102ra 355 quod Cb : tibi Eγ   356 quod tres *om.* Cb   358 mirum *scripsi* : magnum *mss.*   359 ubique *om.* Cb   359 adiectiue] substantiue Cb   365 S 36va 368 qui] quod Cb

---

345 Super Iohannem : cf. Aug., *tract. in Ioh.* XIV, 7, CCSL 36, 146 (PL 35, 1506): «Cum ergo Deus loquens, linguam non quaereret, et genus locutionis non adsumeret, quomodo auditus est a Filio, cum ipsum Filium sit locutus Deus? Quomodo enim tu uerbum quod loqueris, in corde habes, et apud te est, et ipsa conceptio spiritalis est (...), sic Deus edidit Verbum, hoc est, genuit Filium».   349 Augustinus : Aug., *tract. in Ioh.* XVIII, 10, CCSL 36, 186 (PL 35, 1542): «Ergo et audit filius, et uidet filius, et ipsa uisio et auditio filius; et hoc est illi audire quod esse, et hoc est illi uidere quod esse».   350-351 Augustinus : Aug., *trin.* VII, c.4, 8, CCSL 50, 257 (PL 42, 940).   352 In primo Sententiarum : Petr. Lomb., *Sent.* I, 23, 3, 3, ed. Collegii S. Bonauenturae ad Claras Aquas, 183^{32}-184^{2}.   355 magister in Sententiis : cf. Petr. Lomb., *Sent.* I, 25, 2, 3, ed. Collegii S. Bonauenturae ad Claras Aquas, 193$^{10-25}$.   357-358 In vii uel viii capitulo : cf. Petr. Lomb., *Sent.* I, 25, 2, 3, ed. Collegii S. Bonauenturae ad Claras Aquas, 194$^{20-22}$.   358 Iohannis Damasceni : Ioh. Dam., *fid. orth.*, III, c. 5 (PG 94, 999 B), Translatio Burgundionis, ed. Buytaert, 183

ritus sanctus sunt tres entes uel subsistentes, ita quod hec dictio "entes uel subsistentes" teneatur substantiue. Set hic excusamus magistrum.

⟦ Set obicitur: tu dicis quod Augustinus ideo dicit hoc nomen 'persona' significare essentiam, siue "idem esse deo esse personam et esse essentiam", quia hoc nomen 'persona' eo modo significat essentiam quomodo hoc nomen 'albus' suppositum siue substantiam, scilicet quia innuit et connotat substantiam. Ergo eadem ratione debuit dicere Augustinus, et tu cum eo, quod hoc nomen 'pater' significat substantiam siue essentiam, uel ad minus hoc nomen 'genitus' ita quod sit nomen et adiectiue teneatur. Dicimus quod non est ita, quia licet hoc nomen 'persona' dicatur significare essentiam eo modo quo hoc nomen 'albus' suppositum siue substantiam, non tamen penitus eodem modo, set quodammodo eodem modo, quia longe expressius hoc nomen 'persona', scilicet quia connotat essentiam et in hoc conuenit in hoc nomine 'albus', quia hoc nomine audito 'persona' statim intelligitur quod persona sit essentia, et quia significat ut dictum est essentialiter, quod non facit hoc nomen 'genitus' uel hoc nomen 'pater'.

◁7▷ Item. Cum hec sit uera 'pater notione est pater', et hec 'deus essentia siue deitate est deus', quare non similiter hec est uera 'pater personalitate est pater'?

Si forte concedatur sic, contra: ablatiuus determinat hoc nomen 'persona', ergo ratione essentie uel notionis. Si ratione essentie, ergo hoc nomen 'persona' supponit uel co ‖ pulat essentiam, et ita est stricte essentiale, ergo non dicitur pluraliter de personis, quia nullum nomen significatione essentiale dicitur suppositione pluraliter de personis, siue supponat personas, siue non. Si uero sit determinatio ratione notionis, ergo hoc nomen 'persona' supponit uel copulat notionem, ergo est relatiuum.

Dicimus quod uere dicitur "pater deitate est deus" et ablatiuus designat ibi non dico causam, set tamquam causam. Nichil enim est causa dei. Set cum diuina essentia per hanc ablatiuum 'deitate' supponatur ut proprietas, determinat predicatum tamquam designans causam. Set nihil est dictu "pater personalitate est persona", quia iste ablatiuus "personalitate" non potest ibi notare causam nec tamquam causam, quia nec supponit essentiam, nec notionem, nec aliud, set est tantum modus loquendi sicut hoc nomen 'ternarius' cum dicitur "ternarius personarum est".

◁8▷ Item. Queritur utrum Christus secundum quod homo sit persona.

Hoc probatur. Concedatur hec locutio: "Christus est factus aliquid", ‖ quia est factus hoc. Hec enim dictio 'factus' non habet in se negationem uel cau-

---

373 Set obicitur tu dicis... ...genitus uel hoc nomen pater *iter.* Ca   373 persona Ca : personam δE   379 et Ca : *om.* δE   392 Ca 189rb 406 A 239rb 407-408 causam *scripsi cum* δ : officium CaE

sam confundendi terminum communem sequentem, et ita sufficit unus descensus. Et ita cum hec sit uera "Christus est factus hoc", et hec est uera "Christus est factus aliquid", pari ratione hec est uera: "Christus factus est substantia rationalis nature indiuidua" (sumatur hoc nomen 'substantia' prout sumitur in descriptione). Quod illa sit uera sic probatur: Christus est factus substantia huius rationalis nature indiuidua, demonstrata rationalitate Christi creata. Hoc enim nomen 'rationalis' sumitur in descriptione communiter ad rationalitatem creatam et increatam. Cum ergo hec sit uera "Christus est factus substantia huius rationalis nature indiuidua", et hec similiter est uera "Christus est factus substantia rationalis nature indiuidua", ergo a descriptione Christus est factus persona; set non secundum quod deus, ergo secundum quod homo, ergo est persona secundum quod homo.

Item. Aliquot sola concurrunt sufficienter ad hoc quod iste ‖ purus homo sit persona, scilicet corpus, anima et rationalitas. Set eadem in specie concurrunt in Christo secundum quod est homo, ergo est persona secundum quod homo.

Item. Iste terminus 'persona' in quadam significatione speciali dicitur tantum de personis creatis: aut in illa dicitur de Christo, aut non. Si dicitur, ergo Christus est persona secundum quod homo. Si non, ergo ille terminus 'aliquid' notat uel connotat circa personas creatas quod non conuenit Christo. Dicatur quidem: "dicimus quod Christus non est persona secundum quod homo, immo quasi hereticum est dicere quod Christus factus sit persona". Nam persona nomen est iuris et dignitatis, et humanitas Christi seruitutis. Dicimus ‖ ergo ad obiecta quod hec est uera "Christus est factus substantia rationalis nature indiuidua", set non ualet cum infert "ergo est factus persona". Prima enim est uera ratione descensus huius termini "rationalis nature". ‖ Set in hoc termino 'persona' nullus est descensus ratione humane Christi nature, et ita cum hac dictione 'factus' uel cum consimili non ualet argumentatio, a descriptione, ad descriptum uel e contrario. Set cum hoc uerbum 'est' ualet instantia, posito quod Sortes modo sit albus una albedine, et continue ante fuit albus alia albedine. Hoc ergo posito hec est uera: "Sortes fit affectus albedine quia fit affectus hac albedine, ergo fit albus". Non ualet, quia in hoc nomine 'albus' non fit descensus, et ita cum continue ante fuit albus, non fit modo albus; set in hoc termino 'albedine' est descensus, et ideo prima est uera.

Ad sequens dicimus quod re uera aliquot sola concurrunt ad hoc quod iste purus homo sit persona que non concurrunt in Christo, uel eadem in specie concurrunt, non tamen penitus eodem modo. Ad hoc enim quod iste homo

---

420 S 36vb 428 quidem *scripsi cum* S : quid CaEPAR   431 E 102rb 434 P 143rb

De persona

purus sit persona, exigitur quod anima sit corpori unita mediante rationalitate, et ista concurrunt in Christo; propterea in isto puro homine exigitur excellentia, siue quod rationalitas sit in eo excellente, ita scilicet quod in eo nulla sit excellentior natura. Et ideo diximus quod persona nomen est iuris siue dignitatis, et non seruitutis. Set ista excellentia non est in Christo homine, nec rationalitas creata est in eo predicto modo, scilicet excellenter. Ex hoc patet quod hoc nomen 'persona' in illa speciali significatione, in qua dicitur tantum de personis creatis, non dicitur de Christo, quia connotat quandam excellentiam que non conuenit Christo secundum quod est homo siue, ut ita dicam, habet intellectum articuli notantis excellentiam et excludentis superioritatem siue maiorem dignitatem ab eadem persona.]

---

451 scilicet δ : *om.* CaE   456 persona] "Persona est substantia rationalis nature indiuidua": hec propositio in remouet compositionem et communicabilitatem. Secundum quod remouet compositionem non conuenit anime hoc descriptio, quia anima communicabilis est corpori. Secundum quod remouet communicabilitatem, non conuenit deo, quia deitas communicabilis est quia eadem est essentia trium *add.* E

Is '*Deus scit quicquid scivit*' an epistemic *sophisma*?
Ernesto Perini Santos[1]

I

A *sophisma* is "an ambiguous, puzzling or simply difficult sentence that has to be solved",[2] for which there are *prima facie* arguments for and against its acceptance; '*sophisma*' can also designate the series of arguments of the *probatio* and the *improbatio*. The arguments can depend solely on the signification of the sentence, or on some stipulated situation, a *casus*. I will refer in a broad sense to a sophismatic sentence in which there is an epistemic term, such as '*scit*' or '*ignorat*', as an 'epistemic sophism'. Not every epistemic *sophisma* broadly conceived deals with epistemic problems. By taking the arguments into account, we can offer a more fine-grained classification of epistemic *sophismata*, dividing them in pseudo-epistemic, quasi-epistemic and epistemic narrowly conceived.[3] This classification concerns *sophismata* conceived as arguments, or series of arguments, not as sentences. It is interesting, however, to track different arguments associated with the same sentence, and therefore to individuate a *sophisma* as a sentence, as I do in the title of this paper. Instead of making a stipulation, I will ask the reader to bear in mind the somewhat instable character of these categories.

A pseudo-epistemic *sophisma* is an epistemic sophism whose proofs and disproofs do not depend on the epistemic term that figures in it. An example of a pseudo-epistemic sophism is '*impossibile est te scire plura quam scis*'. They figure, for instance, in two tracts from the beginning of the thirteenth century edited by L.-M. De Rijk, the *Tractatus Vaticanus* and the *Tractatus Florianus*.[4] The series of *sophismata* in the first of these tracts begins with the famous '*album esse nigrum est possibile*', and the second tract includes the same sophism in a chapter dealing with modal propositions (*de propositionibus modalibus*). This sophism can be solved by distinguishing between the *de dicto*

---

[1] Research for this paper was supported by a grant from the Conselho Nacional de Desenvolvimento Científico e Tecnológico, Brasil.

[2] Fabienne Pironet, "*Sophismata*", *Stanford Encyclopedia of Philosophy*, <http://plato.stanford.edu>, p. 1

[3] I have proposed this classification in another paper, "Sophismes épistémiques : un essai de classification", to appear in the acts of the 2003 Geneva colloquium on *Sophismata*.

[4] L.-M. De Rijk (ed.) *Some Earlier Parisian Tracts on* Distinctiones Sophismatum. Artistarium, 7. Nijmegen; Ingenium. 1988; *Tractatus Vaticanus*, p. 31; *Tractatus Florianus*, pp. 54-55.

and the *de re* readings: the modal term '*impossibile*' can be attributed either to the whole *dictum*, and then the sophism is true, or only to the *subiectum dicti*, and then the sophism is false. The argument does not depend at all on the term '*scire*'.[1]

A quasi-epistemic sophism is a sophism whose *probatio* and *improbatio* are based on the epistemic term (or at least on one of the epistemic terms) that appears in it, exploiting features that are not proper to epistemic terms. One example of this category is '*Sortes decipitur nisi ipse decipiatur*'. The *Tractatus Florianus*, again, examines it along with sophisms that are not epistemic, like '*nihil est verum nisi ipsum sit falsum*' and '*nullus homo legit Parisius nisi ipse sit asinus*'.[2] The common problem of these *sophismata* seems to be the (possible) reflexivity of one of its terms ('*decipitur*', '*ipsum*', '*ipse*'), the denotation of falsity in two cases, i.e. the fact that the sentence signifies that one sentence, possibly itself, is false ('*decipitur*', '*falsum*'), and the implication (or a biconditional) associated with a negation by '*nisi*'.[3] In the alethic sophism '*nihil est verum nisi ipsum sit falsum*' the argument runs as follows: from '*nihil est verum nisi ipsum sit falsum*' we obtain '*si non nihil est verum, ipsum est falsum*', that is equivalent to '*si aliquid est verum, ipsum est falsum*' (replacing '*non nihil*' by '*aliquid*'), an obviously absurd sentence. The argument depends on the reflexivity of '*ipsum*' and on the negation signified by '*nisi*'. In the epistemic version, '*decipitur*' is responsible both for the signification of the falsity of a proposition (that is, of the negation of the proposition that is believed by Socrates) and for the reflexivity. These features do not belong only to epistemic terms, as falsity and reflexivity can also be signified by terms that are not epistemic. Indeed, this is the case with the alethic sophism '*nihil est verum nisi ipsum sit falsum*'. One of the most interesting versions of '*Sortes decipitur nisi ipse decipiatur* is due to William of Heytesbury.[4] According to him, the crucial aspect of the sophism is that belief is a derivative notion: a belief must be about something. We see lurking the grounding paradox that concerns alethic predicates: for a proposition to be true (or false) it must be

---

[1] "Prima est duplex ex eo quod iste modus <im>possibile' potest attribui totali dicto, scilicet *te scire plura quam scis*'. Et sic prima est de dicto. Et sic probatur et sic est verum. Et est sensus : hoc dictum *te scire plura quam scis* est impossibile. Hoc enim dictum non potest nec potuit nec poterit esse verum. Ergo est impossibile. Et sic probatur. Vel isto modus 'impossibile' potest attribui subiecto dicti, scilicet huic quod est 'te'. Et sic est falsa. Et est sensus : 'tu non habes potentiam modo ut in alio tempore scias plura quam scis modo'. Et sic improbatur.", *Tractatus Florianus*, I, 7, p. 54-55.

[2] *Tractatus Florianus*, p. 57.

[3] "'Nisi' consequentiam denotat cum negatione'", *Magister abstractionum* (unpublished edition by Mary Sirridge and Paul Streveler)

[4] See section III, below.

about something. A similar lesson follows from the famous paper «*Buridan and Epistemic Paradox*» by Tyler Burge: some of the paradoxes about knowledge and belief have their roots in the reflexivity and derivative character of these notions, and in this regard, they are similar to the notions of truth and necessity.[1] These *sophismata* are quasi-epistemic.

Epistemic sophisms narrowly conceived are those whose proof and disproof arguments depend on features that belong only to epistemic terms. The third part of chapter IV of Buridan's *Sophismata* is constituted, at least *prima facie*, by this kind of *sophisma*. One example is '*tu scis denarios in bursa mea esse pares*'. The *casus* is a variant of Eubulides' famous hooded man paradox: I have two pennies in my purse, and you know that two is an even number, so you know that the number of pennies in my purse is even. But you believe that I have only one penny in my purse, and so believe that I have an odd number of pennies in my purse. In a nutshell, the solution is that such verbs as 'know' and 'believe' make the terms that follow them appellate the reasons under which they were imposed: of the number of pennies in my purse, you know that it is even, but you do not know that the number of pennies in my purse is even, indeed, you believe it to be odd. This solution concerns only verbs relative to "mental acts" that cause the *appellatio rationis*, the subject of this part of Buridan's *Sophismata*.

Some problems concerning the classification of sophisms start to pop up. To begin with, it is evident that the solution of the sophism '*tu scis denarios in bursa mea esse pares*' depends on a distinction of the scope of the verb, and this seems to be precisely the point of the distinction between *de re* and *de dicto* readings of a sentence. Moreover, the list of the verbs producing the *appellatio rationis* includes 'to signify' (*significare*),[2] and it is not obvious that this is an epistemic term. We can see the reason for the caution alluded to above: the proposed classification does not seem to be adequate even for such a well organized collection of *sophismata* as Buridan's.

As I have already noted, these categories are not meant as a classification of the sophismatic sentences, but as a means of seeking an understanding of the arguments associated with them, which seems to be the appropriate level for a philosophical classification. This fact has important consequences for the approach to the texts. If we concentrate on arguments, the same sophism can

---

[1] *Philosophical Studies* 34 (1978), pp. 21-35. Burge examines the sophisms '*Socrates scit propositionem scriptam in pariete esse sibi dubiam*' and '*Socrates sedet vel diijunctiva in pariete est Platoni dubia*' from chapter VIII of Buridan's *Sophismata*.
[2] John Buridan, *Summulae de Practica Sophismata* (ed. F. Pironet), Artistarium, 10-9. Turnhout; Brepols. 2004. cap. IV, tertia pars, p. 20, l. 20-23.

belong to different categories in different sophismatic collections – a *sophisma* may be called pseudo-epistemic, quasi-epistemic or epistemic in the narrow sense in some given author or text, as I have done above. The feeling of anxiety grows: the *probatio* and the *improbatio* are argumentative series that may well include different kinds of arguments. Knowing the medieval taste for the multiplication of arguments, we might fear that more than one of the proposed categories will often be found in the same text, and so the classification will be useless. While this is a possibility, we may find some relief in another consideration: the particular occurrences of sophisms in the sophismatic collections often have a hierarchical order, so that we can single out the argument that decides the truth-value of the sentence examined. We may also expect to find an order in the organization of the texts; while this may reflect a traditional way of understanding the *sophismata*, it mainly shows the comprehension of the problems at stake in each situation (we have seen this phenomenon in the examples above). The point of these rather abstract considerations will appear in the examination of a specific sophism.

II

I will take as my object of analysis different versions of the sophism '*Deus scit quicquid scivit*'. This *sophisma* appears in theological contexts, in particular in *Sentences*, I, d. 41, whose problem is described by Sten Ebbesen in the following way:

> ... how to describe an immutable God's knowledge of a temporally fixed event at different points of time, before, during, and after the event.[1]

This description may be historically accurate, and may well explain the origin of the sophism, yet I think it somewhat misleading as far as the conceptual classification of the arguments associated with this sophism is concerned. The arguments associated with this sophism, at least in the texts I have examined, do not deal with the theological problem of divine knowledge, for it is not primarily about knowledge; it is not an epistemic sophism narrowly conceived, but a quasi-epistemic sophism. This paper will try to justify this claim.

I will begin by examining an anonymous text edited by Ebbesen and dated by him to the first half of the thirteenth century, sophism 10 of the *Sophismata*

---

[1] Sten Ebbesen. Doing Theology with Sophismata. Marmo, Constantino (ed.) *Vestigia, Imagines, Verba* – Semiotics and Logic in Medieval Theological Texts (XIIth-XIVth Century). Brepols. 1997. p. 156

Parisius determinata a maioribus magistris tam Gallicis quam Anglicis transmitted by ms. Vat. lat. 7678.

The *probatio* and the *improbatio* go as follows:

> *Probatio. Deus scivit omnia, et non est aliqua transmutatio facta in ipso, ergo Deus scit quicquid scivit.*
>
> *Contra. Deus scit etc., sed [[non]] scivit te <fore> nasciturum, sed quicquid scitur est verum, ergo te fore nasciturum est verum, ergo tu es nasciturus.* [1]

The arguments are presented in a clear way:

Probatio:
1. *Deus scivit omnia,*
2. *et non est aliqua transmutatio facta in ipso,*
3. *ergo Deus scit quicquid scivit.*

Improbatio
4. *Deus scivit te <fore> nasciturum,*
5. *Ergo scit te fore nasciturum* [by 3 and 4]
6. *sed quicquid scitur est verum,*
7. *ergo te fore nasciturum est verum,*
8. *ergo tu es nasciturus*

The conclusion 8 is obviously absurd, and so is 7, to which it seems to be equivalent. It is not clear which premise must be abandoned. To refuse 4 would be equivalent to denying God's omniscience; 6 seems a well established thesis about knowledge. 5 follows from 3 and 4, and 3 seems to be a valid conclusion from the premises 1 and 2, themselves well entrenched theological theses.

As is usual among medieval scholars, the first stage of the solution is a distinction: *scientia* is in one way in the first cause and in another way in men. In man, the *scientia* is caused by things, and in the first cause, the *scientia* causes things. The fact that human science is caused explains its truth-condition (premise 6 above). The conclusion is that the truth-condition for knowledge is a derivative notion that can be blocked for divine science. This is precisely what sophism 38 of the same manuscript does. Those who accept the distinction between *scientia causans res* and *scientia causata a rebus* can concede the inference '*Deus scivit te non esse, ergo scit te non esse*',

---

[1] Sten Ebbesen. Deus scit quicquid scivit. Two sophismata from Vat. lat. 7678 and a reference to Nominales. *Cahiers de l'Institut du Moyen Age Grec et Latin.* 62 (1992), p. 183 – henceforward referred to as "Ebbesen 1992a".

> ... *sed ulterius non sequitur 'ergo tu non es', quia haec propositio 'quicquid scitur est verum' intelligitur solum de scientia causata a rebus.*[1]

This distinction blocks the move from 4-6 to 7, for 6 does not apply to divine science, and so the sophism can be true about divine knowledge.

Essentially the same argument occurs in sophism 10. Just as for the human knowledge, the inference '*A exists, so the knowledge of A exists*' is not to be accepted, for a cause can exist without its effect, so God's knowledge can exist without what it causes. For this argument to be effective against the *improbatio*, it must block the conclusion 7, and this can be done only by rejecting 6. Divine knowledge of a *dictum* can exist without causing it to be true; God can know something that does not exist, that is, that is not true.

This answer is properly epistemic, depending on a distinction concerning two senses of the verb '*scire*', as applied to God and to creatures (or as it causes or is caused by things). However, it does not seem to be a satisfactory solution. In the *casus* of the sophism 10, you are already born, so what God knows (5) is not the case. For this to be a good answer to this problem, God would have to cause that you are yet to be born, so that His knowledge that can cause your birth can exist without causing it; He would have to undo the past, an implausible metaphysical thesis. If one is not willing to accept this, then it is not clear how this distinction can act as a solution to this *sophisma*. Indeed, He could have caused, in the past, that it be true now that you were still to be born, but then we should say that He could have known that you were still to be born, but not that He knows it now. Anyway, if, *per impossibile*, we granted that God could undo the past, he would have changed the *casus*. Not only does this seem to be a high metaphysical price to pay in order to explain God's knowledge of a changing world, but it is not even clear how this could be a solution to the sophism.

This is not the direction of the sophism. The *scientia causans res* exists both in God and in the *artifex*; if the solution is to depend solely on the distinction between the *scientia causans res* and the *scientia causata a rebus*, the *per impossibile* reasoning above (whose sufficiency is not beyond doubt) is not at our disposal. In a sense, it is clear that the *artifex*'s knowledge that causes the creation of an object exists at a time *t* when he does not use it, but that does not mean that his knowledge can cause, at a later time, the creation of the object at *t*. This solution is refused because neither the *artifex* nor God can be said to know a non-existent object in this sense.[2] At first sight, the author seems to

---

[1] Ebbesen, 1992a, p. 188.

[2] "Verbi gratia, scientia qu<oniam> triangulus habet tres causatur a rebus, sed scientia quae est <in> artifice faciendi domum non causatur a domo, sed domus causatur ab

underestimate the possibilities that this distinction opens: if the knowledge of the *artifex* is the cause of the construction of the house, it can exist without the house. The point however is that a knowledge concerning a particular object cannot be based on the mere capacity to produce a given kind. A retired *artifex* retains his knowledge of how to build a house, and makes no use of it. But his knowledge does not concern a particular nonexistent house that he could have built. The argument establishes a conclusion concerning the knowledge of a particular fact (your birth), so, for a similar reason, it is not solved by this epistemic distinction. This first strategy, that is, a properly epistemic one, does not provide a solution to the *sophisma*.

After this, the discussion starts afresh. Instead of directly attacking the passage from 1-2 to 3, our *sophista* examines first its contraposition: if S knew that p, and no longer knows that p, than there is a change in S.[1]

> *Occasione huius quaeritur utrum hoc argumentum sit bonum, 'Deus scit hoc et non sci\<e\>t hoc, ergo transmutatio est in ipso.*
>
> *Et patet per simile quod sit bonum: nam bene sequitur 'Socrates scit hoc, et non sciet, ergo aliqua transmutatio erit in ipso'. Ergo eodem modo videtur sequi 'Deus scit hoc et non sci\<e\>t, ergo aliqua transmutatio erit in ipso'.*[2]

The text changes the opposition past–present to the couple present–future. The modal asymmetry between the past and the present, on one side, and the future, on the other, is not, however, important at this point, and so I shall keep the examples in the past. More importantly, the first premise is abandoned: as the

---

ipsa. Et eodem modo est de scientia divina sicut de scientia artificis; cum non possum dicere quod artifex sciat domum esse domo non existente, manifestum est quod eodem modo non potero dicere quod Deus sciat res esse [a] rebus non existentibus.", Ebbesen, 1992a, p. 183.

[1] That this is the contraposition of the first consequence can be seen as follows (let p be 'S knew that p', q 'there is no changing in S' and r 'S knows that p') :

(i) $(p \wedge q) \Rightarrow r$ [*probatio*];

(ii) $\sim r \Rightarrow \sim (p \wedge q)$ [(i), contraposition]

(iii) $\sim r \Rightarrow (\sim p \vee \sim q)$ [(ii), De Morgan]

(iv) $r \vee (\sim p \vee \sim q)$ [(iii), material implication]

(v) $(r \vee \sim p) \vee \sim q$ [(iv), association]

(vi) $\sim(\sim r \wedge p) \vee \sim q$ [(v), De Morgan]

(vii) $(\sim r \wedge p) \Rightarrow \sim q$ [(vi), material implication]

[2] Ebbesen, *op. cit.*, p. 184.

omniscience is pointless in producing the argument, it is sufficient to suppose that a subject knows something that is unstable in time, and that this knowledge has itself some stability. Both conditions are fulfilled by human knowledge.[1]

The problem of this argument can be seen in the *improbatio*:

4'. *S scivit te fore nasciturum*,
2. *et non est aliqua transmutatio facta in ipso*,
5'. *ergo S scit te fore nasciturum*.

This consequence is invalid. If S no longer knows something he used to know, there is a change to be explained, but it is not necessary to locate it in the knower – the world can change as well. What the first argument and its contraposition miss is that for the inference to be valid, we must assure that what is the object of knowledge in the first premise is still what is said to be known in the conclusion, so that the changing world will not prevent us from drawing the conclusion 5' from 4' and 2. We should keep track of time, and modify the *dictum* accordingly, to signify the same time (*idem tempus numero*) in the *dictum propositionis* in 4' and in the conclusion. In 4' the *dictum* signifies something that was true at the time *t* in which *S* had certain knowledge. If we want to say that *S* still has this very knowledge, then we have to say that he knows now, at a time after *t*, that something was true at *t*. Let us suppose that the knower has not changed during a lapse of time during which something that he previously knew ceased to be true (this surely can be granted for a knower less stable than God!). How should we describe his present knowledge of things past? The correct form of the consequence is:

> ... *non valet hoc argumentum 'Deus scit quicquid scivit, sed scivit te fore nasciturum, ergo scit etc.', sed debet sic inferri 'Deus scit quicquid scivit, sed scivit te etc., ergo sc[iv]it te fuisse etc.', ut accipiatur idem tempus numero quod prius erat, et illud est verum.*[2]

We can rewrite the argument as follows:

4'. *S scivit te fore nasciturum*,

---

[1] It is worth noting that Albert of Saxony, in his version of the sophism (*Sophismata*, I, 65), uses a human example; indeed – and this is of crucial importance for his solution – he writes the example in the first person: when you are sitting, I know that you are sitting, but when you stand up, I do not know it any more.

[2] "... non valet hoc argumentum 'Deus scit quicquid scivit, sed scivit te fore nasciturum, ergo scit etc.', sed debet sic inferri 'Deus scit quicquid scivit, sed scivit te etc., ergo sc[iv]it te fuisse etc.', ut accipiatur idem tempus numero quod prius erat, et illud est verum", Ebbesen 1992a, pp. 184-185.

> 2. *et non est aliqua transmutatio facta in ipso,*
> 5''. *ergo S scit te fuisse nasciturum.*

5'' will not lead to the unwanted conclusion, and the *improbatio* is blocked. Instead, the argument goes as follows:[1]

> 6. *sed quicquid scitur est verum*
> 7'. *ergo te fuisse nasciturum est verum,*
> 8'. *ergo tu fuisti nasciturus.*

There is no problem in accepting 8'.

But before drawing the right conclusion, the text explains why this is the way to correct the argument. If the problem is to keep track of time in a *dictum propositionis*, it will not be exclusive to the attribution of knowledge: '*scitur*' is not the only predicate that can be attributed to a *dictum*. We may believe, or wish, or fear, or hope that something is the case, and 'that something is the case' is a *dictum propositionis*. A *dictum* may, in particular, be true or false, and the same problem will arise when, as time passes, we try to say what remains true. The very root of our problem seems to be precisely in the change in what is known, since we have made the supposition that the knower remains unchanged. We have to beware of the somewhat misleading influence that the truth-condition for knowledge can have on the understanding of the issue. Indeed, the change from truth to falsity prevents a phrase signified by a *dictum* from remaining the object of knowledge; but the argument can be recast using belief instead of knowledge (as does Heytesbury).[2] The crucial point is that '*verum*' (and '*falsum*') is a predicate that can be applied to *orationes*, and only to *orationes*, and so only what modifies the *orationes* themselves can count as a relevant circumstance – the assumption concerning the stability of the knower, however harmless, is alien to the main issue. The sophism will address this issue:

> *Ratio autem eorum qui[a] sic dicebant talis erat: Sit ita quod Socratem currere sit verum; si dicatur 'Socrates currit', haec propositio est vera pro tempore praesenti quod est in 'currit'; si postea dicam 'Socrates currit' non est eadem oratio, quia <aliud> tempus significatur numero, idem autem genere. Oporte[a]t <autem> ad hoc quod eadem sit oratio vel propositio, quod idem sit tempus <numero>; oporteret <ergo> cum istud*

---

[1] "Eodem modo *dicebat respondens* quod debet inferri 'scivit te fore nasciturum, ergo scit quod tu fuisti nasciturus', <et> sic istud idem tempus numero repetitur, nec oportet dicere 'ergo scit te fore nasciturum'", Ebbesen 1992a, p. 185.

[2] Heytesbury, Soph. 20, p. 1 (ed. Pironet; http://mapageweb.umontreal.ca/pironetf)

> *tempus quod est in hac 'Socrates currit' sit praesens, et si dicatur post 'Socrates currit' istud praesens quod erat aliud est, <quia modo est> praeteritum et non praesens quod significatur in hac propositione 'Socrates currit' ultimo dicta – oporteret ergo quod istud tempus si reiteretur quod reiteretur in praeterito. Unde si dicatur 'Socrates currit modo' et istud sit verum, non debeo aliquod tempus post dicere 'Socratem currere modo est verum', quia non esset eadem propositio, sed dicere 'Socratem currere \fuit/ [[est]] verum', quia istud idem tempus quod erat ante praesens modo est praeteritum. Et hoc modo vera est 'Quod semel est verum semper est verum'.*[1]

This is the problem in its purest form, and what is at stake is not an epistemic matter, but a problem concerning the attribution of any predicate to a *dictum*. Indeed, for this problem to arise, there must be a term in the *sophisma* that can be attributed to a *dictum propositionis*, so in '*Deus scit quicquid scivit*' the term '*scit*' is essential. But the crucial feature on which the argument is based is not proper to epistemic terms: '*Deus scit quicquid scivit*' is a pseudo-epistemic sophism.

Let us suppose that Plato utters at time t the true *oratio* '*Socrates currit*'. Being happy at having said something true, he wants to say the same thing at a later time t', and utters '*Socrates currit*'. Unfortunately, he has said a different *oratio* (and meanwhile, Socrates sat down). The *oratio* is partly individuated by the time signified, so that in order to say the same again, Plato should signify t, and not t'. Since the present tense of the verb signifies the time of utterance, in uttering '*Socrates currit*' at t', Plato signifies t'. To signify t, that is, a time prior

---

[1] Ebbesen 1992a, 185. The *Anonymus Victorinus* is particularly acute here, using the indexical '*nunc*' to explain this point : "Ad aliud dicimus quod illud quod est acceptum a deo <<1-2 voces>> semper est verum [a] deo. Unde quod semel est verum [a] deo <semper est verum deo>, sed non sequitur 'ergo quod semel est verum semper erit verum', sed est <<fallacia>> secundum quid et simpliciter. Sed videtur primum accidere communiter, sc. quod semel est verum semper erit verum, quoniam, ut dicit Aristoteles, verbum <<si>>gnificat nunc esse; sed omne nunc est demonstrativum temporis, enuntiatio autem traxit identitatem vel diversitatem secundum identitatem vel diversitatem <<temporis>>; ergo, cum hoc quod dico 'nunc' sit demonstrativum temporis, erunt <pro>positiones diversae secundum quod nunc est diversum. Sed cum dico 'Socrates currit' <<li>> 'currit' significat nunc esse; cum autem postea dico 'Socrates currit' aliud est nunc, ergo alia et alia est enuntiatio, ergo non est eadem, ergo cum veritas <<...>> sicut esse, haec propositio 'Socrates currit' primo enuntiata non erit falsa propter enuntiationem huius 'Socrates currit' secundo[1] enuntiatae, et ita numquam poterit esse <<falsa>>, sequitur "quod semel est verum semper erit verum"; quod est inconveniens".

to t', he should have said '*Socrates cucurrit*'.[1] The same point holds if we make use of a term predicated of an *oratio*, saying, for instance, that it is true; we have to know the time in which the *oratio* is said to be true, and we will keep track of time by means of the verb by which the predicate 'true' is attributed to a *dictum propositionis*. If we say that the *oratio* is individuated by what it signifies, '*Socrates currit*' uttered at t is the same *oratio* as '*Socrates cucurrit*' uttered at t', and not identical with '*Socrates currit*' uttered at t'.

This way of keeping track of time justifies the nominalist thesis: '*Quod semel est verum semper est verum*'. We can accept this as a metaphysical truth, but we still need to know what is said to be true. At first sight, it may seem that the issue is settled once we say that the *dictum propositionis* is what is always true. But the text does not seem to put much weight on the distinction between the direct and the indirect way of stating its argument. Anyway, as we try to say that a *dictum propositionis* is true, this very predication requires that we indicate the time at which it is said to be true, and once we learn how to do that, nothing prevents us from applying the same procedure directly to the sentence signified by the *dictum*. There is no need to postulate some atemporal bearer of the truth-value.[2] Since '*Socrates currit*' uttered at t', and '*Socrates cucurrit*' uttered at a later time may be said to be the same *oratio*, then it seems to be true to say of this of this *oratio* that if it was once true, it is always true. An *oratio* seems to be individuated by its truth-conditions, which include the signification of the time at which it must be evaluated, and if it is true (or, for that matter, false), it won't change its truth-value.

But utterances are tokens, irrepeatable events. They cannot be what is always true, since they do not always exist. The real problem is to see how different tokens can count as utterances of the same *oratio*, that is, the same type, so to speak. There is more than one way to count different tokens as tokens of the same *oratio*. In a sense, '*Socrates currit*' uttered at t and '*Socrates cucurrit*' uttered at a later time t' may be said to be the same *oratio*. But it is clear that two utterances of '*Socrates currit*' can count as two utterances of the same *oratio*. Indeed, there is at least one important Aristotelian argument to this effect:

---

[1] I will not consider the fact that an utterance of '*Socrates cucurrit*' at t' designates a class of instants of time prior to t', among which t, and so cannot be said to signify strictly the same time, i.e. numerically the same time (whatever that means), as '*Socrates currit*' uttered at t.

[2] See the remark of Sten Ebbesen : "There is but a short step from this to holding that differently tensed propositions which are true respectively before, during and after some event signify one and the same dictum/truth", Ebbesen, Sten. What must one have an opinion about. *Vivarium*. 30 (1992), p. 74.

> *Sed contra. Dicit Aristoteles quod una oratio et eadem numero susceptiva veritatis et falsitatis, ut haec oratio 'Socrates sedet', et vera est si Socrates sedeat, sed si dicatur 'Socrates sedet' Socrate non sedente, illa est falsa. Ergo cum ita sit quod una oratio et eadem numero sit vera et falsa, et eadem oratio non potest esse vera et falsa in eodem tempore, oportet ergo quod sit falsa in uno tempore et vera in alio....et ita manifestum est ex hoc quod dicebant falsum qui dicebant '<Quod> semel e<s>t verum etc.*[1]

So, an *oratio* can change its truth-value, and this can be the case only if it is not individuated by its truth-conditions.

We can now answer the sophism. The anonymous author mentions two opinions, according to both of which the sophismatic proposition is true.

The first *opinio* rejects and refutes the contraposition of the *probatio* ('if God knew that p, and no longer knows that p, then there is a change in God'), that, by *modus tollens*, would lead to the rejection of the antecedent. The change in the attribution of knowledge can affect the things known, and not the knower.[2]

The second *opinio* provides a more developed explanation: the sophism is true, and to draw the right consequence we have to keep track of time in the *dictum propositionis*, that is, from '*S scivit te fore nasciturum*' and '*non est aliqua transmutatio facta in ipso*' we can infer '*S scit te fuisse nasciturum*', and not '*S scit te fore nasciturum*'.

To draw the right conclusion, we have to know what is required for two tokens to count as the same *oratio*. There are two ways of doing that: two tokens can count as the same *oratio* either if they are compared to the *species in anima* or to the things.[3] In the first case, two occurrences of a sentence are tokens of the same *oratio* if the *species in anima* signified by the spoken words are the same. In this case, two utterances, in different times, of '*Socrates currit*' are utterances of the same *oratio*. In the second situation, an *oratio* is identified by the things signified, and that means, *inter alia*, that they signify the same time; if I say '*Socrates currit*', and wish to say the same *oratio* later, I have to say '*Socrates cucurrit*', and not '*Socrates currit*'. The second case explains how the sophism

---

[1] Ebbesen 1992a, 185-6. See Arist. *Cat.* 5, 4a23-26; see also *Cat.*, 7, 7b28-34.

[2] "...illa transmutatio non provenit ali<qu>o modo ex parte sua sed a parte causatorum tantummodo, et propter hoc nulla est transmutatio a parte Dei sed solum a parte eorum, et propter hoc est vera 'Deus scit quicquid scivit", Ebbesen 1992a, p. 187.

[3] "... oratio habet duplicem comparationem: ad rem quam significat et ad animam sive species rei quae sunt in anima, quae significantur per voces.", Ebbesen 1992a, p. 188. The *Anonymus Victorinus* makes the same distinction.

is true, and justifies the nominalist *dictum* '*Id quod semel est verum semper erit verum*'. In order to predicate something of a *dictum* – that it is true or false, for instance – the second sense is the relevant one: it is necessary to consider the time at which it is evaluated. The same holds for the attribution of knowledge: one must keep track of time, and this is the point of the central argument of the sophism; otherwise, it would not be possible to understand how any knower can have a stable knowledge of a changing world. The move from an epistemic expression *('Deus scit ...')* to an alethic predicate *('verum')* shows that the solution to the sophism is not based on a distinction concerning an epistemic term, but on a proper understanding of the individuation of the bearer of truth-value, which is also the object of knowledge. As I have already said, this is a quasi-epistemic sophism.

III

Other versions of the sophism have arguments with basically the same structure. The *Magister Abstractionum* has a particularly interesting solution. According to him, we can accept the inference from '*Deus scit quicquid scivit*' and '*Deus scivit te non esse*' to '*Deus scit te non esse*', and refuse the further unacceptable conclusion '*ergo tu non es*'. Since everything is present to God, for Him there is no distinction between past and present, so everything that is in the scope of 'God knows that' is eternally present; '*esse*', as it figures in '*Deus scivit te non esse*', is eternally present. As we go from '*Deus scit te non esse*' to '*ergo tu non es*', we move from this eternal present to the temporal present, and there is an equivocation concerning '*esse*'. This solution is interesting because, while linking the solution to a phrase concerning God, it is not about a feature concerning His knowledge, but a metaphysical thesis about His relation to time. Again, it is a quasi-epistemic solution to the sophism, since it depends crucially on the phrase '*Deus scit...*', but not on a specific epistemic feature.

'*Deus scit quicquid scivit*' is N° 20 in William of Heytesbury's *Sophismata*. His arguments are essentially the same as those we have examined so far. The main argument of the *probatio* is that God knew something, and has not forgotten what He knew, and therefore knows what He knew.[1] As in the previous versions of the sophism, the *improbatio* exploits the difficulties in explaining how the

---

[1] "Probatur sic sophisma : Deus scivit aliquid, et nullius est oblitus quod scivit, igitur etc. ... Similiter : in deo non potest esse aliqua transmutatio; ergo in ipso non potest aliqua scientia transmutari in non scientiam nec e contra; igitur quicquid fuit aliquando scientia dei vel scientia in ipso adhuc est idem scientia in ipso vel ipsius scientia.", Heytesbury, soph. 20, p. 1.

knowledge persists as time passes.[1] The answer is negative: God does not know everything that He knew, because He does not know a false proposition. We can see that this answer corresponds to a way of individuating *orationes* according to the *species in anima*.

Here is the second argument of the *probatio*:

> *Similiter: Deus scit quicquid credidit, quia scit omne verum et numquam credidit aliquod falsum, sed ipse non scivit aliquid quod ipse non credidit esse verum, igitur ipse scit quicquid ipse credidit esse verum, igit scit quicquid scivit.*[2]

This argument is invalid: God knows and believes all that is true, but only when it is true, and no longer knows and believes whatever were the objects of His knowledge and belief when they change from truth to falsehood.[3] Again, this does not depend on God's omniscience; it is sufficient to suppose a knower who can track the truth of his beliefs as the world changes. As we move from knowledge to belief, we see that the truth-condition for knowledge is inessential. Even if the linking of a propositional attitude verb with a truth-bearer is crucial to the argument (so it is a quasi-*epistemic* sophism), the pivotal role is played by the connection between the truth-bearer and time (therefore, it is only a *quasi*-epistemic sophism).

Another epistemic distinction present in Heytesbury's solution is again interesting for the understanding of the mechanics of the sophism. As we have seen, according to him, the sophism is false: there is something that God does not know now though he knew it earlier, because there is something that he knew which is now false. Does it follow that there is ignorance in God?

> *... non sequitur 'Deus non scit hoc falsum, ergo Deus ignorat hoc falsum': quia ignorantia tam significat non scire quam non cognoscere, et hoc est falsum. Deus enim cognoscit omne verum et omne falsum; ideo non ignorat aliquid.*[4]

---

[1] "Ideo si conceditur sophisma, contra : Deus scit quicquid scivit, et Deus scivit aliquid quod jam est impossibile, igitur Deus scit impossibile. Consequentia patet, et assumptum arguitur : quia Deus aliquando scivit istam propositionem 'tu non fuisti ante hoc instans quod jam est nec fuisti ante medium instans externae diei nec post', quorum utrumque est est jam impossibile.", Heytesbury, soph. 20, p. 2.

[2] Heystebury, soph. 20, p. 1.

[3] "Et ad probationem illius, quando arguitur sic, quid Deus scit ome verum, et numquam credidit aliquod falsum; igitur Deus scit quicquid credidit, negatur consequentia : quia licet Deus sciat omne quod est verum, non tamen scit omne quod fuit verum, quia multa fuerunt vera quae nunc non sunt vera, sed falsa.", Heytesbury, soph. 20, p. 4.

[4] Heytesbury, soph. 20, p. 8.

This distinction, which also applies to human knowledge,[1] avoids an unwanted consequence of the negative answer. Is it not an epistemic solution to a marginal problem of the sophism? Indeed, this epistemic move shows that a quasi-epistemic decision has epistemic consequences. But – at least as regards the texts examined here – it also gives us some relief from the fear that our categories might proliferate. There is a central solution that leads to an answer to the sophism, and it is a quasi-epistemic solution.

---

[1] "Sed tunc forte arguitur quod tu non ignoras propositionem 'homo est asinus', dato quod cognoscas ipsum. Ideo dicitur huic concedendo conclusionem. Unde non sequitur 'ista proposition est nescita a te; ergo est ignorata a te', similiter 'non scio aliquod incomplexum, et tamen non quodlibet incomplexum ignoro', sed solum incomplexum quod non cognosco ignoro", Heytesbury, soph. 20, p. 8-9.

Averroes Latinus on Memory. An Aristotelian Approach[1]
David Bloch

I. INTRODUCTORY REMARKS

In recent years Averroes' theory of memory, as it is set forth in the epitome commentary on Aristotle's *Parva naturalia*, has been the subject of two careful investigations: Janet Coleman's interpretation, focusing particularly on Averroes as the background of the Latin medieval theories, and Deborah Black's discussion, taking its point of departure from the Arabic text and from Averroes' philosophy in general.[2] Other studies, in particular those concerned with the so-called "internal senses", of which memory is one, have touched upon the definition of memory in Averroes, but only Coleman and Black have made memory their primary object of concern.[3]

In this article I analyse Averroes' theory of memory from a third perspective, *viz.* as an interpretation of Aristotle, in order to establish more clearly what kind of Peripatetic background the Latin thinkers must have had as the foundation of their own theories. That is, the Averroes that I want to examine is *Averroes Latinus, Commentator*. Thus, when I say "Averroes", what I actually mean is "Averroes in the Latin translation",[4] which is not, of course, completely the same thing as the historical Averroes. As a natural consequence, I do not examine what

---

[1] I am grateful to Sten Ebbesen for comments and suggestions.
[2] Coleman (1992) 401-15; Black (1996).
[3] For bibliography, cf. Black (1996) 161n1, 162n2.
[4] For the Latin text, cf. Averroes, *Compendia librorum Aristotelis qui Parva naturalia vocantur*, ed. A. L. Shields, adiuvante H. Blumberg, Mediaeval Academy of America, Cambridge, Mass. 1949. In the following, I cite the *versio vulgata* of Shields' edition (as *Compendium de memoria*), but I have standardised the orthography, and I have sometimes altered the punctuation of the edition. The Arabic text is found in Averroes, *Epitome of the "Parva naturalia"*, ed. H. Blumberg, Mediaeval Academy of America, Cambridge, Mass. 1972.

motivated Averroes' theory. Therefore, this article links up most naturally with Coleman's discussion, although my reconstruction differs from hers in important respects. In fact, in many ways my work results from the stimulation provided by her interpretation of Averroes. Naturally, I also refer to Black's reconstruction of Averroes' theory, but my purpose is somewhat different from hers.

II. THE BACKGROUND: ARISTOTLE'S THEORY

According to the Latin translation of Avicenna's *Liber de anima*, well-known to the West from the late 12th century, memory is an internal sense and its objects are "intentions" (Lat. *intentiones*). He further characterised memory as the storing place, or treasure house, of intentions. Both intentions and internal senses were to become immensely important in the Latin West.[5] However, neither intentions nor internal senses were concepts used by Aristotle. He himself never refers to any perception of intentions, and he never talks about any internal *senses*. In fact, as regards memory, Aristotle explicitly says that it is not a sensing/perceiving faculty.[6] It is a full-fledged faculty or ability in human beings and in a number of other animals, and, even though it is dependent on sense perception, it must be categorised in a separate class. The primary distinguishing feature is that memory always refers to the past (whereas sensation and perception always refer to the present), and therefore Aristotle devoted a small treatise, the *De memoria*, to two concepts which, although very different from each other, both possess this feature of referring to the past: memory (μνήμη) and recollection (ἀνάμνησις). In this treatise, he analysed memory and defined it as a very narrow concept, saying that memory is the state of having an internal image present and viewing it as a representation of something of the past.[7] That is, when one remembers, one views an internal image with the

---

[5] Cf. in particular Avicenna, *Liber de anima* I.4-5, IV.1-3, ed. S. van Riet, Louvain-Leiden 1968-1972. See also the conclusion below.
[6] Aristotle, *De memoria* 1, 449b24-5.
[7] *Ibid.*, 1, 449b24-5; 1, 450b18-451a17.

additional information that the image represents something from the past. The images found in different internal states — memory, imagination and dreams — are ontologically identical; the difference lies in the *modus spectandi* that is present in the viewer. And this is all there is to memory. Retention and the use of will in a process of recalling something are *not* kinds of remembering, according to Aristotle, but belong to different capacities of animals and human beings.

Thus, it is fair to say that Aristotle's theory of memory is a very narrow one, and furthermore recollection is distinguished from memory as a completely different sort of capacity. They are not only treated in separate chapters,[8] but they are also different in kind; for whereas memory is analysed as a rather passive state in the sensing soul, recollection is defined as an active process in the thinking soul.

Averroes agrees that thought is involved only in recollection, but he describes both memory and recollection as processes.[9]

As regards internal senses and intentions, which were, in fact, conceptual innovations, Aristotle's *De anima* was held by Averroes to have established the existence of internal senses,[10] and at least some Arabic intentions were among the common sensibles of the original Aristotelian theory.[11] Still, Aristotle's theories of memory and recollection and Avicenna's theories of internal senses and intentions were not easily compatible, and Averroes was faced with two major problems: (1) applying the Avicennian conceptual apparatus to an

---

[8] Averroes does not make an equally rigid separation of memory (remembrance) and recollection (search through remembrance) into different chapters but treats them both throughout the entire epitome.

[9] It must, however, be admitted that Aristotle's theory of memory is much disputed. For discussion and references to the relevant literature, cf. R. Sorabji (2004^2); King (2004); Bloch (2006).

[10] In Avicenna, the *sensus communis* and *fantasia* became one and the same faculty, but Aristotle's own φαντασία was analysed as a concept that contained several internal senses. Cf. Black (1996) 164.

[11] Cf. e.g. Avicenna, *Liber de anima* II.2, ed. S. van Riet, vol. 1, p. 118 (figure characterised as an intention); Aristotle, *De anima* II.6 & III.1 (figure among the common sensibles).

interpretation of Aristotle, and (2) establishing a viable notion of memory, since both Aristotle's and Avicenna's theories are too narrow.

I will argue that the Latin version of Averroes' interpretation that the West inherited is not strictly speaking an interpretation of the Aristotelian text, even though it is certainly of Peripatetic nature. Thus, only in a very general sense did the Latin Averroes take over Aristotle's framework, and he used a revised version of the Avicennian conceptual apparatus and expanded on the Aristotelian theory without much regard for the wording of Aristotle's *De memoria*.[12]

III. AVERROES' DEFINITION OF MEMORY

The first distinction that Averroes makes in the epitome corresponds to the Aristotelian distinction between memory and recollection set forth at the beginning of the *De memoria*.[13] Thus, such a distinction is found also in the Arabic philosophers,[14] but there is a substantial difference between Aristotle's and Averroes' treatment. Averroes' text reads:

> This treatise goes on to study remembrance and search through remembrance ...[15]

The important term is "remembrance" (*rememoratio*). For in the Latin translation Averroes uses the term in the basic descriptions of both Aristotelian concepts: memory and recollection.[16] It might seem, therefore, that these two faculties cannot be distinguished with the strictness found in Aristotle, and even though this is partly the result of an unfortunate translation, the treatise as a whole does in fact soften the

---

[12] I disregard here the fact that the Arab Averroes' *De memoria* text may well have looked very different from ours. On the problem of the *Parva naturalia* in the Arab tradition, cf. H. Gätje (1971) 81-92; S. Pines (1974); Black (1996) 177n54.
[13] Aristotle, *De memoria* 1, 449b4-6.
[14] For Avicenna, cf. Avicenna, *Liber de anima* IV.3, ed. S. van Riet, vol. 2, pp. 40-1.
[15] Averroes, *Compendium de memoria*, ed. Shields, p. 47: "Iste tractatus incipit perscrutari de rememoratione et inquisitione per rememorationem ..."
[16] Not so, however, in the Arabic text, where *rememoratio* renders *al-dhikr*, and *investigare per rememorationem* renders *al-tadhakkur*. Cf. Black (1996) 162-3n5.

differences between the two concepts. Anyhow, this does not contribute to clarity in Averroes' interpretation, and, as I shall argue, it has misled at least one modern interpreter.

Averroes juxtaposes and analyses the concepts of "remembrance" and "search through remembrance" several times in the epitome. The first, and basic, analysis of the two terms is as follows:

> For remembrance is the return in the present of an intention apprehended in the past. But search through remembrance is a search for this intention through the will and making it present after a period of absence.[17]

A similar analysis, proposed a little later, uses "cognition" (*cognitio*) instead of "return", and specifies that a period without direct cognition must occur before remembrance can take place, but does not otherwise add to the first.[18]

These descriptions could perhaps be construed so as to fit the original Aristotelian concepts of memory and recollection, except for the basic Averroean feature (in accordance with Avicenna) that intentions are the objects of this faculty. Thus, the present cognition of a past object might sound completely in line with Aristotle's theory, as set forth in *De memoria* 1. However, it is clear from other passages that Averroes is not satisfied with a static concept of memory. In a third description he says:

---

[17] Averroes, *Compendium de memoria*, ed. Shields, p. 48: "Rememoratio enim est reversio in praesenti intentionis comprehensae in praeterito. Investigatio autem per rememorationem est inquisitio istius intentionis per voluntatem et facere eam praesentari post absentiam."

[18] *Ibid.*, p. 49: "Rememoratio igitur est cognitio eius quod fuit cognitum, postquam cognitio eius fuit abscisa. Investigare autem per rememorationem est acquisitio cognitionis, et laborare et facere cogitativam laborantem in repraesentatione illius cognitionis."

And the object of remembrance is a form that can easily be reintroduced, while the objects of a rememorative search are forms that are difficult to reintroduce.[19]

And Averroes then goes on to describe the easily reintroduced forms as those of much "corporality" (*corporalitas*) and little "spirituality" (*spiritualitas*), while forms that are difficult to reintroduce are those with little "corporality" and much "spirituality".

This last description, apparently, makes it only a matter of degree, whether or not a particular process is "remembrance" or "a search through remembrance", and this is a problem, if the description is conceived as an interpretation of Aristotle.[20] And it is also noteworthy that Averroes is apparently analysing remembrance as a process, not just as a cognitive state.[21] Thus, the "return" (*reversio*) and "cognition" (*cognitio*) descriptions that were found in the first two descriptions both seem to be focused on the end result, that is, the resultant cognitive state of having some past object internally present. But the third description seems to indicate a process. As I will show, Averroes certainly thinks that a rememorative process exists.

Averroes, then, considerably weakens the boundaries between memory and recollection. And furthermore, he has also introduced a concept of memory, or remembrance, which is broader than the Aristotelian concept, including both cognition of the internal object and the process of bringing the object forward to one's attention.[22] And

---

[19] *Ibid.*, p. 66: "Et rememoratio est formae facilis reductionis; investigatio autem rememorativa est formarum difficilis reductionis." Cf. also the similar definition *ibid.*, p. 59.

[20] It is notable that Albertus Magnus, *Liber de memoria*, ed. P. Jammy, vol. 5, 1651, p. 57a, uses this particular lack of distinguishing in favour of the claim that recollection does not belong to the rational soul, which is a claim that must, I think, be considered contrary to Aristotle's theory, although most Latin schoolmen after Albert believed it to be true also of the Aristotelian theory.

[21] Cf. also *ibid.*, pp. 64-5, where remembrance is described as a movement (*motus*).

[22] It is also broader than the Avicennian concept, which merely refers to a storing place in his general definition. Cf. Black (1996) 164, but see also the conclusion below.

Averroes proceeds to make it even broader. Thus, he introduces two more concepts related to memory: "the activity of the rememorative faculty" (*actio virtutis rememorativae*), which is another way of describing the process of remembrance, and "preservation" (*conservatio*).

The phrase "activity of the rememorative faculty" is ambiguously introduced in the epitome. Having just analysed both "remembrance" and "search through remembrance", Averroes says that "this activity belongs to the faculty that is called rememorative",[23] and it is not immediately clear whether it refers to remembrance in general or to "search through remembrance" in particular. However, from the following passage it seems that "remembrance" is used synonymously with "activity of the rememorative faculty", and furthermore the process later described as the activity can be performed both by human beings and animals. Thus, it cannot be solely the "search through remembrance" that is referred to by the activity.

So, the process of remembrance is the activity of the rememorative faculty. This process is described and analysed as containing four elements:[24]

1. The image.
2. The intention of this image.
3. Making the intention internally present.
4. Linking the intention with the proper image.

All these are necessary constituents in the process. However, since remembrance has been defined specifically as concerned with apprehending intentions (which is, at best, part of the process),[25] the activity of the rememorative faculty as a whole must draw on other

---

[23] Averroes, *Compendium de memoria*, ed. Shields, p. 49: "Et ista actio est virtutis quae dicitur rememorativa."
[24] *Ibid.*, pp. 51-2.
[25] Cf. further Averroes, *Compendium de memoria*, ed. Shields, p. 60. Coleman (1992) 404, is wrong in saying that the specific function of remembrance is both 3 and 4, and she herself apparently contradicts her own claim on p. 405. The mistake is caused by careless language on Averroes' part. Cf. also Black (1996) 166n16.

faculties of the soul; otherwise the act is not completed. First, sensation is needed to bring about an image. Second, an imaginative faculty is needed in order to bring forth the image belonging to a particular intention. And third, a faculty is needed to combine the image and the intention. This faculty, is said to be the intellect in human beings, while it is a natural capacity or instinct in animals, a capacity for which Averroes has no proper name.[26] Again, this shows that Averroes has weakened the distinction between memory (remembrance) and recollection (search through remembrance). For according to Aristotle's theory memory and recollection are two completely different occurrences, but in Averroes' treatise they partly follow the same general procedure. When the third faculty has performed its function, the activity of the rememorative faculty has been completed.

Finally, Averroes also finds room for a retentive memory. Partly following Avicenna, he posits a five-part structure:[27]

1. The sensible form as existing outside the soul (*extra animam*).
2. The sensible form in the common sense (*sensus communis*).
3. The sensible form in the imaginative faculty (*virtus imaginativa*).[28]
4. The sensible form in the distinguishing faculty (*virtus distinctiva*).[29]
5. The sensible form in the rememorative faculty (*virtus rememorativa*).

---

[26] Averroes, *Compendium de memoria*, ed. Shields, p. 52. He notes, however, that the faculty was called *existimatio* (*versio vulgata*) or *aestimatio* (*versio Parisina*) by Avicenna. Averroes' reluctance to attribute the exercise to *aestimatio* is probably caused by his general wish to eliminate this faculty. Cf. Black (1996) 164-5, but see Coleman (1992) 406, for another suggestion.
[27] Averroes, *Compendium de memoria*, ed. Shields, pp. 58-9.
[28] That is, *imaginatio* defined as the faculty that retains sensible images.
[29] There are some unclarities in the commentary as to the precise definition of this distinguishing faculty, but I will not go further into these, since the main topic of this article is memory.

At each of these stages, the sensible form is found with increasing "spirituality" (*spiritualitas*). Knowing Avicenna's clear-cut, famous distinction between form and intention,[30] it may sound odd that the sensible form is found in memory, since memory apprehends intentions. However, the definition found in the epitome is not exclusive like Avicenna's; that is, an object does not have to be *either* a form *or* an intention. Thus, Averroes explicitly states that it is the same sensible form that is found in the image and in the intention; it differs only in degree of spirituality (*spiritualitas*).[31] And he illustrates this by saying that the intention is, so to speak, the form of the image, which is conceived as the subject of the form.[32] This seems to signify that intentions refer to the constitutive or structural elements of the form, that is, the most basic elements of the individual or particular form separated from its corporeal subject.[33]

No. 5 in the above table is obtained when the distinguishing faculty separates the intention from the sensible image and puts it in the storing place of memory. This fifth faculty has two modes of being.[34] First, it can be viewed as a continuously preserving faculty, and in this case it is named "preserving (faculty)" (*conservans*). However, it can also be seen as non-continuous, that is, as a faculty that somehow has the intention stored, though it has been forgotten, and then it takes an effort to make the intention present.[35] This, Averroes says, is remembrance (*rememoratio*). Still, he explicitly says that the preserving faculty and remembrance constitute a single faculty, though with different modes of activity or being.[36] Therefore, it does not seem likely that the preserving

---

[30] Avicenna, *Liber de anima* I.5, ed. S. van Riet, vol. 1, p. 86.
[31] Averroes, *Compendium de memoria*, ed. Shields, pp. 58-9.
[32] *Ibid.*, pp. 53-4: "in formis enim imaginabilibus est aliquid quasi subiectum, scilicet lineatio et figura, et aliquid quasi forma, et est intentio illius figurae."
[33] It must be the *individual* form, since memory apprehends only particulars.
[34] Averroes, *Compendium de memoria*, ed. Shields, pp. 48-9, 55, 59-60.
[35] Not, of course, a major effort involving the mind and deliberation, since that would be "search through remembrance" (see the distinction in the third description cited above).
[36] *Ibid.*, p. 49: "Ista igitur virtus est una in subiecto et duae secundum modum."

faculty is purely retentive. Averroes has a very revealing remark on the preserving faculty and remembrance:

> However, remembrance differs from preservation, because preservation is of that which was always in the soul, after having been apprehended, while remembrance is of that which was forgotten. And for this reason remembrance is discontinued preservation, while preservation is continuous remembrance.[37]

If remembrance can be called "discontinued preservation", it must be, because the state that one obtains after a period of having forgotten the object is reasonably termed "preservation". But then the state obtained must be one of attending to the object, that is, having the object present to attention. Otherwise, it makes little sense to go from having forgotten to remembering, if neither constitutes an attentive state. It might be said that both the preserving faculty and remembrance (in this sense) are preserving faculties that (also) make the intention internally present. Thus, under this description, the rememorative faculty stores and activates intentions which are defined as the essential parts of the individual sensible form obtained.

So, we have in the Averroean theory of memory the following different aspects: a basically retentive capacity (*conservans*), the capacity to bring forth the intention (*rememoratio*), the capacity to directly cognise the remembered object (*rememoratio*), a description of the memory process (*actus virtutis rememorativae* or *rememoratio*), and the deliberate search for a particular internal object that does not easily present itself (*inquisitio/investigatio per rememorationem*). This amounts, I believe, to a very comprehensive and complex theory.

---

[37] *Ibid.*, pp. 48-9: "Rememoratio autem differt a conservatione, quia conservatio est illius quod semper fuit in anima, postquam fuit comprehensum, rememoratio autem est eius quod fuit oblitum. Et ideo rememoratio est conservatio abscisa, conservatio autem est rememoratio continua."

IV. COLEMAN ON AVERROES' THEORY OF MEMORY

The Averroean theory of memory that I have now presented is very different from the interpretation which Janet Coleman sets forth in her *Ancient and Medieval Memories: Studies in the Reconstruction of the Past* (1992). Our disagreements are fundamental ones, and in light of the limited amount of studies in this particular subject, it seems only proper to spell out my reasons for rejecting her interpretation before moving on to the conclusions of this article.

I will single out three points of disagreement between my interpretation of Averroes and Coleman's:

1. The concept of "remembrance" (*rememoratio*), as regards non-human animals.
2. The use of the term *memoratio* in Averroes.
3. Averroes's epitome as an interpretation of Aristotle's *De memoria*.

No. 1 is the crucial difference, and even the treatment of nos. 2 and 3 cannot be separated from the treatment of no. 1.

Rememoratio, Coleman says,[38] is found only in human beings, not in other animals. It is a kind of recall, appropriate to man alone, and Averroes, according to her, makes a distinction between "recall" (or "remembrance") and "memory" (*memoratio*). Thus, Coleman says, when Averroes talks about remembrance, or "the *rememorativa*'s power", he is clearly discussing "the reminiscent capacity of which Aristotle spoke".

This is a very difficult interpretation for several reasons, but the most important objection is that it seems to be explicitly contradicted by the text. Thus, in the description of the four elements in the process of remembrance (see above), Averroes attributes a rememorative capacity to non-human animals and also says that they are capable of "rememorating" (*rememorant* = "recall" according to Coleman,

---

[38] Coleman (1992) 402-3, 414.

"remember" according to my interpretation).[39] Therefore, remembrance is not an exclusively human faculty. This conclusion is, I believe, born out also by the rest of the text.[40] On the other hand, Coleman is right that remembrance is not really identical with the Aristotelian concept of memory. The reason for this is not, however, that it is instead identical with Aristotle's concept of recollection, but rather that Averroes' concept of memory (*rememoratio*) is significantly broader than the Aristotelian one and comprises such different features as retention, process and actual cognition, much like a modern concept of memory. This Averroean concept has already been analysed above, and I will say more about it in the following sections.[41]

Another difficulty for Coleman's interpretation concerns no. 2 above, *viz.* the use of the term *memoratio* as signifying memory, whereas *rememoratio* is claimed to be the Latin Averroean term for recollection. For if Coleman is right about this, that is, if the key term *rememoratio* covers only a kind of recollection, not memory, there is very little discussion of memory in Averroes' treatise. I have noted only one occurrence of *memoratio* in the part of the *Epitome of the Parva naturalia* (*versio vulgata*) that is specifically concerned with memory,

---

[39] Averroes, *Compendium de memoria*, ed. Shields, pp. 52-3: "Et in *animalibus rememorativis* est simile intellectui: Ista enim virtus est in homine per cognitionem, et ideo investigat per rememorationem. In aliis autem est natura, et ideo *rememorant animalia*, sed non investigant per rememorationem." = "And in *rememorative animals* [the faculty] is one similar to the intellect: For in man this faculty is something that he has through cognition, and therefore he can search through remembrance. But other animals have this faculty by nature, and therefore *animals have remembrance*, but they do not search through remembrance." (My emphasis). Coleman (1992) 405, cites this passage but does not comment on the apparent contradiction of her view. My interpretation seems to be in accordance with that of Black. Cf. in particular Black (1996) 162-3n5. See also White & Macierowski (2005) 174-5.

[40] Cf. e.g. Averroes, *Compendium de memoria*, ed. Shields, p. 55, comparing *virtus rememorativa* and *virtus imaginativa* with a direct reference to Aristotle, which can only be to chapter 1 (on memory) of the *De memoria*, since imagination (φαντασία) is not mentioned in chapter 2 (on recollection).

[41] For now I will only mention that remembrance has been expanded so as to let it comprise parts of the conceptual territory otherwise occupied by recollection.

and there it is used to make a distinction between the concept signified by that word and "search through remembrance".[42] This indicates that *memoratio* is here to be taken in the sense of *"rememoratio"*. Such an interpretation is supported by the fact that the single occurrence of *memorans* is found in a passage concerned with the physical location of the different faculties; and in this passage it is coupled with the "preserving faculty".[43] This kind of coupling has been performed several times before in the text, but always with the preserving faculty and *rememoratio* as the two concepts used.[44] Thus, it seems certain that *memorans* must mean *rememorans*.[45] The Latins may have been confused by this apparent shift in terminology (although judging from the commentaries of such writers as Albert the Great and Thomas Aquinas, they were not), but there will have been no problem in the original Arabic text.[46]

Finally, as regards no. 3 above, it will be seen from the next section on the compatibility of Aristotle and Averroes that I do not believe that the latter's epitome really constitutes an interpretation of Aristotle's treatise; at least not of the version of Aristotle's *De memoria* that has been transmitted to us. In that section I present two major difficulties in regarding Averroes' epitome as a commentary on Aristotle's *De memoria*, and it might be added that the general structure of Averroes' text on memory does not recognisably follow the Aristotelian structure,

---

[42] Averroes, *Compendium de memoria*, ed. Shields, p. 48: "Et ideo visum est quod investigatio per rememorationem est propria homini. Memoratio autem est in omnibus animalibus imaginantibus." = "And for this reason it is seen that search through remembrance is a proper characteristic of man. But memory is in all animals that possess imagination."

[43] *Ibid.*, p. 57: "... deinde memorans et conservans in posteriori cerebri." = "... thereafter the remembering and the preserving faculties [are found] in the back part of the brain."

[44] *Ibid.*, pp. 48-9, 55.

[45] Further evidence *ibid.*, pp. 58, 71, in which passages *memoria* seems to be used for *rememoratio*.

[46] Cf. Black (1996) 162-3n5. It must also be noted that textual corruption of the Latin cannot be ruled out.

although they do have some similar traits. However, Coleman argues[47] that we find in Averroes a summary of Aristotle's conclusions, based on a sensitive reading and with an original reordering and elaboration by Averroes himself. On almost any reading of Aristotle, including Coleman's own,[48] this seems to be a very difficult interpretation to uphold, and combined with her reading of Averroes it becomes, I think, impossible. For, as we have just seen, Aristotle's concept of memory is not really treated by Averroes, according to Coleman: Remembrance, she says, is the one important concept of his treatise, and, according to her, this term refers to Aristotelian recollection.

V. COMPATIBILITY: ARISTOTLE AND AVERROES

I think, then, it is fair to say that Averroes' *Epitome of the Parva naturalia* is not a very big help when one is trying to understand Aristotle's *De memoria*.[49] So little of Aristotle has survived in the Averroean "interpretation" that it is better to view Averroes' text not so much as an interpretation but rather as a theory of memory in its own right. In particular, two difficulties in the Latin Averroes' analysis of memory, if regarded as an interpretation of Aristotle, may be singled out:

1. The action of the rememorative faculty in the four-stage process somehow comprises both images and intentions.
2. Remembrance and search through remembrance are not in any sense identical with Aristotelian memory and recollection.

Concerning no. 1, the Averroean theory was certainly confusing to some Latin interpreters (e.g. Albert the Great), who thought the Arabs held that memory contains both images and intentions.[50] For, although both

---

[47] Coleman (1992) 402.
[48] Coleman (1992) 15-34.
[49] Cf. also Gätje (1971) 85. *Contra* Coleman (1992) 402. And see further my criticism above.
[50] Cf. e.g. Albertus Magnus, *Liber de memoria*, ed. P. Jammy, vol. 5, 1651, p. 53a: "Ex his igitur patet, quod conservativa secundum Averroem non differt a memoriali nisi

Avicenna and Averroes explicitly say that the objects of memory (*memoria* or *rememoratio*) are intentions, the latter's analysis of the activity of the rememorative faculty shows that the imaginative faculty is not only needed in the process, but images are even part of the final result of the act, *viz.* the combination of image and intention. Thus, the broad and unclear concept of remembrance causes difficulties of interpretation at this level. This broad and complicated theory is, I believe, incompatible with Aristotle's narrow concepts of memory and recollection.

As regards no. 2, the concept of "remembrance" is made even further unclear, because Averroes softens the difference between this faculty and "search through remembrance". Still, he must take account of the fact that, according to Aristotle with whom Averroes here agrees,[51] many animals have the capacity of remembrance, but only human beings are capable of conducting a search through remembrance. However, Averroes does not regard these as entirely different processes, and he does not interpret Aristotle's theories of memory and recollection as comprising two basically and essentially different capabilities. As we have seen, then, the processes are not too different, according to his theory, and thus he must handle opposing tendencies in his account. The problem is solved by stating that remembrance and search through remembrance only differ at the stage at which images and intentions are combined; for in human beings this is done by the intellect, while animals combine them by natural instinct.[52] So, if the process runs smoothly and without any problems, it is remembrance, and both human

---

secundum esse; quia conservativa conservat tam imagines quam intentiones, sed memoria componendo ista duo refertur ad res extra per ipsa." = "From these, then, it is clear that, according to Averroes, the preserving faculty does not differ from the memorative, except as regards its being; for the preserving faculty preserves both images and intentions, but memory combines these two elements and thereby refers to the external things through these." Compare Averroes, *Compendium de memoria*, ed. Shields, pp. 48-9.

[51] Aristotle, *De memoria* 2, 453a8-10; id., *Historia animalium* I.1, 488b24-6. Averroes, *Compendium de memoria*, ed. Shields, pp. 48, 52-3.

[52] Averroes, *Compendium de memoria*, ed. Shields, pp. 52-3.

beings and animals are capable of performing it. But when a particular intention is not easily obtained, then animals have no way of obtaining it; in fact, they do not know that they cannot obtain it. Human beings, on the other hand, have the power of will and the intellect, and therefore they are able to conduct a search for the intention that may eventually lead to the desired result. That is, the third faculty in the act of memory described above is much more powerful in human beings than in other animals.

The use of mind does, of course, constitute a substantial difference between remembrance and search through remembrance, but any modern reader of Aristotle's *De memoria* will appreciate that, according to the theory set forth in that text, the difference between memory and recollection is much greater than the Averroean distinction allows. Aristotle claims that they are two absolutely different occurrences, and they each occur completely separated from each other in different kinds of "soul", *viz.* the sensing soul and the rational soul respectively. According to Averroes' analysis, they both start out in the sensing soul, and human beings are then able to apply the intellect to the process, if it does not run smoothly. It seems, as has already been noted, that Averroes' remembrance has conquered some of the conceptual territory that was occupied by recollection in the Aristotelian theory.

VI. CONCLUSION: THE EPITOME AND THE LATIN PHILOSOPHERS

Thus, Averroes's *Epitome of the Parva naturalia* must be interpreted basically on the same criteria as Avicenna's *Liber de anima*: as the work of a Peripatetic philosopher, but with many thoughts and ideas that are not obviously Aristotelian, and sometimes not even obviously compatible with Aristotle's. Presumably, the difficult Aristotelian theory and the rich conceptual apparatus which Averroes inherited from Avicenna and the earlier tradition of Arabic philosophy enabled him to state a much broader theory than these two predecessors; in particular, he made good use of the concepts of internal senses.[53]

However, the Latins regarded Averroes' epitome as a useful interpretation of Aristotle. The Aristotelian concept of memory is narrow, and the Latin thinkers had found a similarly narrow concept in Avicenna, for whom it signifies primarily the retention of intentions,[54] although in some passages of his *Liber de anima*, he hints that a broader concept of a remembering faculty may be found.[55]

In Averroes the Latins found the Aristotelian division between memory and recollection, superficially retained by the use of the concepts "remembrance" and "search through remembrance", but Averroes provides broader definitions. Thus, he expanded the concept of memory, and the theory that the Latins inherited from him was much more in line with general Latin usage and thoughts on the issue. It seems, then, that Averroes had developed a concept of memory which the Latins appreciated as *useful* and *broad*, based on a Peripatetic foundation. It was not, apparently, discussed whether or not this concept was in accord with the Aristotelian one, although some thinkers may well have felt the difficulty.[56]

---

[53] On the theory of internal senses, which was not, of course, Avicenna's conceptual invention, cf. Wolfson (1935); Rahman (1952) 77-83; G. Verbeke's introduction in Avicenna, *Liber de anima*, vol. 2, ed. S. van Riet, Louvain-Leiden 1968-1972, pp. 46*-59*.

[54] Cf. e.g. Avicenna, *Liber de anima* I.5, IV.1, ed. S. van Riet, pp. 89 (vol. 1), 9 (vol. 2). But Black (1996) 164, is wrong in claiming that "memory is, for Avicenna, explicitly and only a retentive faculty" (see the following note).

[55] Cf. the initial description of memory in Avicenna, *Liber de anima* I.5, ed. S. van Riet, p. 89, as "the memorative and recollective power" (*vis memorialis et reminiscibilis*), and some passages in the work even suggests that Avicenna himself did not regard memory as narrowly, cf. *ibid*. IV.1, vol. 2, pp. 9-11. Certainly, some Latin thinkers were inspired by these passages, cf., most importantly, Dominicus Gundissalinus, *Liber de anima*, in Muckle (1940) 71, 74, 78. See also Anonymus, *De potentiis animae et obiectis*, in Callus (1952) 154; Anonymus, *De anima et de potentiis eius*, in Gauthier (1982) 46-7.

[56] In particular, Albert the Great conspicuously stated *two* theories of memory in his paraphrase of the *De memoria*: a Peripatetic (which is basically Averroes' theory) and the Aristotelian (based on the *De memoria*), and he did not make a serious attempt to

About ten years ago, Deborah Black complained that, since the Latin middle ages, Averroes' concept of memory had (wrongly) been regarded as merely retentive.[57] There is certainly some truth in this, since Latin authors often did not really distinguish between the theories of Avicenna and Averroes.[58] However, the Latins, from Albert the Great and onwards, did develop a broad concept of memory. In his capacity of *Commentator*, the Latin Averroes is likely to have been at least one of the major influences, and, as I have tried to establish, his own broad theory was in fact well suited for such a purpose. So, even though the Latins may not always have been conscious of the fact, since they regularly confused the theories of Avicenna and Averroes, they did find a broad concept of memory in Averroes.

---

interpret the Aristotelian through the Peripatetic. Cf. Albertus Magnus, *Liber de memoria*, ed. P. Jammy, vol. 5, 1651, pp. 52a-53a. Aquinas, apparently, did not see the difficulties.

[57] Black (1996) 164-5.

[58] For clear examples of this, cf. Albertus Magnus, *Liber de memoria*, ed. P. Jammy, vol. 5, 1651, pp. 52a-53a, who makes no significant distinction between Avicenna and Averroes; Petrus de Alvernia, *Quaestiones super De memoria et reminiscentia* q. 11, ms.: Oxford, Merton College 275: f. 215vb-216ra, who mistakenly attributes Averroes' theory of memory to Avicenna.

VII. Bibliography

Albertus Magnus. *Liber de memoria* = Albertus Magnus. *Beati Alberti Magni, Ratisbonensis episcopi, ordinis prædicatorum, Parva naturalia, Opera omnia, vol. V*, ed. P. Jammy, Lyon 1651, pp. 52a-63b.

Anonymus, *De anima et de potentiis eius*. See Gauthier (1982).

Anonymus, *De potentiis animae et obiectis*. See Callus (1952).

Averroes. *Compendia librorum Aristotelis qui Parva naturalia vocantur*, ed. A. L. Shields, adiuvante H. Blumberg, Mediaeval Academy of America, Cambridge, Mass 1949.

Averroes. *Compendium de memoria* = Averroes. *Compendia librorum Aristotelis qui Parva naturalia vocantur*, ed. A. L. Shields, adiuvante H. Blumberg, Mediaeval Academy of America, Cambridge, Mass 1949, pp. 47-72.

Averroes. *Epitome of the "Parva naturalia"*, ed. H. Blumberg, Mediaeval Academy of America, Cambridge, Mass. 1972.

Avicenna. *Liber de anima* = Avicenna. *Avicenna Latinus. Liber de anima seu Sextus de naturalibus, vols. I-II*, ed. S. van Riet, Louvain & Leiden 1968-1972.

Black, D. (1996). "Memory, Individuals, and the Past in Averroes's Psychology", *Medieval Philosophy and Theology* 5: 161-87.

Bloch, D. (2006). "Aristotle, *De Memoria et Reminiscentia*, Text, Translation and Interpretive Essays," Doctoral dissertation, University of Copenhagen.

Callus, D. A. (1952). "The Powers of the Soul. An Early Unpublished Text", *Recherches de théologie ancienne et médiévale* 19: 131-170.

Coleman, J. (1992). *Ancient and Medieval Memories: Studies in the Reconstruction of the Past*, Cambridge.

Dominicus Gundissalinus, *Liber de anima*. See Muckle (1940).

Gätje, H. (1971). *Studien zur Überlieferung der aristotelischen Psychologie im Islam*, Heidelberg.

Gauthier, R. A. (1982). "Le traité De anima et de potenciis eius d'un maître ès arts (vers 1225)", *Revue des sciences philosophiques et théologiques* 66: 3-55.

King, R. A. H. (2004). *Aristoteles. De Memoria et Reminiscentia*, Aristoteles. Werke in deutscher Übersetzung, vol. 14.2, Darmstadt.

Muckle, J. T. (1940). "The Treatise *De Anima* of Dominicus Gundissalinus", *Mediaeval Studies* 2: 23-103.

Pines, S. (1974). "The Arabic recension of *Parva naturalia* and the philosophical doctrine concerning veridical dreams according to al-Risāla al-Manāmiyya and other sources", *Israel Oriental Studies* 4: 104-53.

Rahman, F. 1952. *Avicenna's Psychology*, Oxford.

Sorabji, R. (2004^2). *Aristotle on Memory^2*, London (1st ed. 1972).

White, K. & E. M. Macierowski (2005). *St. Thomas Aquinas. Commentaries on Aristotle's On Sense and What Is Sensed and On Memory and Recollection*, Washington, D.C.

Wolfson, H. A. (1935). "The Internal Senses in Latin, Arabic, and Hebrew Philosophic Texts", *Harvard Theological Review* 28: 69-133.

The Aldine Edition of Aristotle's *De Sensu*

David Bloch

I. INTRODUCTORY REMARKS

The four year-period 1495-1498 will probably have a familiar ring to most Aristotelian scholars. In this period appeared the first printed edition ever of the complete Greek Aristotle, and the man responsible for this enormous project was, not surprisingly, Aldus Manutius, the great publisher of ancient Greek texts.[1] The present article examines a single text of the Aldine Aristotle, that is, the text of the *De sensu*.[2] In this examination I will emphasise (1) the relationships between the Aldine edition and the manuscript tradition (section II),[3] and (2) the general quality of Aldus' text (section III). I make no attempt to explain or elucidate the cultural and scholarly circumstances surrounding the edition.

II. THE STEMMATIC RELATIONSHIPS

Among the early editions of Aristotle, the Aldine edition, being the first printed Greek text of Aristotle, is particularly interesting to compare with the manuscript tradition, and it is in fact possible to establish its place in a stemma with some degree of accuracy. Thus, it almost always agrees

---

[1] For scholarship on Aldus Manutius, cf. e.g. Ferrigni (1925); Sicherl (1976); Lowry (1979); Fletcher III (1988); Davies (1995); Tortzen (1995); Sicherl (1997); Zeidberg (1998).

[2] I have used a copy possessed by the Royal Danish Library in Copenhagen. The *De sensu* is found in the third of five volumes (Venice 1497) on the pages 247a-259b (with typographical errors in the pagination: 547 for 247 and 238 for 248).

[3] I have established the stemmatic relationships of the Greek manuscripts in Bloch (forthcoming). My collations of the Greek manuscripts and the Aldine edition have been published in Bloch (2004). Both articles provide the sigla used also in the present article.

with the readings of the Vaticanus graecus 253 (**L**),[4] and the agreements include not only correct readings but also some blatantly false readings against the rest of the tradition:[5]

437b20] ἐν *cett.* : *om.* **L** Ald. || 437b24] δ' *cett.* : *om.* **L** Ald. || 439a24] ἐν τοῖς *plerique codd.* : *om.* **L** Ald. || 442a9] τὴν *cett.* : *om.* **L** Ald. || 445a3] ἔχει *cett.* : ἔχοι **L** Ald. || 447a12] ἔστι *cett.* : ἔτι **L** Ald. || 449a4] ἢ *cett.* : *om.* **L** Ald.

In addition to these instances, there is a number of passages in which the Aldine agree exclusively with the entire family of manuscripts to which Vat. gr. 253 belongs,[6] but, as shown by the passages cited above, Vat. gr. 253 is the closer relative.

This affiliation is very interesting. The Vat. gr. 253 is one of the best manuscript witnesses for the text of the *De sensu*,[7] and therefore it is important to establish whether the Aldine preserves independent material from a lost ancestor, or whether it descends directly from the *Vaticanus*. If the Aldine edition did contain readings from a manuscript that did not stem from Vat. gr. 253, it would be a valuable textual witness.

Unfortunately, it can be established beyond any doubt that the Aldine edition is, in fact, directly descended from Vat. gr. 253, and therefore it is

---

[4] For descriptions and discussions of this manuscript in Aristotelian contexts, cf. e.g. Siwek (1961) 29-30, 36-46; Harlfinger (1971) 159-66; Escobar (1990) 137-140; Bloch (forthcoming).

[5] The similarities between Vat. gr. 253 and the Aldine edition for the *De sensu* have also been noticed by Siwek (1963) XX, but he does not discuss exactly *how* they are related to each other. He further states that the similarities are found only in the text of the *De sensu*, not in the rest of the *Parva naturalia*. Apparently, Sicherl (1997) has not noticed the close similarities between Vat. gr. 253 and the Aldine edition for the *De sensu*.

[6] The other manuscripts of this family (ρ) are: Ambr. gr. 435, H 50 sup (**X**); Marc. gr. Z 214 (**H**^{a}); Par. gr. 2034 (**y**). To list only examples from the first part of the *De sensu*, this family agrees with the Aldine edition in 436b12, 436b14, 437a4, 437a5, 437a6, 437a9, 437a24, 437b21, 438a7, 438a23, 438b9, 439a3, 439a12, 439b8, 439b23, 440a2, 440a6, 440a20, 440a28, 440b21.

[7] Cf. Biehl (1898) XII-XIII; Siwek (1963) XX; Bloch (2006) 8-13, 16-17.

of no use to the editor of Aristotle. This can be determined on the basis of the stemmatic relationship between Vat. gr. 253 and Marc. gr. Z 214. These two manuscripts are also closely related, and it is generally agreed that they have both been copied from the same source.[8] My own investigations of the texts of both the *De sensu* and the *De memoria* support this conclusion.[9]

This being the case, the blatant errors found in Vat. gr. 253, but not present in Marc. gr. Z 214, must have originated in the Vatican manuscript (excluding the possibility of direct contamination in the *Marcianus*, of which it shows no trace, and which would in any case have been unlikely given the kind of errors). Therefore, the Aldine edition (or its exemplar) must either have made all these errors independently of Vat. gr. 253, which is highly unlikely given their number and character, or it is directly descended from the *Vaticanus*. I believe the latter to be the only plausible solution; and considering the number of obvious errors that remain unemended in the Aldine edition I am convinced that the editor used either Vat. gr. 253 itself (assisted by variant readings from other manuscripts, see section III) or a copy made directly from the *Vaticanus*. Several intermediate manuscripts between Vat. gr. 253 and the Aldine edition seem implausible.

III. THE QUALITY OF THE ALDINE EDITION

The text of the Aldine edition of the *De sensu* is not of high quality. As shown above, the editor has simply reproduced the most blatant errors of Vat. gr. 253, and he generally seems content merely to transscribe his manuscript exemplar. Only in a few passages does he print a text which differs from Vat. gr. 253. The following are some characteristic examples:

---

[8] Cf. Harlfinger (1971) 159-173, 392; M. C. Nussbaum (1978) 15-16; Escobar (1990) 137-40, 205.
[9] I have presented a detailed argument in Bloch (forthcoming). See also Bloch (2006) 8-9.

436a8] καὶ₂ *plerique codd. et* Ald. : *om.* **LXH^a y** || 436a10] γὰρ *plerique codd. et* Ald. : *om.* **LXH^a y** || 436a18] οὔτε₁ *cett. et* Ald. : οὐ **L** || 436b16] περὶ *cett. et* Ald. : παρὰ **L** || 438a1] λεπτῆσίν <τ> ὀθόνῃσι] *Diels* : λεπτῆσιν ὀθόνῃσι *plerique codd.* : λεπτῆσι χθονίῃσι a Ald. : λεπτῆσιν ὀθόνοισι **X** : λεπτῆσίν γ' ὀθόνῃσι **V²** : λεπτῆσι χοανῆσιν **P** || λοχεύσατο] *Förster* : λοχάζετο a Ald. : ἐχείατο **LH^a** : ἐχεύατο *plerique codd.* || 438b9] ἢ *cett.* : *om.* **L** : καὶ Ald. || 438b21] ἐνεργείᾳ *cett. et* Ald. : *om.* **L** || 439a23] κοινὴ *cett. et* Ald. : καινὴ **L** || 440a14] πρὸς *cett. et* Ald. : *om.* **L** || 440b15] τοῦ *cett. et* Ald. : τοῦτο **L** || 442b8-9] ἀπατῶνται *cett. et* Ald. (*bis*) : ἀπαιτῶνται **L** (*bis*) || 448b15] ὁρᾷ-ἀδιαίρετον *cett. et* Ald. : *om.* **L**.

Of course, we may think that the Aldine editor is responsible for the most obvious emendations, but considering the errors that he has left unemended in the text, it is equally plausible that variant readings had been introduced in the manuscript tradition. Certainly, passages such as 436a10, 438b21 and 440a14 indicate this, and the reading in 438a1 and the omission in Vat. gr. 253 in 448b15 prove beyond doubt that the Aldine editor or an intermediate manuscript used another textual witness at least for these passages.

On the other hand, 436a8 and 438b9 are among the few passages, which may show signs of editorial activity. The first, an insertion of καί, cannot be considered strong evidence. The second is similar, yet more interesting. Vat. gr. 253 omits ἢ, found in all other manuscripts, and the reading of the Aldine edition (καὶ) can be explained in two ways: (1) as an emendation (and thus similar to the former example), or (2) as a mistake on the part of the editor, thinking that the ἢ was the abbreviation for καὶ. In the first case, we must give the editor credit for the fact that he has noticed the need for a conjunction; in the second case we may assume that the right reading had been introduced in the intermediate copy, but was misread by the editor. I tend towards the latter view, but this cannot be determined with certainty. These corrections really are minimum requirements of an editor.

There is also a number of readings found in the Aldine edition but in no extant manuscript of early date. Ignoring the most obvious typographical errors, which are unfortunately very numerous,[10] we have the following readings:

437b20] ἔδει codd. : εἴδει Ald. || 438a11. αὐτῷ] codd. : αὐτῶν Ald. || 438a22] τοῦτο τοῦ] plerique codd. : τοῦτο οὐ Ald. || 439a10. δέ] plerique codd. : δή Ald. || 440a16] ὁρᾶσθαι] codd. : ὁρᾶται Ald. || 444a4-5. ἡ (l. 4)-ζῴων (l. 5)] om. Ald. || 444b32. καρηβαροῦσι] plerique codd. : καρυβαροῦσι Ald. || 445b10] λευκὸν μὲν ὁρᾶν] plerique codd. : λευκὸν μὲν ὁρᾷ Ald. || 447b9. τοῖν] codd. : τοῦ Ald. || 447b29] ἑαυταῖς] codd. : ἑαυτῇ Ald. || 449b1. περὶ] codd. : ἐπὶ Ald.

Some of these readings may also plausibly be classified as misprints (437b20, 444b32 and, perhaps, 438a11), but most of the variants seem to be the result of the editor trivialising a transmitted reading (447b9, 447b29) or simply misreading or misunderstanding the text in his manuscript (438a22, 439a10, 449b1). A particularly strange mistake is the change of an infinitive into a conjugated form of the verb against manuscript authority in places where the infinitive seems a much more plausible reading (440a16, 445b10).

Only in a single passage do I believe that the Aldine edition may have found the right reading against all the extant manuscripts:

---

[10] 440a25] ὑποκειμένου] plerique codd. : ὑποκιμένου Ald. || 441a24] ἐπεκτείνεται] codd. : ἐπεκττείνεται Ald. || 441b19] παρασκευάζει] codd. : παρασκεάζει Ald. || 441b21] ἐνέργειαν] codd. : ἀνέργειαν Ald. || 442a23] φοινικοῦν] codd. : φονικοῦν Ald. || 442b10. ταῦτα] plerique codd. : ταύτα Ald. || 444b29] δυσωδῶν] plerique codd. : δυσωδῶς L : δυσοδῶν Ald. || 447a16] ἀκούοντες] codd. : ἀκύοντες Ald. || 447b28] ἐκείνης] plerique codd. : ἐκήνης Ald.

445a1-2. τῆς καθ᾽ αὐτήν] Ald. : καθ᾽ αὐτὴν τῆς **α** : τῆς καθ᾽ αὐτὸ **L** *et plerique*: τῆς καθ᾽ αὐτὰ **XP** : τῆς καθ᾽ αὐτὸ τῆς **m**ᵃ(τῆς₂ *s.l.*) : καθ᾽ αὐτὴν τῆς **m**ᵇ (τῆς καθ᾽ αὐτὰ *s.l.*).[11]

As is easily seen, the manuscripts disagree completely in this passage. Of the two major branches of the textual tradition (sigla: α and β), the α-manuscripts agree in reading καθ᾽ αὐτὴν τῆς while most β-manuscripts, including **L**, read τῆς καθ᾽ αὐτό. The α-reading was preferred in the critical editions of Förster, Mugnier, Ross and Siwek, producing the familiar αὐτῆς ... καθ᾽ αὐτήν (τῆς δυσωδίας οὐδὲν φροντίζουσιν) in the passage. But it seems to me that the familiarity of the αὐτῆς ... καθ᾽ αὐτὴν may well be the reason why some early editor or scribe transposed the article, placing it after rather than before καθ᾽ αὐτήν.

However, this does not mean that the Aldine editor should be credited with a brilliant conjecture. Since **L** and a number of the other β-manuscripts have the same word order as the Aldine edition, and differ only in reading αὐτὸ instead of αὐτήν, the correction is a very small one. Some might even consider it simply a trivialisation of the more difficult τῆς καθ᾽ αὐτό.

So, to sum up, although the Aldine *De sensu* does contain a single good reading against the entire manuscript tradition, the editorial effort in general is far from satisfying, even if one gives the editor credit for having produced the editio princeps of the text.

IV. Conclusion

Later editions of Aristotle used the Aldine edition (or an edition that had been based on it) as the basis of their text, and thus Aldus' text became a

---

[11] Sigla: α = seven mss. constituting the α-branch (*a* in Ross' edition) of the tradition; **X** = Ambr. 435, H 50 Sup.; **P** = Vat. gr. 1339; **m**ᵃ = Par. gr. 1921 (first version); **m**ᵇ = Par. gr. 1921 (second version). The two *De sensu* texts found in Par. gr. 1921 have been copied from the same source. However, both contain numerous variant readings from different parts of the tradition.

kind of archetypus for the editions of the 16th century, e.g. those of Erasmus of Rotterdam, F. Sylburg and I. Casaubon.[12] Given the rather poor quality of the Aldine *De sensu*, these editors had to use all their philological skills when constituting the text. The result in Erasmus' edition is not very fortunate, but Sylburg, in particular, did well, using both conjectural criticism and variant readings, and Casaubon relied to some extent on his edition.[13] Still, a truly critical *De sensu* text, based on a solid foundation of manuscripts, was not produced until I. Bekker's monumental edition, so renaissance humanists as well as a number of early modern philologists and philosophers had to use inferior editions, ultimately based on the *Aldina*.

---

[12] These editions have not been much studied, but see Glucker (1964). Buhle (1791) 210-67 contains extensive comments on earlier editions of Aristotle.

[13] I believe that the editions of both Sylburg and Casaubon contain a number of readings that are correct, even though they are not found in any extant Greek manuscript. E.g. 440a9] ἐπαλείφοντες] Sylburg : ἐπαλείφουσιν *codd.*; 443b11] τὰ σαπρὰ] Casaubon (*varia lectio*) : τὰς σαπρὰς *codd.*

V. Bibliography

Biehl G. (ed.) (1898). *Aristotelis Parva Naturalia*, Lipsiae.

Bloch, D. (2004). "The Manuscripts of the *De Sensu* and the *De Memoria*. Preliminary Texts and Full Collations", *Cahiers de l'Institut du Moyen-Âge Grec et Latin* 75: 7-119

— (2006). "Aristotle, *De Memoria et Reminiscentia*. Text, Translation and Interpretive Essays", Doctoral Dissertation, Copenhagen.

— (forthcoming). "The Text of Aristotle's *De Sensu* and *De Memoria*", in *Revue d'Histoire des Textes*.

Buhle, Io. T. (ed.) (1791). *Aristotelis Opera Omnia Graece, volumen primum*, Biponti 1791.

Davies, M. (1995). *Aldus Manutius. Printer and Publisher of Renaissance Venice*, London.

Escobar, A. (1990). "Die Textgeschichte der aristotelischen Schrift Περὶ 'Ενυπνίων. Ein Beitrag zur Überlieferungsgeschichte der *Parva Naturalia*", Doctoral Dissertation, Berlin.

Ferrigni, M. (1925). *Aldo Manuzio*, Milano.

Fletcher III, H. G. (1988). *New Aldine Studies. Documentary Essays on the Life and Work of Aldus Manutius*, San Francisco.

Glucker, J. (1964). "Casaubon's Aristotle", *Classica & Mediaevalia* 25: 274-96.

Harlfinger, D. (1971). *Die Textgeschichte der pseudo-aristotelischen Schrift* Περὶ ἀτόμων γραμμῶν, Amsterdam.

Lowry, M. (1979). *The World of Aldus Manutius. Business and Scholarship in Renaissance Venice*, Oxford.

Nussbaum, M. C. (ed.) (1978). *Aristotle's De Motu Animalium. Text with Translation, Commentary, and Interpretive Essays*, Princeton, New Jersey.

Sicherl, M. (1976). *Handschriftliche Vorlagen der Editio princeps des Aristoteles*, Wiesbaden.

— (1997). *Griechische Erstausgaben des Aldus Manutius. Druckvorlagen, Stellenwert, kultureller Hintergrund*, Paderborn et al.

Siwek, P. (1961). *Les manuscrits grecs des Parva Naturalia d'Aristote*, Collectio Philosophica Lateranensis 4, Roma.

— (ed.) (1963). *Aristotelis Parva naturalia. Graece et Latine*, Collectio Philosophica Lateranensis 5, Roma.

Tortzen, Chr. G. (1995). "The Codices Theophrastei Haunienses", *Classica & Mediaevalia* 46: 47-85.

Zeidberg, D. S. (ed.) (1998). *Aldus Manutius and Renaissance Culture. Essays in Memory of Franklin D. Murphy*, Acts of an International Conference Venice and Florence, 14-17 June 1994, Florence.

Cahiers de l'Institut du Moyen-Age Grec et Latin

CIMAGL was founded in 1969.

Editors:
1969-1972 Povl Johannes Jensen.
1972-1982 Jan Pinborg
1982-   Sten Ebbesen

CIMAGL is an irregular journal. One or two issues of varying length and at varying prices appear each year.
Most back numbers are still available. For a complete table of contents of previous issues, see
http://www.igl.ku.dk/CIMAGL/cimalist.html

CIMAGL may be obtained in either of two ways:

1. By purchase. Standing orders and orders for single issues should be addressed to the bookseller,

Museum Tusculanum Press
University of Copenhagen
Njalsgade 92, DK-2300 Copenhagen S, Denmark.
Tel.: +45 3532 9109
Fax: +45 3532 9113
e-mail: <order@mtp.dk>

2. By exchange. Proposals for exchange arrangements should be addressed to the editor,

Dr Sten Ebbesen
University of Copenhagen
Saxo Institute, Dept. of Greek and Latin
Njalsgade 80
DK-2300 Copenhagen S
Denmark